EDO NO YAKUNINJIJOU (江戸の役人事情)

Copyright © 2000 MIZUTANI Mitsuhiro (水谷三公)

First edition published in 2000 in Japan by Chikumashobo Ltd.

Korean translation rights arranged with Chikumashobo Ltd.

-본 역서는 재단법인 止觀의 "일본사 새로보기 출간 지원사업"의 연구 결과로 수행되었음

-This work was supported by the "A Rethinking on the Japanese History" Funding Program of Foundation Jigwan

에도의 관료사회 — 무사집단에서 관료조직으로

1판 1쇄 발행 2025년 11월 1일

미즈타니 미쓰히로 지음 이새봄 옮김

편집 정철 표지 디자인 yamyam 디자인

발행 정철 출판사 빈서재

이메일 pinkcrimson@gmail.com

ISBN 979-11-991334-6-4 (94910)

빈서재는 근현대사 고전 전문 출판사를 지향합니다. 번역하고 싶은 고전이 있다면 연락주세요. 제타위키에서 '빈서재 출판사'를 검색하시면 다양한 정보를 더 얻을 수 있습니다. https://zetawiki.com/wiki/beanshelf
이 책의 본문 편집은 LaTeX로 작업되었습니다. 많은 도움을 주신 KTUG 회원 여러분께 감사드립니다. http://ktug.org

에도의 관료사회
무사집단에서 관료조직으로

江戸の役人事情 ― よしの冊子の世界

미즈타니 미쓰히로 지음, 2000년
이새봄 옮김, 2025년

빈서재

지은이 미즈타니 미쓰히로(水谷三公). 국학원(國學院)대학 법학부 명예교수. 1944년 나라(奈良)현 출생. 도쿄(東京)대 법학부 졸업 후 도쿄도립대(東京都立大) 및 국학원대학 법학부 교수를 역임했다. 행정학, 일본정치사, 영국과 일본의 비교정치사를 전문으로 한다. 본서는 그의 오랜 관심분야인 근세일본의 관료조직에 대한 분석으로, 에도시대 사회사적 분석인『에도는 꿈인가(江戸は夢か)』(1992)의 자매편 격이다. 그 외 저서로는『영국 왕실과 미디어(イギリス王室とメディア)』(1995), 『일본의 근대13 관료의 풍모(日本の近代13 官僚の風貌)』(1999), 『마루야마 마사오―시대의 초상(丸山眞男―ある時代の肖像)』(2004) 등이 있다.

옮긴이 이새봄. 세이케이(成蹊)대 법학부 정치학과 교수. 도쿄대에서 석/박사 학위를 받았다. 주로 19세기 일본을 중심으로 한 정치사상사 연구를 진행 중이다. 저서로는『「自由」を求めた儒者―中村正直の理想と現實』(中央公論新社, 2020)가 있다. 그 외 1차 사료의 번역과 그에 대한 분석을 쓴『메이로쿠 잡지』(빈서재, 2021)가 있고, 역서로는 와타나베 히로시(渡邊浩)의『동아시아의 왕권과 사상』(고려대출판문화원, 2023),『네덜란드 풍설서』(빈서재, 2023)가 있다.

일러두기

1. 외래어의 우리말 표기는 기본적으로 국립국어원의 외래어표기법에 따랐다.
2. 일본어 표기는 한국인에게 비교적 익숙한 표기가 있거나 이해가 가능할 경우 우리말이나 한자음을 사용했고, 그 외의 인명과 지명 및 일본 역사용어는 일본어 그대로 표기했다. 서명의 경우는 기본적으로 같은 기준을 따르되, 필요시 독자의 이해를 위해 우리말 번역을 덧붙였다.
3. 본문 중 인명에 관해서는 일부 예외를 제외하고 가장 알려진 통칭으로 바꾸었다. 예) 마쓰다이라 슌가쿠(=요시나가)

≪도쿠가와 시대사≫를 내며

우리 한국 시민만큼 일본에 '관심'이 많은 경우도 달리 찾기 힘들 것이다. 거의 모든 분야에서 일본에 경쟁심을 불태우고, 그 동향에 신경을 쓰며 자주 비교한다. 일본여행, 일본음식, 일본문화가 우리의 일상이 된지는 이미 오래다. 그러나 그 지대한 '관심'에 비해 일본을, 특히 일본사를 얼마나 알고 있는가 자문해보면 자신 있는 대답이 나오기는 아마도 어려울 것이다. '관심'은 과도한데 정확한 지식과 정보에 기초한 체계적인 이해는 너무도 부족한, 그래서 무지와 오해가 난무하는 상황이 지금껏 계속되고 있다. 오늘날 어려움을 겪고 있는 한일관계를 슬기롭게 풀어나가는 데에도, 이런 상황은 결코 도움이 되지 않을 것이다.

어느 사회나 국가를 제대로 이해하기 위해 그 역사를 알아야 하는 것은 긴 말을 필요로 하지 않는다. 이런 관점에서 우리의 현실을 볼 때 우려를 금할 수 없다. 그 중에서도 특히 일본사를 다룬 양서가 많이 부족한 것은 큰 문제라 할 수 있다. 그간 국내 일본사 연구가 크게 성장했음에도 불구하고 개별 논문만이 양산될 뿐 종합적·체계적으로 일본사를 분석, 소개하는 저작·

번역서는 매우 적은 실정이다. 특히 주로 한일관계사에 연구·출판이 집중된 탓에 현대 일본사회의 원점이라 할 도쿠가와시대와 메이지시대는 상황이 더 심각하다.

2019년 여름, 한국과 일본 관계는 해방 후 최악으로 치달았다. 여름방학 내내 하릴없이 막말기幕末期 정치사를 다룬 영어책을 투닥투닥 번역하며 일본연구자로서의 무력감을 삭이고 있을 때, 재단법인 지관止觀(구 플라톤 아카데미)에서 반가운 제안을 해왔다. 일본사 연구 프로젝트를 지원하고 싶다는 것이었다. 나는 번역팀을 꾸려 도쿠가와 시대를 다룬 명저들을 번역하고 싶다고 답했다. 출판사도 찾기 힘든 무모한 제안이었지만 다행히도 재단측은 받아들여 줬다. 본서는 그 성과의 하나다. 이 자리를 빌어 재단 측에 감사드린다. 아울러 출판을 흔쾌히 맡아준 빈서재 출판사에도 감사의 말씀을 전하고 싶다.

저작권 문제로 도쿠가와 시대 이외의 책이 시리즈에 들어오기도 했지만 이 《도쿠가와 시대사》는 기본적으로 한국독자들에게 낯설기 짝이 없는 도쿠가와 시대를 체계적이고 명료하게 소개하고 있는 명저들을 골라 번역했다. 이 시도가 한국독자들이 도쿠가와 시대를 이해하는 데에 자그마한 디딤돌이라도 되었으면 하는 바람이다.

2022년 10월 22일
번역팀을 대표하여 박훈 적음

서문과 머리말

한국의 독자 여러분께

메이지 시대의 걸출한 계몽가이자 학자인 후쿠자와 유키치는 "문벌 제도는 부모의 원수다"라는 유명한 말을 남겼습니다. 에도시대 일본의 무가 사회에는 상급 무사와 중·하급 무사 사이에 강고한 신분 차별이 있었는데, 유키치의 아버지가 이러한 차별에 시달린 중·하급 무사 중 하나였다는 의미입니다. 이는 그가 성장한 지방의 다이묘 가에서는 특히 가혹한 현실이었고, 도쿠가와 쇼군가도 큰 틀에서 보자면 같은 구조였습니다. 신분제 아래에서 능력이나 의욕에 상응하는 처우를 받지 못한 채 가난한 생활을 몇 대에 걸쳐 강요받은 중·하급 무사가, 일부 특권적인 문벌 무사가 지배하는 체제를 타도하려고 일어선 것. 이것이 메이지 유신이라는 혁명의 원동력이 되었다는 것도 후쿠자와가 지적한 바입니다.

다만, 후쿠자와가 충분히 설명하지 않은 중요한 문제가 있습니다. 그것은 왜 메이지 혁명이 세계사적으로도 드문 성공한 혁명이 된 것인가, 바꾸어 말하자면, 폭력과 음모로 권력을 장악한 중·하급 무사 중심의 신정부가 과격한 관념론으로 빠지지 않고, 심각한 혼란이나 폭력을 동원한 억압을 피해 내정과 외교 양쪽에서 대규모의 효과적인 변혁을 실현할 수 있었던 것은 왜 그런 것인가, 라는 문제입니다.

여기에 대해 설명하기 위해서는 생각해 봐야 할 것이 몇 가지 있습니다. 하나는 에도시대 민중의 높은 민도와 강한 자립성입니다. 이 문제에 대해서는 졸저 『에도는 꿈인가』에서 논의했고, 준비 중인 유신론고維新論考에서도 설명하고 있으므로 지금은 생략하겠습니다. 본서가 주목하는 것은, 에도시대 250년의 평화가 지배층인 무가武家에 가져온 질적 변화입니다. 한마디로 말하자면, 전투원의 무단적 지배, '살인이 곧 봉공奉公'인 '무사도·사도士道'에서 역인役人·관리로서의 의욕과 능력을 중시하는 '이도吏道'로의 변화라고 할 수 있습니다. 이러한 변화는 무가 집단 내부에서도 직접 전투를 지휘하고 전장에서 싸우는 일을 본업을 하는 '반카타番方'라고 불리는 무사단이 아니라, 넓은 의미의 물품 관리(로지스틱)나 민생 업무에 종사하는 '야쿠카타役方'라는 중·하급 실무계통의 무사 사이에서 뚜렷하게 진행됩니다.

이도로의 이행이 어떻게 진행되었는지를 명료하게 보여주는 것이 에도 막부의 간조부교입니다. 현재로 치면 예산 통제나 징세 행정, 통화 정책 등을 취급하는 재무성과 비슷한 관청役所입니다. 그 '간조 일가'의 구조와 기풍을 그리는 것이 본서의 중심 주제입니다만, 유사한 변화는 많은 다이묘 가의 중하급 무사나 역소役所에서도 볼 수 있었습니다. 야쿠카타의 중·하급 무사단은 평화 시의 일상적인 행정 실무를 담당한 것만이 아닙니다. 메이지의 혁명을 지도하고 추진했던 사람 중 많은 부분도

서문과 머리말

이 계층에서 나왔습니다. 혁명에는 폭력이 동반되긴 했지만, 이는 최소한으로 억제되었습니다. 그렇게 된 커다란 요인도, 이들의 많은 부분이 무인이나 전투원이라기보다는 일상적인 실무에 정통한 역인으로서의 능력과 자질을 갖추고, 검술이 아닌 이도의 실력을 갈고닦은 사람들이라는 데에 있습니다.

막말 정치의 장에서 이도가 해낸 역할을 극적으로 보여주는 것 중 하나가 대외 정책의 전환입니다. '양이攘夷' 즉 서양 세력의 배제·배격을 내걸고 권력을 탈취한 신정권이 곧바로 착수한 것은, 서양 열강에 대한 전쟁 준비나 선전포고가 아니라 국제법에 입각한 평화적인 외교 관계의 수립이었습니다. 서양 열강의 제국주의가 왕성했던 당시에, 사회의 안정과 번영, 그리고 국민국가로서의 독립을 유지하기 위해서는 이것이 실무적으로 가능한 거의 유일한 길이었습니다. 그리고 이러한 '군자표변君子豹變'을 가능하게 한 주요 원인도, 전투원·무인으로서의 오기나 자부심, 유교적인 관념론이라기보다는 역인으로서 키워온 공리적이자 실무적인 판단이었습니다. 과감하게 말해보자면, 무사도나 사도가 아니라, 중·하급 무사의 이도를 서민의 높은 민도가 지탱하면서 에도의 평화와 번영을 떠받치고 메이지 혁명을 성공으로 이끌었던 것입니다.

끝으로 번역을 맡아주신 이새봄 씨의 노고에 감사의 인사를 올리며, 이 소저가 에도시대 일본의 이해에 조금이라도 도움이 되길 바랍니다.

2025년 6월
미즈타니 미쓰히로

머리말

에도시대 역인役人[1]의 세계나 생태가 알고 싶은데, 어디 좋은 책이 없을까.

이러한 물음에 답하기 위해 우선 꼽고 싶은 것이 『요시노조시よしの冊子』[2]다. 일본사 교과서에서도 반드시 언급되는 간세이寬政 개혁의 주인공인 로주老中 마쓰다이라 사다노부松平定信의 손안에 모인 관계官界나 이를 둘러싼 세간의 내막에 관한 정보가 가득 실려 있다. 에도 후기 역인 세계의 본심이나 관청役所을 움직이는 룰을 알기 위해서는 최선의 책 중 하나라고 생각한다.

다만, 간세이 개혁 자체를 취급하거나 그 의의 혹은 성과를 설명하는 것이 본서의 목적은 아니다. 어느 시대에나 정변政變이나 개혁은 여러 반향이나 반발을 발생시킨다. 간세이 개혁이 불러일으킨 반향의 많은 부분은 다행히도 이 『요시노조시』에 남겨졌다. 이를 실마리 삼아 에도의 역인 세계로 헤치고 들어가, 어떤 구조였는지, 역인은 어떤 식으로 채용되고 훈련되어 승진해가는지, 직무에 걸고 있던 긍지나 바람은 어떤 것이었는지, 오늘날의 공무원お役人과 비교하면 어디가 닮았고 어디가 다른지, 메이지 이후의 일본은 에도의 역인으로부터 무엇을

---

1) 일본어의 역인이란 관리나 공무원이라는 의미이다. 한국에서는 잘 쓰지 않는 표현이지만, 일본의 세습신분제 질서 속에서의 논의를 하기 위해서는 관리나 공무원보다는 공적 역할을 맡은 사람을 가리키는 역인이라는 표현이 적합하기에 원어를 그대로 쓰기로 한다.

2) 『隨筆百花苑』8·9卷所收, 中央公論社.

서문과 머리말

물려받고 무엇을 내버렸는지, 그런 일들에 대해 생각해보고 싶다.

개혁이 몰고 온 파문을 살피는 일은, 지진파를 통해 지각地殼 구조를 탐사하는 일과 유사하다. 파동의 전달 형태에 따라서 지표에서는 보이지 않는 지하의 지각 구조가 추정 가능한 것처럼, 개혁도 평소에 드러나기 어려운 역인 세계의 구조를 추측하기에 유용한 많은 흔적을 남긴다. 『요시노조시』에 실렸던 역인들의 반응이나 관청役所에서의 파문을 통해, 에도시대 역인의 생태와 구조를 추측해보자는 것이 본서의 골자이다.

『요시노조시』는 풍부한 내용을 담고 있지만, 단편적이며 진위 여부가 확실하지 않은 소문을 수집해놓은 책이다. 그렇기 때문에 잘 읽어내기 위해서는 숙련과 감이 필요하다. 그에 더해 이 책에서는, 충분한 자신은 없지만, 선인들의 연구나 에도를 살았던 관계자의 기록·증언의 도움을 빌려 에도 역인 세계의 한 단면을 복원하고자 노력했다. 결과야 어찌되었든, 고생한 데에 보람을 느낄만큼 이 『조시』는 매우 재미있다. 독자들도 같은 감상을 품게 된다면 이 책의 의미는 있는 것이다.

덧붙여, 본문에서 『요시노조시』를 쓸 경우, 『조시』[3)]로 줄이고, 인용하는 부분에 대해서도, 예를 들어 8권 123쪽이라면 (상 123)과 같은 형태로 표시한다.

---

3) '조시'는 한국어로 '책자'라는 의미다. 본 번역서에서도 『조시』로 표기한다.

차 례

서문과 머리말   8
  한국의 독자 여러분께   8
  머리말   11

차 례   13

제 1 장   거짓은 참, 참은 거짓인 이야기   17
  1.1   '그런 듯하다'의 세계   21
  1.2   나가우타인가, 와카인가   22
  1.3   사다노부 씨의 진위 판정?   24
  1.4   오니와반과 태평 보케   27
  1.5   대학자의 일기 증언   31
  1.6   「선조서」 소동   33
  1.7   악당의 횡행   36
  1.8   에도의 '이레코 세공'   38
  1.9   '이레코' 적발의 시비   41
  1.10   '이레코'와 양자   48
  1.11   '살아있는 셈'   54
  1.12   공식문서의 어둠   56
  1.13   기무라 가이슈의 관찰   59

차례

제2장 고급 관료의 세계―하타모토의 긍지와 출세   **61**

- 2.1 성실한 근로 인간   62
- 2.2 '이것이야말로 고로주다'   66
- 2.3 에도의 수상   68
- 2.4 '메지로 어전'의 대객 등성 전   71
- 2.5 메쓰케의 직무와 지위   75
- 2.6 역직 보수와 필요 경비   78
- 2.7 오줌을 지리다   81
- 2.8 스파이와 스태프   83
- 2.9 메쓰케의 스태프 기능   84
- 2.10 료반이라는 명문가   88
- 2.11 커리어와 논커리어   91
- 2.12 투표와 능력주의   95
- 2.13 '이레후다'의 내막   97
- 2.14 정변과 메쓰케   100
- 2.15 메쓰케 대량 해임의 소문   105
- 2.16 출세와 '과로사'   109

제3장 메쓰케와 '도노사마'   **115**

- 3.1 세록은 무능의 원천   116
- 3.2 양자와 능력주의   118
- 3.3 '오쿠'와 고난도   121
- 3.4 쇼군의 '외척' 이와모토 가의 경우   126
- 3.5 오쿠와 오모테의 항쟁   130
- 3.6 오쿠가 '내던지다'   132
- 3.7 메쓰케의 불만과 낙담   136

3.8	'오쿠의 특선'	139
3.9	오다기리 도사노카미의 마치부교로의 '초천'	144
3.10	'가난한 사람은 개를 먹어라'	146
3.11	도노사마와 요리키·도신	152
3.12	'평판'과 '살인자'	157
3.13	개혁과 마치부교쇼	160

제4장 간조쇼 수뇌와 개혁 정치 **166**

- 4.1 간조쇼라는 관청 167
- 4.2 하급 막신의 희망 170
- 4.3 정변과 부교쇼 인사 172
- 4.4 사다노부의 부교들 174
- 4.5 긴미야쿠와 간조쇼 개혁 181
- 4.6 긴미야쿠아라타메구미의 이상함 185
- 4.7 공금횡령 사건의 파문 187
- 4.8 스파이와 밀고 191
- 4.9 진파치 선생의 '삼단 뛰기' 194
- 4.10 발탁과 불만 198
- 4.11 간조쇼 통제의 '성공' 201
- 4.12 구제의 생존 204
- 4.13 나가사키 문제와 '적재적소' 206
- 4.14 도노사마의 '풋내기 논리'와 실무가의 '현상 유지' 208

제5장 출세와 직능 **211**

- 5.1 '노동'과 '독실'함 212
- 5.2 필산음미와 「오노 일기」 217

5.3 내부시험과 일반시험	220
5.4 수험 공부	224
5.5 근속 20년 원칙	230
5.6 상급 하타모토 불참 규칙	234
5.7 친인척 네트워크	237
5.8 '유능한' 남자들과 '구획된' 경쟁	240
5.9 '피를 토하는' 노력	243
5.10 연줄과 실력	246

간세이의 흑선, 막말의 흑선 — 라인과 스태프   250

1. 간세이의 흑선	251
2. '젖비린내 나는 어린애'	255
3. 실무파와 정략파	258
4. 막말의 대립	260
5. 에도의 라인과 스태프	269
6. 역사의 교훈	271

후기와 참고문헌   274

저자 후기	274
역자 후기	278
참고문헌	293
에도시대 막부 관직 구조	296

찾아보기   304

제 *1* 장

거짓은 참, 참은 거짓인 이야기

'간세이 유신'의 주역 마쓰다이라 사다노부의 자화상(鎭國守國神社 소장)

제1장 거짓은 참, 참은 거짓인 이야기

『조시』에는 그것만 읽어도 재미있는 이야기가 적지 않다. 사다노부 씨가 내세운 강기숙정綱紀肅正이 시골에까지 이르러, 고노스鴻巣 근처의 슈쿠바宿場에서 일하는 메시모리온나飯盛女, 즉 유흥전문여성이 곤란해진 이야기가 그중 하나다. 뇌물과 방탕함이 횡행했던 다누마田沼「난계亂階」[1]의 시대와는 분위기가 완전히 바뀌어 손님이 딱 끊기자, 매일 시간이 남아돌았지만 계약 때문에 매일 밤 해亥시, 즉 10시까지는 가게 문을 닫을 수도 없었다. 한 가지 꾀를 생각해낸 여성들은 어려운 주머니 사정 속에서 돈을 모아 가까운 절에서 종을 치는 중에게 뇌물을 보냈다. 해시의 종을 더 일찍 쳐주면 느긋하게 쉴 수 있을 것이란 계산이었다. 그런데 받은 돈으로 술을 마신 중이 종 치는 일을 잊어버리자, 유녀들은 밤이 깊어질 때까지 기다리느라고 고생했다는 것이 결말이다.(상 472)

에도에는, 니혼바시日本橋 부근의 가게에서 일하던 일꾼들이 풍속업소에 가고자 일찍 가게 문을 닫고 싶은 마음에, '종치기 신미치新道의 쓰지 겐시치辻源七'에게 뇌물을 가져다주자 종 치는 시간을 한 시간 정도 앞당겨 주었다는 이야기도 있다. 어느 쪽도 너무 재미있다는 것이 난점인데, 바로 믿기는 어렵다. 게다가 설령 실화라고 하더라도, 그냥 웃어버리기에는 마음에 걸린다. 헤이세이平成 불황 등으로 쓸쓸해진 긴자銀座의 콜걸이나, 초과근무 수당이 나오지 않는 '서비스 야근'에 쫓기는 마루노우

---

[1] 다누마 오키쓰구(田沼意次, 1719~1788)는 사다노부 취임 직전까지 약 17년간 로주를 역임한 권력자로, 그가 로주에 재임했던 기간 동안 막부의 해이해진 기강과 부패 문제가 심각했던 것으로 유명하다.

치丸の內·가스미가세키霞ヶ關2) 근처 주민들에게는 남의 일 같지 않을지도 모른다. 차이라고 한다면, 에도는 부정시법3)으로 시각을 알렸다는 점 정도일까.

조닌町人 얘기라고 웃어서는 안 된다. 에도 정부 고관들의 부인이나 딸이 엄청난 '불륜'을 저지르는 이야기도 있다. 상대를 가리지 않는 박애주의가 씌인 바람에, 아마추어면서 '접대 아가씨'라는 별명까지 붙은 아씨 얘기나, 근엄한 역인의 대표격인 메쓰케目付이지만 동료들끼리 있을 때는 음담패설을 즐겼다는 등의 사례는 등은 나중에 소개하겠다.

당대를 풍자하거나 웃기는 이야기 그리고 교카狂歌4)의 부류도 풍부해서, 교과서에 단골로 실리는 "세상에 모기만큼 시끄러운 것은 없네, 분부文武거려 밤에도 잘 수가 없다"5)라는 유명한 교카도 자구字句가 약간 다르긴 하지만("세상에 모기만큼 시끄러운 것은 없다. 분부거리며 사람을 괴롭히네", 상164), 제대로 소개되어 있다. 사다노부 정권이 관기숙정官紀肅正·무사

---

2) 마루노우치(丸の內)와 가스미가세키(霞ヶ關)는 현재 도쿄 안의 지명으로, 전자는 대기업 오피스와 상업 시설이 집중된 곳이고, 후자는 정부 관계 기관이 집중된 지역이다.
3) 부정시법(不定時法)은 에도시대 시각(時刻)을 정하는 방법이다. 현재의 정시법이 하루를 24등분한 방법으로 시각을 정한다면, 부정시법은 하루를 낮과 밤으로 나눈 뒤, 이를 각각 6등분하여 시각을 결정하는 방법이다. 그러므로 부정시법은 일출에서 일몰까지의 시간 변화에 따라 각 시(時) 사이의 길이가 달라진다.
4) 일본 전통시인 와카(和歌)의 한 종류로, 5·7·5·7·7의 31음으로 구성되며 사회 풍자나 패러디의 내용이 많다.
5) 일본어로 '분부'는 모기가 앵앵거리는 소리를 뜻한다. 문무(文武)의 독음과 모기 소리가 같은 [분부]임에 착안한 말장난이다.

제1장 거짓은 참, 참은 거짓인 이야기

도武士道 진흥을 위해서 문무文武를 장려한 일을 풍자한 것이지만, 지은이는 그 정권 하의 고케닌御家人[p.296]이자 문인으로도 유명한 오타 난포大田南畝, 혹은 잠꼬대 선생으로 알려진 오타 나오지로大田直次郎라고 알려진 경우가 많다. 다만 당사자인 잠꼬대 선생에게는 달갑지 않은 민폐였던 듯하다. 사다노부가 엣추노카미越中守라는 관위官位명을 가지고 있었기 때문에, 엣추 훈도시[6](라고는 해도 애용하는 사람들은 물론 현물을 본 적이 있는 사람조차 적었긴 하지만)와 엮어서 음담패설에 가까운 내용으로 된 이야기도 있다.

게다가 행정개혁이나 강기숙정綱紀肅正을 철저하게 하느라 경기가 나빠져서 곤란하다는 불만이 터져나오는 것은 예나 지금이나 다를 바 없다. "시라카와의 맑은 시냇물에 살기 어려워지니, 탁한 다누마의 물이 그립구나"라는 교카가 『조시』에 등장하는 것은 개혁 시작의 호령이 나온 지 2년 정도 지난 간세이 원년(1789) 8월 즈음이다.(상 454) 시라카와란 마쓰다이라 사다노부의 영지가 있던 오슈奧州 시라카와白河를 가리키며, 다누마田沼는 말하지 않아도 모두가 아는 '뇌물정치'의 다누마 오키쓰구田沼意次를 말한다.[7] 불온한 세상이었다고는 해도 역시

---

6) 엣추 훈도시(越中褌)는 여러 훈도시 스타일 중 하나이다. 엣추는 현재 도야마(富山) 지역에 해당하는 옛 지명, 훈도시(褌)는 일본의 전통적인 남성 속옷이다.

7) 늪을 의미하는 '다누마'의 탁한 물과 대비시키는 구조. 원문은 "白河の淸き流れに住みかねてもとの濁りの田沼戀しき" 다누마 시대는 좁게 보면 다누마 오키쓰구가 정계의 중심에 진입해서 실각하기까지 1767~1786년 전후의 시기를, 넓게는 교호개혁(1716)과 간세이개혁(1787)의 사이 기간을 통칭한다.

거품경기 시대가 그리워지기도 했던 것이리라.

1.1 '그런 듯하다'의 세계

『요시노조시』라는 제목은 훌륭하지만, 처음부터 이 제목은 아니었다. 원래는 사다노부의 가신 중 한 사람이 여러 방면에서 들어온 은밀한 정보를 정리해서 정기적으로 주군이 열람할 수 있도록 제공한 기록이 남은 것이었다. 지금 전해지는 것은 그 정보의 일부에 지나지 않으며 원래는 더 알찬 내용이었던 듯하다. 훗날 분세이^{文政} 연간(1820년 전후)에 남아있는 문서 더미를 뽑아서 옮겨 적었을 때, 『요시노조시』라고 가제목을 붙인 것이 이름의 유래다.

'요시노'라고 하면 벚꽃 명소[나라현 요시노산^{吉野山}]가 우선 연상되지만 전혀 상관이 없다. "한 단락마다 요시, 요시라는 말로 맺고 있어서 요시노조시라고 이름 붙인" 것뿐이라고 한다. 예를 들어, 전술한 '접대 아가씨'에 관해서는 "이 아가씨는 야마시로^{山城}(지금의 교토 부근) 지역에서 무수한 사람과 간통한 일로 인해 접대 아가씨라는 별명이 붙었다고 합니다"(상 411)라는 식으로 적혀 있다. 다시 말해 '라고 합니다', "이러이러한 풍문입니다" 같은 의미로서의 '요시^由'다.

'라는 듯하다'라는 식의 전해 들은 정보란 못 미더운 것 아닐까. 『조시』의 존재는 오래전부터 알려져 왔고 간행본도 있지만, 이를 정면에서 다룬 연구자는 소수였다. 그렇게 된 부분적

제1장 거짓은 참, 참은 거짓인 이야기

인 이유도 정보의 신뢰성이 의심스러웠기 때문일 것이다. 가령 간세이 원년(1789) 여름의 소문으로, 쇼군 이에나리家齊에게 딸이 태어난 일을 축하하기 위해서 178세의 남편과 137세의 아내가 함께 자신들의 백발을 헌상했다는 이야기가 있다.(상 439) 현대인이야 웃고 넘어갈 일이고, 에도 사람들이 이를 진지하게 받아들여서 기록으로 남겼다고 생각한다 해도, 누군가에게 『조시』를 [사료로] 진지하게 다루어달라고 요청하기는 어렵다.

1.2 나가우타인가, 와카인가

에도의 극비 정보라고 하면, 우선 오니와반お庭番[p.27]을 떠올리지만, 메쓰케의 명을 수행하는 가치메쓰케徒目付·고비토메쓰케小人目付 등의 하급 역인들도 정보 탐색을 위해 일했다. 오사카 등지에도 잠복 스파이가 있었는데, 그 지역의 유력한 조닌 두 사람을 지목한 소문이 무성했다. 오사카 마치부교大坂町奉行도 중앙에 보고를 올릴 때 사전에 두 사람과 의논해서 사실과 엇갈리는 점이 없도록 할 정도로 윗선의 신임도 두텁다는 얘기가 있다.(상 436) 교토나 오사카에 오니와반의 부하가 번듯한 상인으로 자리 잡고 살았다는 얘기는 『구사자문록舊事諮問錄』등 다른 사료의 뒷받침도 있으므로 황당무계하지는 않다.

이 외에도 저 곰방대 수선공은 사다노부의 첩자라거나, 저 역인은 엣추越中 님[사다노부]의 염탐꾼이라는 소문이 여기저기 돌았다. 게다가 가짜 염탐꾼이 출현했다는 보고도 있었으므로, 누가 누구에게 정보를 전했는지, 그걸 어떻게 확인했는지 안

했는지, 성과를 올리거나 다른 사람을 함정에 빠트리기 위해 첩자나 소문을 퍼뜨린 당사자 등이 만들어낸 얘기인 것인지, 왜곡된 정보는 없는지 등 의심하기 시작하면 끝이 없다.

『조시』 자체도 정보의 왜곡으로 인해 우스워진 '사건'을 보고하고 있다. 어느 염탐꾼이, 누구나 가고싶어 하는 관청인 간조쇼勘定所[p.25] 역인으로 채용될지도 모른다는 막부 가신의 신원 조사에 나섰다가, 조사 대상이 나가우타長唄8)를 좋아한다는 탐문 결과를 보고해 올렸다. 당시 추세는 '문무장려文武獎勵'였기 때문에, 샤미센三味線이나 나가우타에 정신을 못 차리는 무사라면 평가가 몹시 떨어질 수밖에 없었다. 설령 유능하더라도 샤미센이나 나가우타를 즐긴다는 소문이 있는 사람이라면, 아무리 하찮은 자리일지라도 부교[책임자]라는 이름이 붙는 관청에 채용되어선 안 된다며 모처럼의 인사 건도 없던 얘기가 되는 시대였다. 간조쇼 채용 건도 같은 맥락으로, 나가우타 보고로 인해 모처럼의 출세 자리도 없던 일이 되어버렸다. 그런데 나중에 알고 보니, 해당 인물은 교토의 레이제이冷泉 가에서 배워 와카에 능하다는 얘기였음을 알게 되었다는 것이다.9)(상 154)

물론 이 보고 자체도 '그런 듯하다よし'이며 사실인지 아닌지

---

8) 나가우타는 에도시대 일본 음악의 한 장르로, 샤미센이나 북, 피리 등의 반주에 맞춰 소리꾼이 노래를 부르는 형식으로 이루어진다.

9) 교토의 유서 깊은 귀족 집안으로, 와카를 전수하는 일을 가업으로 삼고 있다. 나가우타와 달리 와카는 에도시대 무사들 사이에서 높은 교양 수준을 나타내는 취미였는데, 염탐꾼이 무식해서 와카를 나가우타와 혼동했다는 이야기이다.

모른다. 다만 교양이 없는 염탐꾼 중 하나가 '우타^歌'라는 말만 듣고 나가우타라고 섣불리 판단했을 가능성은 있을 수 있다. 만일 여기에 악의나 거짓이 더해졌다면 진실은 완전히 파묻혀 버려, 마지막에는 누가 스파이를 염탐하는가라는 고전적인 물음에 당도하게 되는 것이다.

1.3 사다노부 씨의 진위 판정?

그런 만큼 적혀 있는 이야기의 어디까지가 진짜고, 어디서부터가 창작이나 자신의 바람 혹은 억측의 산물이 시작되는 것인지 심히 의심스럽다. 사다노부가 죽은 후에 이 『조시』를 필사한 한 무사도 "당시의 풍문을 그대로 쓴 것이어서 허실^{虛實}이 제각각이니 그대로 취해선 안 된다"라고 경고하고 있다. 풍문이나 전해 들은 이야기이므로 경솔하게 신뢰해서는 안 된다는 것이다.

허위 정보의 한 예로 사다노부가 로주를 사임하기 직전에 "사바시 나가토^{佐橋長門}가 개천 만듦새를 보고 돌아왔는데 뭔가 잘못되어 일전에 할복했다고 합니다. 그날은 이 일로 인해 간조쇼도 하루 쉬었다고 합니다"(하 479)라는 기사가 있다. 다소 뜻이 안 통하는 구절도 있지만, 간조부교[p.299]인 사바시가 하천 개수 공사의 준공 검사를 마치고 에도에 돌아와서 어떤 문제를 일으킨 것으로 보이며, 최근 그가 할복하자 이로 인해 에도의 대장성大藏省[10]인 간조쇼도 하루 쉬었다고 말하는 듯하다. 그런데 이로부터 두세 달 후인 간세이 5년(1793) 7월에 사다노부는 로주를 사임하였고, 사다노부에게 기대를 걸고 있던 관계官界 일부가 실망하게 된다. 그리고 이 안에 간조부교인 사바시도 있었던 것 같다. "야규 슈젠柳生主膳, 사바시 나가토 등은 완전히 망연자실했다고 한다"라고 『조시』의 최종편은 전한다. 사바시는 할복에 실패하고 그 후에도 간조부교로 근무했던 것인지도 모르지만, 이렇게 보기에는 조금 무리가 있다. 사바시가 이듬해 가을까지 간조부교직을 유지했다는 사실은 각종 사료가 뒷받침하므로 의심할 여지가 없고, 하타모토旗本의 계보를 거의 망라한 『간세이 중수제가보重修諸家譜』를 포함해 정부의 공식 기록에도 할복을 떠올리게 할 만한 기술은 찾아볼 수 없다. 할복 운운은 오보이거나, 뭔가 다른 목적이 있는 허위 정보였던 것으로 보인다.

허위 정보에 관해서는, 사다노부 자신이 진위 여부를 판정하고 애써 그 사실을 적어 넣은 것으로 보이는 부분이 곳곳에 남아있다. 사다노부에게 제출된 정보 중에는 사다노부 자신이 직접 관여하거나 보고 들었다고 생각되는 정부 중추에서 일어난 일들에 대한 것도 적지 않다. 간세이 2년(1790)이 저물어 갈 무렵에 보고된 마쓰다이라松平 비젠노카미備前守[마쓰다이라 마사노리松平正升(1742~1804)]를 둘러싼 일화도 그중 하나

---

10) 대장성은 메이지 시대부터 2001년 1월까지 존재한 일본의 중앙 관청의 명칭이다. 대장성의 후속 관청은 재무성과 금융청으로 나뉘며, 한국으로 따지자면 기획재정부에 해당한다고 볼 수 있다.

제1장 거짓은 참, 참은 거짓인 이야기

다. 문제의 비젠노카미는 등성할 때 일부러 칼을 집에 두고 나오면서 "성안에서 칼 따위 필요 없지만 규정상 차고 있어야 하니 나중에 가져오되, 만일 성의 문지기 등이 뭐라 그러면 마쓰다이라 비젠노카미의 칼이라고 똑똑히 말하고 들어오라"라고 주위에 다 들리게끔 큰소리로 하인에게 명령했다. 그뿐만 아니라, 성안에서도 자신은 오늘 칼을 두고 왔다는 사실을 동료에게 밝혔다. 본인 설명에 의하면, 정부의 유력자이자 당시 실각할 것이라는 소문이 돌던 교고쿠京極 비젠노카미[교고쿠 다카히사京極高久(1729~1808)]도 집에 칼을 두고 온 일이 있는데, 같은 비젠노카미[11])끼리라는 인연도 있으니 그때의 오명을 씻어주고자 한 일이라는 것이었다. 이 이야기를 들은 세간은 감복했다고 한다.(하 237)

미담으로 알려진 얘기지만 해당 부분에는 두주頭註가 있고, "이는 거짓이다. 이 사람에게는 자주 이와 같은 소문이 생긴다"라는 내용이 적혀있다. 게다가 이를 옮겨 적은 사다노부의 가신은 "여기 적힌 내용은 사다노부의 직필로 보인다"고 해설했다. 이를 믿는다면, 마쓰다이라 비젠노카미는 전부터 화제 메이커로 재미있고 우스운 이야기와 결부된 적이 많았는데, 이것도 그중 하나로 지어낸 이야기에 지나지 않는다고 사다노부 자신이 판정했다는 것이다. 이뿐만이 아니라 '허설虛說'(혹은 '실설實說')이라고 적혀있는 부분이 『조시』에는 여기저기에 보

---

11) 원래는 비젠국의 영주라는 의미이지만 점차 명예직으로 바뀌었다. 따라서 동시기에 두 사람 이상의 비젠노카미가 존재할 수 있었다.

인다. 그 모든 것이 전부 사다노부의 손에 의한 것인지 어떤지는 의문이지만, 당시의 관계자나 사정을 잘 아는 사람이 보기에 의심스럽다거나 잘못이라고 판단한 정보가 섞여 있었다는 점은 부정할 수 없다. 동시대의 공식 기록 등에 비추어 보면 알 수 있는 일이지만, 『조시』에는 인명이나 직명 등 기본적인 부분에서 틀린 곳이 많다. 그런 의미에서 다루기 어려우며, 학자들이 경원시하는 경향이 있는 점도 이해가 된다.

1.4 오니와반과 태평 보케

한편, 근거도 불명확하고 이름이나 역직役職 등에도 잘못된 정보가 많으며, 공식 기록과 모순되는 점도 적지 않다는 이유로 하나도 믿을 수 없다거나 이용가치가 없다고 말해버리는 것도 조금 더 생각해봐야 할 일이다. 이렇게 말하는 이유는 『조시』의 정보원 중에는 고도의 기밀 정보를 알고 있는 자도 포함된 것으로 보이는 지점들이 있으며, 신뢰할 만한 정보도 적지 않다.

오니와반お庭番이라고 하면, 때때로 쇼군의 밀명을 직접 받아서 정보 탐색에 들어가는 것이기 때문에 그 동정은 베일에 쌓여 있지만, 그 은밀한 출장 정보는 새어나간 상태였다. 덴메이天明 8년(1788) 여름의 소문으로, 오니와반인 무라가키 사타유村垣左太夫와 다른 한 명이 전년 여름에 나가사키와 사쓰마 등지에 염탐을 위한 출장을 하면서 꽤나 고생을 한 것 같다는 얘기가 있다.(상 202) 일반적으로는 은밀한 일이니만큼 진위가

제1장 거짓은 참, 참은 거짓인 이야기

불분명한 억측이라고 일축 해버릴 수도 있지만, 이것이 사실이었음은 오니와반의 「원국어용일람遠國御用一覽」을 참조해보면 알 수 있다.[12] 극비 정보활동까지 『조시』에 실려있었다는 이야기지만, 도쿠가와의 '평화 보케'ぼけ[13]를 비웃을 자격이 현대 일본에 있을까?

다른 한편, 소위 공식 기록과 역사적 사실과의 관계도 미묘하다. 히틀러 통치하의 독일이나 구소련, 현대 일본에서도 정부의 발표에는 편의상의 거짓이 있다. 어렵게 말하자면 '사실'이라거나 '진실' 등은 종종 문제를 내포하고 있기 때문에, 최종적으로 그것을 '사실'이나 '진실'이라는 이름으로 확정짓고 결론을 내버리는 일은 없다는 것이다. 그런 역사나 인식 철학적 논의를 끌어올 필요도 없이, "미국 국무성이 부정할 때까지 뉴스는 진실이라고 간주되지 않는다"라는 농담에도 일말의 진리가 들어있다는 사정은 어른이라면 이해해줄 수 있지 않을까?

에도의 공식 기록도 예외는 아니다. 예를 들어, 오늘날이라면 지방세 감독국장 비슷한 다이칸代官[p.300]의 직무를 담당하던 히로세 이하치로廣瀨伊八郎라는 하타모토旗本가 있었다. 이 히로세에 대해서는 "원래 포목전의 짐꾼"이었지만 과거를 아는 사람도 이제는 별로 없고, 이시자키石崎나 하쿠라羽倉만큼 사람들

---

12) 深井雅海『德川將軍政治權力の硏究』吉川弘文館, 1991.
13) 원래 '보케'는 멍청한 말이나 사람을 뜻한다. 하지만 '평화 보케'라는 말은 주로 일본국 헌법 9조를 지지하는 사람들을 향해 평화가 길어져 기강이 해이해졌다는 상태를 비판할 때 그 반대 진영 사람들이 쓰는 표현이다. 장기간의 평화가 사람들로 하여금 전쟁이나 안전보장 문제를 현실적인 당면 과제로 생각하지 못하게 만들었다는 논리가 사용된다.

입방아에 오르지도 않는다는 보고가 『조시』에 있다. 히로세의 얘기는 뒤로 미루고 우선 이시자키란, 개혁의 발탁 정책으로 구라부교藏奉行[창고책임자]가 된 기요노조清之丞를 가리키며 "원래 구라야도藏宿14)의 지배인"이었다고 한다. 다른 한 사람인 하쿠라 곤쿠로羽倉權九郎도 구라야くらや라는 이름의 구라야도 지배인이었다가 쇼군의 매사냥 시중을 드는 오토리미お鳥見 집안의 양자가 되었고, 지금은 다이칸이 되어 위세를 부린다고 전한다.(하 66)

게다가 이시자키에 대해서는 다른 정보도 있는데, 이에 의하면 성안의 사무 심부름을 하는 보즈坊主직의 히라이 센아미平井專阿彌의 동생으로, 처음에는 바늘 장사 등을 하다가 나중에 구라마에藏前의 데다이手代[p.303]15)가 되었다거나(상 301), "오마카나이가타御賄方 15표俵 1인반人半 후치扶持의 가부株"16)를 사서 오오쿠의 높은 자리의 여성에게 연줄을 대보려고 하거나, 은광 경영에 관한 의견서를 제출한다거나, 간조부교쇼의 중견

---

14) 하타모토나 고케닌의 급료 지급을 위해 막부의 수입인 연공미를 관리하는 중개업자나 그 가게.
15) '구라마에'는 에도의 연공미 저장소인 구라가 밀집된 지역이며, '데다이'는 하급 역인을 뜻한다.
16) '오마카타이카타'는 에도성에 식료품을 공급하는 하급 역직을 말한다. "15표 1인 반 후치"의 '표'는 하급무사가 받는 봉록인 쌀의 단위로, 일년에 열다섯 가마니를 받는다는 뜻이며, '후치'는 부하를 고용하기 위한 수당으로 사람 수에 따라 지급액이 결정되었다. '후치'는 하루에 한 사람 당 현미 5홉을 지급하며, 여기서 1인 반이기 때문에 하루에 7.5홉의 현미가 지급된다고 계산하면 된다. '가부'는 이러한 특정 신분의 특정 직위가 가진 권리와 의무 전반을 의미하며, 소위 돈으로 신분을 산다고 할 때 특정 '가부'를 산다고 표현한다.

제1장 거짓은 참, 참은 거짓인 이야기

재무관리자로 채용되어 드디어 상급 재무관리자로 승진한 뒤, 간조부교 관할 하에 있는 구라부교로 전출되었다고 전해진다. 이쪽 정보가 상세하긴 하지만, 그렇다고 해서 그만큼 신뢰할 만하다고 말할 수는 없다. 진위 여부는 차치하고, 두 사람이 후다사시札差[구라야도]로 알려진 미곡상 겸 금융업자 밑에서 일했고, 그 뒤 막부 가신으로 출세했다는 소문이 있었다는 사실은 알 수 있다.

이러한 정보가 허위인지 아닌지 여부를 조사하는 첫 번째 단계는 『간세이 중수제가보寬政重修諸家譜』를 확인해 보는 것이다. 이 『간세이 중수제가보』(이하 『관수보』)는 간세이 말기까지의 하타모토 가보家譜를 바탕으로 도쿠가와 정부가 교정·편찬했던 하타모토의 가계보로, 에도시대 무가 연구자에게 불가결한 기본 사료이다. 여기에 의하면 이시자키는 에도성의 부엌에서 일하는 다이도코로닌臺所人의 아들로 안에이安永 9년(1780)에 이에家를 물려 받았다. 그렇다면 하쿠라의 경우는 어땠을까? 하쿠라가 양자였다는 점이나 일시적으로 도리미야쿠鳥見役[p.29]로 근무했다는 점에서는 『조시』가 모은 소문과 『관수보』의 기재 내용은 일치하지만, 『관수보』에서 하쿠라의 생부로 여겨지는 인물의 신원이 명확하지 않기 때문에 소문의 진위는 확정지을 수 없다. 내친 김에 히로세에 대해서도 조사해보니, 『관수보』에는 니시노마루 가치메쓰케西丸徒目付로 근무한 히로세 히코하치로廣瀬彦八郎의 친자로 되어 있으며 짐꾼 얘기는 흔적도 없다. 공식기록에 의하자면 어느 쪽도 사실무근의 허위 정보로, 정보의 출처를 밝히지 않아도 되는 덕분에 누군가가 특정 목적을 갖고 만들어낸 이야기를 흘린 것일 수도 있다. 혹은 신분·경력은 『관수보』에 적힌 대로이지만, 역직이 없던 시절에 데다이나 짐꾼, 바늘 장사 등의 내직^{內職}을 했을 것이라는 추측도 불가능하지는 않다. 뭐라고 분명하게 말할 수는 없지만, 이 세 명이 끝이 아니라 비슷한 소문이 여기저기에 있었다. 간세이 개혁 당시는 간조부교쇼의 직원이자 곧 다이칸으로 전출될 나카무라 하치다유^{中村八太夫}도 소문의 인물이었다.

1.5 대학자의 일기 증언

19세기 에도의 유자^{儒者}를 대표하는 학자로 마쓰자키 고도^{松崎慊堂}(1771~1844)라는 사람이 있다. 구마모토 햐쿠쇼^{百姓}의 자식으로 태어났으나 향학심을 억누르기 힘들어 에도에 상경해 각고의 노력 끝에 대학자로 성장했고, 로주를 배출하는 가게가와^{掛川}번의 유자 겸 정무 상담역이 되기까지 한 입지전적 인물이다. 그의 일기 『고도일력^{慊堂日曆}』의 덴포 12년(1841) 9월 14일 즈음에, 당시 다이칸 커리어의 정점을 찍은 나카무라 하치다유가 등장한다. "원래 바닷가 어부의 아들로 노게무라^{野毛村} 니시토베리^{西戶邊里}에서 어패류 살을 파내는 자의 자식이었는데, 최근 그는 부역^{夫役}으로 집안을 먹여살린다. 모두가 그의 이런 행동을 잘못이라고 한다"라고 한다. 여기에 의하면 나카무라 하치다유는 원래 지바^{千葉} 지역에 살던 어부의 자식으로 되어 있다. 그런데 『관수보』를 펼쳐 보면 문제의 하치다유 씨는

제1장 거짓은 참, 참은 거짓인 이야기

간조^{勘定}인 나카무라 도모다유의 친자로 되어 있으며, 지바는 커녕 어부의 그림자조차 없다.

세간에는 무책임한 소문만 무성한 것이 "178세의 백발 헌상"과 동공이곡^{同工異曲}인 듯 하다. 그래도 마쓰자키는 독실한 인품과 실증적인 학풍으로 알려진 사람이고, 일기의 문장도 '라고 한다'거나 '듯하다' 등의 애매모호한 들은 얘기가 아니라 확실하게 단언하고 있다는 점에서 신경이 쓰인다.(무엇보다도 원문은 한문이고, 인용은 훈독문으로 되어 있긴 하지만) 그것과는 별개로 선생 주위에 간조부교쇼의 직원을 포함해 에도 정부의 내부 사정에 정통한 사람들이 종종 등장해서 여러 가지 정보를 제공하고 있다. 대학자이자 관계의 사정에도 밝은 마쓰자키 선생이 무책임한 세간의 소문을 곧이곧대로 받아들여 일부러 일기에 남겼으리라고 보기는 어렵다. 그렇다면 공식기록이 위조되었거나 개변되었을 가능성까지 생각해보는 일도 가능하다.

『관수보』에 의하면, 문제의 하치다유는 젊은 시절의 이름을 데쓰타로^{鐵太郎}라고 하며, 메이와^{明和} 6년(1769) 1월 26일, 상급 재무관리자인 간조에 채용되었다. 이 사실은 은퇴한 도쿠가와의 고케닌^{御家人}이자 상당한 수준의 학문을 쌓은 오노 나오카타^{小野直方}가 남긴 상세하고 방대한 일록인 『관부어사태약기^{官府御沙汰略記}』에 의해서도 확인할 수 있다. 거기에 의하면, 같은 날 발령된 신임 헤야즈미^{部屋住}(적남)[p.123] 간조 중 한 명으로, 나카무라 데쓰타로도 포함되어 있었다. 여기까지는 문제가 없다. 다만 의문인 점은 그 아버지의 이름이 나카무라 시치로에몬七郎右衛門으로 되어 있다는 점이다. 공식기록에 의하면, 아버지는 도모하치로나 도모다유라는 이름을 댄 적은 있어도 시치로에몬이라는 공식기록은 없다. 오노가 잘못 옮긴 것이거나 공식기록의 오탈이거나 정보가 어긋난 사정은 분명하지 않지만, 공식기록이라고 해서 전부 믿을 수는 없다. 그리고 『관수보』가 어떤 식으로 작성되었고, 어디까지 믿을 수 있는지를 알기 위해 도움이 되는 실마리도 『조시』 안에 있다.

1.6 「선조서」 소동

간세이 3년(1791) 6월 즈음, "모든 집의 선조서를 일제히 제출하라는 명 때문에, 부산스럽게 조사하고 있다고 한다. 그 중에서 조상에게 훈공勳功이 없는 부류는 기뻐하지 않는다고 한다"라는 소문이 『조시』에 등장한다. 다시 말하면, 나중에 『관수보』로 완성되는 막부 가신들의 모든 집안의 가보家譜, 속칭 「선조서先祖書」의 제출 명령이 내려져 사방으로 조사하느라 난리가 난 듯하다는 얘기다. 조상 중에 특별히 언급할 만한 공적이 없는 사람이, 이 일을 반기지 않았다는 점은 이해할 수 있다. 그로부터 얼마 지나지 않아 소문의 2탄이 등장한다. 거기에 의하면, 가계에 관한 조사를 해오던 자는 괜찮지만 준비를 하지 않았던 사람은 매우 곤란한 상황이라, 하타모토 중에는 "우리 집은 확실한 집안이니까 조상에 관해 자세하게 알아둘 필요는 없다"라고 생각했던 사람이 많았고, 거꾸로 요리키與

제1장 거짓은 참, 참은 거짓인 이야기

力와 같은 하급 가신은 만일의 경우를 위해 준비해 둔 사람도 있었다. 제출 시기의 통지도 각각이지만, 어쨌든 갑자기 할 수는 없다고 큰 소란이 있었다고 한다.(하 308·312)

이상의 사정은 정부의 공식기록으로도 대체로 확인할 수 있고, 하타모토 전원의 제출이 완료되는 것은 7~8년 뒤인 간세이 11년 즈음으로 밀린다. 조사가 쉽게 진행되지 않은 집이 많았던 것으로 보인다. 그만큼 시간을 들였으니까 정확할 것이라고 생각할 수도 있지만, 확실한 기록을 발견하지 못해서 만들어내거나 추측하는 등 자화자찬으로 공백을 메운 경우가 있을 것이라는 억측도 가능하다. 전문 연구자로 역사를 탐구해 온 사람으로서 후자의 가능성이 높을 것 같다는 의심이 든다. 물론 정부 측에서도 제출된 서류를 곧이곧대로 받아들이지 않고 진위여부를 파악하고자 노력은 했다.

예를 들어, 하타모토인 이와모토^{岩本} 가의 경우가 있다. 이 집안에서 정부에 제출한「선조서」에 가깝다고 생각되는 문서가『류영부녀전쌍柳營婦女傳雙』에 들어있다. 그에 의하면, 조상은 신라사부로 요시미쓰新羅三郎義光(미나모토노 요시미쓰源義光)의 16대 후손인 하치로다유 미쓰야스八郎太夫滿安가 고슈甲州에 있는 이와모토 촌에 칩거한 일에 기인하며, 그 2대 뒤에 도쿠가와 이에야스를 섬겨 다이칸으로 일하게 되었다고 적고 있다. 그런데『관수보』쪽에는 고슈 이와모토 촌에 사는 이와모토라는 이름의 가전家傳이 있다는 사실만을 기재한 채, 신라 운운은 완전히 무시하고 이에야스와의 관계도 그냥 지나쳐버렸다.

양자가 거의 일치하는 부분은 이와모토 가가 기이紀伊 도쿠가와 가를 섬겼고, 나중에는 도쿠가와 요시무네德川吉宗17)를 따라 막부 가신이 된 이후다. 이와모토 가에서는『관수보』편찬 당시의 쇼군인 이에나리家齊의 모친, 즉 히토쓰바시一橋의 도쿠가와 하루사다德川治濟18)의 측실이 등장한다는 점을 생각해보면, '선조 사칭'에 거리를 둔 편찬 담당자의 식견을 평가해야 하는 것인지도 모른다. 다만, 5000개가 넘는 하타모토 집안들의 두 세기에 걸친 가보들의 내력을 충분히 파악해서 결과적으로 정밀도까지 현격하게 올라간 점을 보면, 관청의 문서관리 능력을 과신하는 일로 이어지기도 한다.

더욱 신경 쓰이는 점은, 하타모토의 일부는 "우리 집은 알아볼 필요도 없이 뻔하다"라며「선조서」에 무관심했던 한편, 요리키與力나 하급 막신幕臣[막부의 신하] 중에는 "만일의 사태라고 생각하여 지극히 정성을 들인" 자도 많다는 소문이다. 표면상의 뜻은 명문 하타모토의 경우, 가격家格이 확정되어 있고, 각 집안 별로 커리어도 이미 잘 알려져 있기 때문에 선조에 관한 조사를 할 필요가 없지만, 하급 막신은 선조나 가계를 평소부터 잘 조사해 놓았다가 막상 등용이나 역직 교체 등이 있을 때 바로 대응할 수 있게 해 둘 필요가 있었다는 의미다.

---

17) 도쿠가와 8대 쇼군(1684~1751). 요시무네는 원래 고산케(御三家) 중 하나인 기이번의 도쿠가와 가 출신으로 성인이 된 후 에도에서 쇼군이 되었으며, 이때 기이번에 있던 자신의 가신들을 함께 데려갔다.
18) 고산케(御三家) 중 하나인 히토쓰바시 도쿠가와 가의 2대 당주다. 그는 8대 쇼군 요시무네의 손자에 해당하며, 11대 쇼군인 도쿠가와 이에나리의 생부로 권세를 휘두른 인물이다.

제1장 거짓은 참, 참은 거짓인 이야기

가계나 역직의 계보에 관한 설명은 나중으로 미루고, 일단은 하급 막신이 말하는 '만일의 사태' 중 '만일'에는 다른 심각한 의미가 포함되어 있을지도 모른다는 점에 대해 살펴보자.

1.7 악당의 횡행

관습적으로 간세이의 개혁이라는 명칭이 붙었지만, 사다노부가 로주 필두로 취임하는 것은 연호로는 간세이 이전인 덴메이天明 7년(1787) 여름이다. 이듬해 여름 이후 개혁의 기세가 일어나자, 그때까지 수면 아래에 숨어있던 다양한 부정이나 추문도 차례차례 드러나기 시작했다. 그중에서도 특별히 사람들의 관심을 끌었던 사건이 간세이 원년(1789) 10월 2일에 판결이 난 하타모토 마에지마 도라노스케前嶋寅之助에 관련된 이레코入れ子 사건이다.

이 사건의 경과나 파문에 관한 상세한 정보는 『조시』에 수록되어 있다. 또한 개혁의 발탁 정책 덕분에 생각지도 못한 메쓰케 자리라고 하는, 하타모토라면 누구라도 탐낼만한 중요한 자리에 취임하게 된 모리야마 겐고로森山源五郎가 남긴 간단한 「자가연보自家年譜」에도 이 사건은 기록이 되어 있다.(「모리야마 다카모리(森山孝盛) 일기」) 그리고 멀리 교토에 있으면서 널리 세간의 정보를 모아 기록하고 마지막에는 「오기나구사翁草」라고 하는 방대한 필록집을 남겼던 전 교토 마치부교町奉行의 요리키 간자와 도코神澤杜口도, 간세이 원년 11월에 "에도에서 들려"온 이야기라며 이 사건을 기록했다. 세간의 이목을 크게 끌었던 사건이라는 사실을 짐작할 수 있다.

사건의 주범격 인물인 하타모토 신분의 마에지마 도라노스케는 사건이 발각됐을 당시의 신분·성명이다. 원래는 나가사키 부교로 근무했던 이시가야 아와지노카미石谷淡路守의 아시가루足輕[p.303]였다고도 하고, 혹은 같은 나가사키 부교였던 쓰게 나가토노카미拓殖長門守의 부하였다고도 한다. 당시 해외 무역의 중심지였던 나가사키가, 위로는 부교에서 아래로는 말단의 역인까지 상당한 축재를 가능하게 해준 근무지였음은 에도의 상식이었다. 업무 수입의 전부가 밀무역과 관련된 수상한 돈이었던 것은 아니었다고 해도, 부영양화된 물 속에서 물고기가 살이 찔 수밖에 없듯이 사무라이도 살이 쪄갔음은 분명한 사실이었다. 마에지마도 나가사키에서 모은 돈을 품에 안고 에도로 돌아와 요쓰야四谷의 갓파자카合羽坂 위에 사는 오반大番인지 쇼인반書院番[p.302]인지의 휘하에 있는 요리키의 '아키카부明株'[19]를 사서 고케닌御家人이 되었고, 이름도 미즈노 사다로쿠水野定六라고 바꿨다. 사실 햐쿠쇼나 조닌이 돈으로 요리키나 도신同心[p.299] 등의 고케닌카부御家人株를 사서 막부 가신단의 말단으로 들어가는 일은 예전부터 있었던 일이므로 이것 자체가 특별히 드문 일은 아니다.[20]

---

19) 전술했듯이 '가부'란 에도시대의 상공업자의 업무상 특권이나 무사나 상류 농민층의 신분 자체의 세습이나 계속을 가능하게 하는 특권이다. 여기서 '아키카부'는 모종의 이유로 '아키', 즉 빈 자리가 난 경우를 뜻하며, 그 '가부'를 돈으로 살 수 있게 된 상태에 있음을 뜻한다.
20) 무사 신분 중 고케닌은 하타모토의 아래이다. 296쪽 참고.

다만 요리키가 된 후에도 모아두었던 돈으로 자금 운용에 힘써서 대금업을 계속했고, 지독한 이자에 대출금 상환을 종용하는 바람에 관련된 사람들로부터 원망을 사거나, 미인계를 이용한 악행이 밝혀져서 요리키를 그만두어야 했던 일이 사건의 복선이 되었다. 미인계라고 함은 구체적으로 다음과 같은 수법을 말한다. 마에지마 부부는 열렬한 호리노우치堀之內[21] 신자였다. 어느 날 부인이 절에 참배하러 갔는데 비가 와서 절에 부탁해 묵고 온 일이 있었다. 이를 알게 된 마에지마는 문제의 절에 찾아가, 유부녀를 절에 묵게 하는 건 어디 법도냐며 트집을 잡아 협박하여 70냥을 빼앗았다고 한다(전술한 「오기나구사」[p.36]에서는 600냥을 손에 넣었다고 적고 있다. 소문이 에도에서 교토로 가는 사이에 이야기가 10배 정도 부풀려졌다). 이 외에도 동료 요리키에게 "내 아내랑 불륜관계지? 네놈은 '밀부密夫'야"라며 돈을 강탈했다는 소문도 돌았다.

1.8 에도의 '이레코 세공'

쓰루야 난보쿠鶴屋南北의 가부키 작품에나 나올 듯한 악당이다. 결국 요리키 자리에서 잘리고, 낭인으로 돌아가 요시다 헤이주로吉田平十郎라고 개명하고 나서도 대금업은 계속했다. 돈을 빌린 사람 중 하나인 하타모토 우가키 사다에몬宇垣貞右衛門이 그 가혹한 징수에 몹시 괴로워한 끝에, 대금업자인 낭인 헤이주로

---

21) 액막이로 유명한 에도의 니치렌(日蓮)종 묘호지(妙法寺)가 위치한 지역명으로, 절 이름 대신 이 지역명이 통용되기도 했다.

를 도망간 자신의 동생 대역으로 삼기로 했다. 다시 말해 이것이 '이레코'라는 일로, 헤이주로는 이로써 하타모토의 차남이 된 것이다. 물론 그 대신에 우가키가 빌린 돈은 없던 일이 되었다. 그리고 헤이주로는 한술 더 떠, 다른 하타모토인 마에지마 가의 양자로 들어가, 요리키 같은 고케닌 신분보다 한 단계 더 위인 하타모토의 후계자로 변신했다.

사건이 발각되기 2년 전인 덴메이 7년 말에는 마에지마 가의 양부를 은거하게 만들고, 자신이 당주當主가 되어 온전한 직참直參[22] 하타모토로서 마에지마 도라노스케는 드디어 홀로 설 수 있었다. 참고로 양부는 마에지마 도라노조前嶋寅之丞라고 한다. 그에게는 원래 도라노스케라는 친자식이 있었는데, 그 자식은 어려서 아는 고케닌에게 줘버리고는 양자로 보내던지 마음대로 하라고 한 터였다. 마에지마 가에 양자로 들어온 주범인 도라노스케는, 그 후에도 600석을 받는 제대로 된 하타모토인 우에다 만고로植田萬五郎 등에게 맹인 대금업자인 어느 겐교檢校[23]의 자식을 이레코로 들이게끔 중개해주고서는 그 사례금이 적다고 우에다로부터 돈을 뺏은 적도 있는 것 같다.

---

22) 도쿠가와 가를 직접 섬기는, 직속 부하들을 가리킨다. 다른 다이묘 휘하의 가신들은 배신(陪臣)이라고 부른다.
23) '겐교'는 맹인이 가질 수 있는 최고의 관위명이다. 에도시대의 맹인은 대개 승려의 모습을 하고 막부에 의해 공인받은 당도좌(當道座)라는 단체를 만들어 그 안에서의 지위에 관한 결정을 하고, 침술·안마·샤미센 연주자 등의 직업을 맹인이 전유화할 수 있도록 힘썼다. '겐교'가 되면 권위는 물론 수입도 늘었으며, 여기에 소개된 경우처럼 대금업을 통해 축재를 할 수도 있었다.

제1장 거짓은 참, 참은 거짓인 이야기

이상의 내용이 간세이 원년 6월 하순 즈음부터 『조시』에 등장하는 다양한 소문을 정리한 사건의 개요다(다만 고유명사나 직책명의 오류는 조사 가능한 범위 내에서 정정했다). 결국 소문이 기록된 지 3개월 정도만에 주범인 마에지마 도라노스케 이하 범죄에 직접 관여한 자들에게는 사형, 섬으로의 유배, 이에[가문]를 단절시키는 등의 혹독한 처분이 내려졌고, 그 외에도 여러 관계자가 처분을 받았다. 연루된 다수의 사람들 중 일례를 들자면, 마에지마 양부의 형으로 오모테유히쓰表右筆 즉 내각서기관과 같은 자리에 있던 가타오카 구하치로片岡九八郎도 비역인非役人인 고부신小普請,[24] 말하자면 '녹을 받는 낭인'의 위치로 떨어졌다. 이것이 이른바 문책형 고부신으로 한 번 이렇게 되면 재기는 쉽지 않았다.

공식적으로 처분 받은 자들뿐만 아니라 생각지도 못한 곳까지도 파문이 일었다. 전술한 이야기[p.21]에서 '접대 아가씨'라는 매우 불명예스러운 평판을 역사에 남겼던 여성의 아버지인 아마노 야마시로노카미 사부로베天野 山城守 三朗兵衛는, 마에지마가 양자로 들어가는 일을 승인받을 때 이를 직접 감독하는 고부신 지배支配[p.300] 자리에 있던 것이 화근이었다. 『조시』의

---

24) 봉록이 3000석 미만인 하타모토나 고케닌 중에서 역직을 맡지 않은 사람을 뜻한다. '비역인'은 맡은 바 역할이 없다는 뜻으로, 역직을 맡아야 나오는 수당이 없기 때문에 고부신에 해당하는 막부 가신들은 경제적으로 곤궁한 경우가 많았고, 별도의 내직(內職)을 통해 부수입을 벌어들여야만 했다고 한다. 고부신은 여러 명을 묶은 구미(組)로 구성되며 구미의 책임자를 지배(支配)라 부른다. 지배의 하위 관리자는 지배구미가시라(支配組頭)로 부른다.

평판에 의하면, 그는 자기 마누라의 밀통도 눈치를 못 채는 매우 어리석은 자로, '접대 아가씨' 외에도 딸이 한 명 더 있어서 첩으로 시집을 보냈는데, 병으로 친정에 와있는 동안 기회를 틈타 간통했다. 정말 칠칠치 못하고 한심하기 짝이 없는 집이라는 등 혹독한 평가가 내려져 있다.(상 410)

어디까지가 사실인지는 차치하고, 마에지마의 사건만 없었더라면 색에 빠진 딸들도 역사에 염문을 남길 일은 없었을 것이라고 생각하면 불쌍한 일이다. 단, 불행은 한꺼번에 닥친다고 한달까, 한 번 구르기 시작한 돌은 멈추지 않는다고 할까. 2년 후인 간세이 3년 11월에는 더 심한 불행이 아마노 가를 덮쳤다. 아마노는 사건이 발각되기 전인 덴메이 8년에 고부신 지배라는 직책에서 물러난 상태였지만, 사임한 지 3년 이상이 지났을 때, 재직 중에 자신의 양모와 손자 둘이 하인이나 조닌과 함께 저택 내에서 도박을 했던 일을 눈치채지 못하고 방치했던 사건이 수면 위로 떠오르게 되었다. "평소에 등한시해서 일이 일어났다", 즉 평소부터 가정에 제대로 신경을 쓰지 않았기 때문이라고 단정지어졌다. 이것만으로도 상당한 수모를 당한 것이지만, 사다노부의 시대였기 때문인지 처분은 혹독했다. 1200석 정도 받던 가록이 500석으로 깎이게 된 것이다.

1.9 '이레코' 적발의 시비

본인이나 직접적인 관계자뿐만 아니라 다양한 사람이 이 사건으로 고생하게 되었는데, 그것과는 별개로 주목할 만한 점은

제1장 거짓은 참, 참은 거짓인 이야기

사건이 밝혀지는 과정에서 발생한 것으로 보이는 고부신 지배 사이에 벌어진 의견 대립이다. 사실 사건이 표면으로 드러나기 한참 전부터 마에지마의 경력 사칭이나 불량한 소행이 여러 곳에서 화제가 된 바 있다. 그래서 마에지마가 소속된 고부신구미의 지배 구미가시라支配組頭 두 사람은 무슨 일에든지 엄격하기로 소문난 사다노부 정권이 사건을 적발하기 전에 자신들의 손으로 적발해야 한다고 주장했다고 한다. 아마노도 속해있던 고부신 지배란, 반番이나 역役을 맡고 있지 않은 비직非職의 하타모토를 구미組로 나누어, 일상적으로 감독하는 책임자를 가리키며, 많게는 2~3000석 이상의 상급 하타모토가 한 구미 당 한 명으로 당시에는 합계 11명이 임명되어 있었다. 지배 구미가시라라는 것은 그 바로 아래에서 실무를 담당하는 관리자로 각 구미 당 2명씩 있다. 당시 마에지마가 소속된 고부신구미의 지배구미가시라였던 마쓰다이라 다지노카미松平但馬守가 철저한 규명을 주장한 것은 당연해 보인다.

대세가 이런 방향으로 움직이는 것처럼 보였으나, 고부신 지배 중 한 사람인 사카이 이나바노카미因幡守 만은 여기에 강하게 반대했다. 그의 말에 따르자면, "그런 종류의 하타모토는 얼마든지 있으니 남김없이 없앨 버릴 수는 없다. … 그 정도 일로 따지고 들면 고부신은 대부분을 없애버려야 하니 내버려 두는 것이 좋다. 만일 나중에 위로부터 문책이 있으면, 그대들이 제대로 조사하지 않아서 생긴 일로 하고 면직이 되는 선에서 마무리되면 … 더 바랄 나위가 없겠군"이라는 것이다.(상 398)

이레코는 널리 행해지고 있기 때문에 전부 처분할 수는 없는 일이고, 하나하나 들춰내기 시작하면 일이 커져 망하는 하타모토·고케닌이 속출할테니, 그냥 앞뒤 사정을 잘 설명하고 은거시키는 정도로 마무리하면 될 일이다. 만일 윗선에서 따져 규명하려고 하면, 당신들이 면직이 되더라도 그건 세상에 도움이 되는 일이니까 바라던 바이리라—라는 취지인 것이다.

그건 너무하다며, 당시 막 도라노스케의 직속 상사가 된 마쓰다이라도 따지러 왔지만 타협은 통하지 않았다. 올곧기는 하지만 결단을 못 내리던 마쓰다이라는, 그 후 마에지마를 불러내서 이레코 의혹에 대해서는 언급하지 않고 대부업만을 문제 삼은 채 일단 주의만 해서 돌려 보내버렸다. 이때 마에지마는 술에 취한 채로 출두했을 뿐만 아니라, 그 후에도 기세등등했다고 한다. 괘씸한 일이라며 관계자들은 어이없어했다고 『조시』는 전한다. 진상이 표면화된 경위에는 여러 설이 있는데, [발각되면 책임자를] 은거시키는 선에서 사건을 마무리하자는 사카이의 방식에 대해 "성실하기만 한 마쓰다이라"도 이후 "역시 화를 내며 사카이의 의견을 무시하고 상부에 진언했다"는 듯하다.(상 419)

일반적으로 막신幕臣[막부 가신]의 신분 사칭은 엄격하게 금지되어 있었고, 발각되면 극형에 처해졌다. 예를 들어 하타모토인 야마나카 신지로山中新次郎의 경우다. 야마나카는 호시노 가에몬星野嘉右衛門의 친자로 태어나 하타모토인 야마나카 겐시치로山中源七郎의 양자가 되었다. 간포 3년(1743)에 이에

제1장 거짓은 참, 참은 거짓인 이야기

家를 물려받아 간엔 2년(1749)에는 다이칸으로 발탁되는 등, 순조롭게 출세 코스를 밟고 있었다. 그런데 취임한 지 1년 만에 연공미年貢米[25]를 사적으로 유용한 일이 표면화하면서 조사가 진행되던 중, 야마나카가 호시노의 자식이라는 것이 허위사실이며 실제로는 슨푸駿府 목수의 우두머리였던 하나무라花村 아무개의 자식이었는데 액년厄年에 태어난 아이라는 이유까지 더해져서 호시노의 친자로 등록했다는 사정이 발각된 것이다. 원래대로라면 할복해야 할 일이지만, 쇼군가의 법요法要[26] 등도 있었기 때문에 감형이 되어 이에는 단절[27]되고, 본인은 유형에 처해졌다.

1년 전인 간엔寬延 2년(1749)에 가스야 긴다유粕谷金太夫의 이레코 사건에 대해 내려진 처벌은 가장 엄격했다. 가스야는 간조쇼勘定所의 중견 실무 관료에서 건축 실무를 담당하는 사쿠지시타부교作事下奉行가 되었고, 나아가 간조쇼 외국外局의 장에 해당하는 우루시漆부교로 영전해 쇼군을 배알할 수 있는 하타모토까지 올라갔다. 그런데 출세가 독이 된 것인지, "많은 돈을 탐하고 … 성씨도 분명하지 않은 하쿠쇼"를 첩이 낳은 자식 사부로스케三郎助라고 속여 신고를 했다는 사정도 드러났다. 가스야 본인은 사형에 처해졌고, 사부로스케는 유형을 받았다.

---

25) 에도시대 무사 계층이 햐쿠쇼(百姓, 대다수가 농업에 종사)로부터 거둬들인 조세미를 가리킨다.
26) 역대 쇼군의 기일에 행해지는 불교 의식을 말한다.
27) 더 이상 해당 이에의 존속을 인정하지 않는 처벌로, 후계자가 있더라도 쇼군의 허가가 내리지 않기 때문에 해당 이에는 소멸된 것이 된다.

그러나 조사의 진행 과정에서 이 모략에는 동료 간조인 간노 기로쿠로勘野喜六郎 아무개라는 자가 한몫 거들었다는 사실까지 발각되었다. 게다가 간노 자신도 적자가 사망하자 "돈을 탐하고자 하는 생각에 … 다른 사람의 자식을 키우며 친자식이라고 속"이고, 그 후에도 다른 낭인의 아이를 돈 받고 양자로 들이는 등 악행이 들통났기 때문에 할복을 명령받았다.(이상의 두 사건에 관해서는 『관수보』, 『도쿠가와 실기(德川實紀)』, 『단가보(斷家譜)』 등을 참조.)

가스야와 간노 양쪽 모두 이에 단절로 역사에서 자취를 감출 정도였으니, 이레코가 중대 범죄인 것은 무사의 상식이다. 그럼에도 불구하고 많은 하타모토나 고케닌이 이레코라는 범죄에 손을 대고 있음을 사카이는 [따라서 전부 처벌할 수는 없다고] 말한 것이었다. 어디까지 신용할 수 있는 이야기일까.

우선 사건이 발각된 뒤, 하타모토에도 이레코는 많지만 특히 고후甲府나 다테바야시館林에서 쇼군 후계자가 들어올 때 따라와서 막신이 된 자의 자손은 양자가 금지되어 있으므로 더 성행하고 있다는 식의 소문은 있었다.[28] 세간의 보통 이레코는, 친자식이 어려서 죽을 경우에 타인의 아이를 데려와 살짝

---

28) 고후는 현재 야마나시(山梨) 현에, 다테바야시는 현재 군마(群馬) 현에 해당하는 지역의 옛 지명이다. 에도시대 전기에 이 두 지역에 도쿠가와 가의 방계인 고후 도쿠가와 가와 다테바야시 도쿠가와 가라는 다이묘 가문이 있었다. 전자에서는 5대 쇼군 쓰나요시(綱吉)를, 후자에서는 6대 쇼군 이에노부(家宣)를 배출했는데, 이로 인해 양쪽 가문은 모두 끊기게 되었다. 쓰나요시와 이에노부가 에도성으로 들어갈 때 자신의 원래 가신단 중에서 데리고 간 사람들의 자손은 기존의 막부 가신단과는 달리 양자가 금지되어 있었다. 막부 가신단의 규모가 지나치게 늘어나는 일을 방지하기 위한 조치였던 것으로 보인다.

제1장 거짓은 참, 참은 거짓인 이야기

바꿔치는 사례가 많지만, 마에지마의 경우는 악랄했기 때문에 들킬 수밖에 없으리라는 관측까지 있었다고 『조시』는 전한다.

게다가 이 사건이 표면으로 드러나기 전에도 두 건의 이레코 사건이 『조시』에 실려있다. 하나는 다누마 실각과 관련해, "다누마 류스케田沼龍助는 ... [동생인] 다누마 노토노카미能登守의 아이를 이레코했는데, 이번에 은거한 다누마가 병으로 죽었으니 이 일의 수사가 시작될 것이라는 소문"(상 172)이라는 내용이다. 의미를 파악하기 어렵지만, 이레코 의혹에 관한 소문이 돌고 있던 것은 사실인 듯하다. 다른 하나는, 제4장에서 소개할 간조쇼의 상급 직원인 후쿠시마 마타시로福島又四郎에 의한 공금횡령사건[p.188]에 관련한 얘기다. 당시의 간조쇼 간부 직원 중 하나인 오바야시 요베에大林與兵衛에 관해, 오바야시는 "원래 이레코라는 소문"이라고 전한다. 사실 후쿠시마 마타시로가 오바야시 가의 후계자였으나, 첩의 자식이었기 때문에 요베에를 후계자로 세우고 마타시로는 양자로 보낸 것이다. 다시 말해 후쿠시마는 오바야시의 형에 해당하기 때문에, 마타시로의 행적이 나쁘다는 사실을 알면서도 간조쇼에 들여서 챙겨주고 있었다는 말이다.(상 366)

또한 나카지마 구라노스케中島內藏助라고 하는, 가록이 150표인 고부신에 관련된 소문도 있다. 나카지마는 사다노부가 중용했던 정부 유력자인 야규柳生 슈젠노카미主膳正와 가까운 사이로, 고부신가타小普請方(건축과장 같은 직책으로, 뇌물이나 보수가 많다) 자리를 원해서 매일 같이 야규의 저택에 얼굴 도장을 찍고, 진정을 내고 있었다. 그런데 마에지마 사건이 발각된 후, 갑자기 쑥 들어가버렸다. 나카지마는 원래 혼고 주변에 사는 요리키였지만, 그 가부를 팔고서는 무슨 수를 쓴 것인지 모르지만 하타모토가 되었다. 그 경위에 대해 조사를 받게 되면 위험하기 때문에 숨어버렸을 것이라는 소문이 있다고 『조시』는 전한다.(상 475)

이들 모두가 다른 불상사나 사건에 의해 부수적으로 드러났다는 점이 눈길을 끈다. 야마나카[p.43]의 경우도 조세를 체납하여 사적으로 유용했던 사건을 규명하던 차에 우연히 떠오른 결과였고, 가스야 건[p.44]은 양자인지 이레코인지 확실하지 않지만, 어쨌든 수상한 공작에 연관된 금전적인 마찰로 인해 발각되었다. 간노의 경우도 가스야 건이 없었다면 아마도 어둠 속에서 쉬쉬하며 전해지는 이야기였을 것이다. 마에지마 사건 와중에는 고부신 중에 여전히 나쁜 놈이 남아있지만, 집에 쥐가 있는 것처럼 고부신 중에도 악당이 있는 것 역시 이상한 일은 아니라는 감상이 있었다고도 한다.

여러모로 생각해보고 전체를 봤을 때, 이레코가 중대 범죄였던 것은 사실이지만, 이레코 자체를 적발해서 처벌한다는 의도를 당국자들이 강하게 갖고 있지는 않았던 것이리라. 다른 범죄 등과 엮이면서 발각되면 처분하지만, 그렇지 않으면 눈을 감거나 알면서 모른 척하는 것이, 적어도 에도시대 후기에는 지배적인 사고방식이었다. 마에지마의 경우는 대부업이나 미인계 같은 나머지 죄의 죄질이 나빴다. 게다가 마쓰다이라 개혁 정권의 전성기였기에, 섣불리 보고도 못 본 척했다가는 지금까지와 달리 엄격한 처분이 내려질지도 모른다는 공포나 의혹이 직속 상사들에게도 강하게 작용한 '예외'적 상황이었다. [덮는 것이 낫다고 한] 사카이의 관찰은 대체로 봤을 때 정답이었을 것이다.

1.10 '이레코'와 양자

설령 중죄라고 하더라도 많은 사람들이 실제로 하고 있으면서 거의 들키지 않고 적발되지도 않는 것이 상식이라면, 이레코를 하는 사람들이 상당수 나온다고 해도 이상하지 않다. 다만, 양자 결연縁組이라고 하는 합법적인 방법도 있고, 그야말로 한 세대마다 3할 전후의 집안이 양자로 가계를 이어가고 있던 것이 상식인 에도시대에 왜 위험을 동반한 이레코를 선호했는지 의문이 든다. 이미 소개한 바[p.45]와 같이, 고후 같은 곳에서 신규로 막신에 포함된 이에는 양자가 금지되어 있었다는 사정도 있지만, 그것만으로 [잉여] 하타모토나 고부신이 모두 없어질 리도 없다.

하나는 정규 양자 결연을 하기에는 신분이나 혈연 등과 관련해 여러 가지 제약이 있고, 절차도 번거롭다는 사정을 들 수 있다. 특히 상급 막신인 하타모토의 경우, 상대가 아무리 부유하더라도 조닌으로부터 직접 양자를 맞이하는 일 따위는 불가능한 얘기였다. 또한 같은 막신이라도 하급자인 고케닌과의 양자 결연을 하기에는 제약이 있었고, 하타모토끼리의 결연이라도 먼 친척 등까지 포함한 동의서가 필요하는 등, 절차도 복잡했다. 이 외에도 여러 가지 의도나 복잡한 사정이 있어서 양자 들이기가 간단하진 않았다.

게다가 양자 결연의 많은 경우는 지참금 말고도 여러 가지 명목으로 거금이 움직이는 것은 상식이었고, 관계자의 협조를 받기 위해서도 그에 상응하는 사례나 품이 들게 마련이다. 몰래 직접적인 관계자들끼리 이레코를 하면 품이나 비용을 아낄 수 있을 뿐만 아니라, 리스크에 따라 파격적인 액수의 지참금이라거나 사례금이 지불되는 일도 있을 것이다. 앞서 등장했던 마에지마[p.37]는 큰 부를 쌓은 겐교의 자식을 하타모토의 이레코로 중개한 일이 있는데,[p.39] 이때도 겐교로부터 상당한 거금, 아마도 수백량 이상이거나 천량 단위의 돈을 받아서 하타모토 측으로 전했을 것이다. 수많은 곤궁한 하타모토는, 집안이 망한다거나 먼 미래의 위험을 생각하기보다 눈앞에 있는 눈부신 황금의 반짝거림에 끌렸을 것이다.

물론 사안이 사안인 만큼 이레코가 실제로 얼마나 널리 행해졌는가에 대해서는 사료를 토대로 한 정량적인 조사가 어렵지만, 직접적인 증거가 전혀 없지는 않다.

마에지마 사건보다 십수년 후인 덴포天保 연간(1830~1843)의 이야기다. 고후에 교대 근무 당번인 지배 도신支配同心 직의 최하급 고케닌인 스기우라杉浦 가가 있었다. 이 집안에서는 막말의 외교 관료이자 메이지유신 이후에 우편 사업 등으로도 족적을 남긴 고급관료 스기우라 유즈루杉浦譲가 나오는데, 이레코

제1장 거짓은 참, 참은 거짓인 이야기

얘기는 그의 아버지이자 문인으로서도 조금은 알려진 스기우라 시치로에몬七郎右衛門의 비망록『역대류歷代留』에 나온다. 여기에 의하면, 덴포 6년(1835) 3월 즈음에 동료 중 한 사람으로 보이는 고바야시 다메야小林爲彌라고 하는 고케닌의 아들 세이타로精太郎가 "가부를 팔아서 후지미호조반富士見寶藏番[보물창고 관리역]인 야마무로山室 집안에 양자"로 들어갔다고 한다. 『에도 막신 인명사전』에는, 야마무로 세이스케精輔 항목에 그 아버지 세이고로精五郎가, 오모테히반表火番에서 하코다테箱館 부교 휘하의 시라베야쿠나미슈쓰야쿠調役並出役[천·공물 수취역]가 되었다고 하는 기사가 있다. 또한 안세이安政 5년(1858), 이 세이고로가 순회 근무지인 이투루프 섬에서 병사했다는 소식이 에도를 경유해 고후에 도착했다는 기술이 시치로에몬의 비망록에 있다는 점 등을 통해, 이 세이고로가 원래 고바야시 세이타로였다는 사실을 추인할 수 있다.

양자 자체는 흔한 일이었지만, 주목할 지점은 세이타로가 야마무로 가에 양자로 들어갈 때에 "다이칸 와다和田의 슈메노데쓰키主馬手付인 와타나베 겐다유渡邊玄太夫의 친자로, 겐다유와 동거"하고 있다는 기술이 있다는 점이다. 이 와타나베의 존재도『현령집람縣令集覽』등의 동시대 사료에서 확인할 수 있고, 스기우라 가와 그 주변에는 다이칸의 하급 관리인 데다이手代[p.303]나 데쓰키手付가 많았기 때문에 이야기의 신빙성도 있다. 무엇보다도 비망록을 기술한 시점보다 몇십 년도 더 전의 일에 관해 굳이 거짓을 기록할 필연성은 희박하리라.

다시 말해 고바야시의 아들이 막신인 야마무로의 양자가 되기 전에 다이칸 데쓰키, 즉 최하급에 가깝지만 어쨌든 겨우 막신 축에 끼는 집안의 '친자'로 기록되어 있다는 것이다. 이는 이레코라고 볼 수밖에 없지만, 스기우라 시치로에몬의 담담한 필치로부터 상상하건대, 기록할 만한 가치는 있지만 놀랄 만한 일은 아니었던 듯하다. 물론 "고슈는 부도가 풍년이다"[29]는 것으로 알려져 풍기문란이라는 평판이었던 만큼, 특수한 지역의 특수한 사정이라고 볼 여지가 있음은 부정하지 않겠다.

그러나저러나, 이렇게 앞뒤가 다른 막신을 상대로 개혁을 실행하겠다고 한 사다노부 씨의 고심이 얼마나 컸을지는 상상이 되고도 남는다.

이처럼 억측과 유추가 거듭되었지만, 이레코가 상당히 광범위하게 행해지고 있었음은 틀림없는 사실이라고 생각한다. 그렇다면 이미 소개한 바 있는 히로세, 이시자키, 나카무라 등의 출신에 관한 소문과 공식기록 사이의 괴리 내지는 어긋남도 설명이 가능해진다. 결론부터 말하자면, 이들은 표면상으로는 친자로 되어 있더라도 어느 단계에서 막신의 이레코가 되었을 가능성이 있다. 물론 실제로 이레코였는지 여부와는 별개의 이야기로, 그것을 확인하려면 다른 사료가 필요하겠지만 말이다.

---

29) 甲州は葡萄[武道]の成り下がり. 일본어에서 포도(葡萄)와 무도(武道)는 모두 [부도]라고 발음한다. 고슈 지방은 에도시대부터 포도 산지로 유명한 곳이므로 무사들의 기강이 해이해졌음을 중의적으로 표현한 문장이다.

제1장 거짓은 참, 참은 거짓인 이야기

비록 중죄 취급을 당하긴 하지만, 하고자 했을 때 비교적 쉽게 이레코가 가능했던 사정에 관해서는 설명할 수 있다. 그중 하나가 '관년官年'(혹은 '공년公年')이라고 지칭된 관행이다. 막신들은 거의 예외가 없을 정도로 실제 나이를 허위로 신고했다. 일찍 역직을 맡기 위해, 혹은 당주가 예상치 못하게 일찍 사망할 경우에 대비하기 위해, 그리고 그 외에 몇 가지 이유 때문에 막신은 아이의 출생년월을 몇 살쯤 앞당겨 신고하는 것이 상식이었다. 그중에는 열 살 이상을 속이는 호걸도 있어서 주위 사람들이 혀를 내두르며 진절머리를 냈다는 일화는, 가쓰 가이슈勝海舟(1822~1899)의 부친 가쓰 고키치勝小吉가 쓴 『몽취독언夢醉獨言』의 독자라면 기억하실지도 모르겠다.

물론 나이 사칭도 엄연한 범죄이므로 드물지만 처분된 사례가 있다. 8대 쇼군 요시무네吉宗의 시대에 재무관료로 순조롭게 출세를 거듭하고 있던 소노베 산지로蘭部三次郎가 양자 신청을 제출했을 때다. 그 전에도 종종 자신의 나이를 잘못 신고했을 뿐만 아니라 "양자의 나이도 이전에 보고했을 때의 기록과 다르다는 것은 쇼군을 무시하는 처사", 즉 자신과 양자의 나이를 거짓 신고하는 일은 주군을 바보 취급한다는 것이란 이유로 면직 처분되었다.(『관수보』) 고부신으로 좌천되고 근신 명령을 받는 등, 상당히 혹독한 처분에 속한다.

그러나 여기까지 가는 것은 드문 사례로, 보통은 이레코의 경우와 유사하게 실제로 처벌받는 것은 다른 범죄와 엮여서 표면화된 경우에 한정되었다. 개혁이 진행 중이던 간세이 2

년(1790)에 소료반이리$^{惣領番入30)}$라고 부르는 하타모토 집안의 적자를 일제히 채용할 것이라는 소식이 화제가 되고 있었다. 그런데 이를 좀처럼 실행에 옮기지 않는 사다노부의 처사를 두고 '사기'를 쳤다는 비판이 일어났다. 정부로서는 심각한 재정 문제로 인한 사정도 있었고, 신원 조사에 애를 먹고 있었기 때문에 늦어진 것이었으나, 사다노부를 사기꾼으로 모는 관계의 여론은 상당히 드셌다. 그뿐만 아니라, 사전에 신원 조사를 너무 엄격하게 진행하는 것도 좋지 않다며, "설령 열두 살이라도 열다섯인 셈치고 녹을 주는 것이 공의$^{公儀31)}$의 인정^{仁政}이다"라며 관계의 여론은 오히려 강경한 태도로 돌변한 것이다. 나이 사칭을 알면서도 공식적으로 인정하는 것이 '어진 정치^{仁政}'라는 말이다.(하 175)

하지만 나이를 속이는 일이 어떻게 가능했던 것일까. 그것도 출생년을 늦추는 것이라면 몰라도 당기기는 어려울 텐데, 라는 의문이 든다. 태어나기 몇 년도 더 전에 출생 신고를 하기란 보통 생각하기 어렵지만, 그 속임수를 밝히는 일도 간단하다. 일반적으로 아이의 출생과 동시에 관청에 신고하는 일은 드물고, 몇 년쯤 애가 크기를 기다렸다가 하는 관행이 널리 퍼졌기 때문이다. 사망률, 특히 유아 사망률이 높았던 시대였기 때문에 이것도 나름대로 합리적인 대응이기는 했다. 하지만

---

30) 소료(惣領)는 적자, 반이리(番入)는 채용.
31) '공의'는 에도시대 사람들이 도쿠가와 쇼군 혹은 도쿠가와 정부를 가리키는 말이다. 오늘날 일반적으로 '막부'라 부르는 대상이 '공의'에 해당한다.

제1장 거짓은 참, 참은 거짓인 이야기

출생으로부터 상당히 시간이 지난 뒤에, 게다가 나이도 속여서 신고하는 것이 상식이라면 조금 더 머리를 쓰는 것도 가능하다. 예를 들어 도중에 아이가 죽는 경우에 다른 사람의 자식을 들여서 친자식으로 격상시킨 다음 신고하는 일도 어렵지 않은 것이다.

1.11 '살아있는 셈'

에도시대 일본에서는 출생만이 아니라 사망도 또한 가공 가능하며 실제로도 널리 가공되었다. 사망 가공에 관해서도 여러 가지 보고가 있는데, 예를 들어 대의명분이 있는 사망 가공인 후계자 상속 문제이다. 『조시』에도 그 예가 보고 되어 있다.

쓰치야土屋 노토노카미能登守는 9만 5000석의 다이묘로 덴메이 7년(1787)에 소자반奏者番이라는 다이묘 출세 코스의 출발점에 섰지만, 그로부터 3년 뒤인 간세이 2년 5월에 갑자기 후계자 없이 사망했다. 정신이상에다가 가정 내의 복잡한 여성문제가 더해졌다는 소문도 있고, 자살설도 부인의 칼에 찔려 죽었다는 설도 있지만, 불상사로 인한 사고사임은 사실이다. 그대로 두면 후계자가 없어 이에가 단절되기 때문에, 겉으로는 병으로 누워있는 것으로 해두고 이복 동생(실제로는 나이가 위인 형이지만, 첩의 아들이기 때문에 동생으로 치부했다고도 한다)을 양자로 삼아 상속시키기로 했다. 물론 일이 공식적으로 드러나게 되면 물거품이 되므로, 비밀리에 사다노부의 의향도 확인하고, 사다노부도 "병중이신가 보네요"라는 등의 대응으로 모른 체 했다. 오메쓰케大目付[p.299]가 직접 가서 본인 서명을 확인判元한 뒤 무사히 사건이 마무리 되었으나, 입회했던 친척과 관계자들은 엄청난 냄새에 곤란해했다고 한다.(하 144)

쓰치야 문제의 처리에 관한 사다노부의 관여에 대해서는 다른 이야기도 전해지고 있어서(『甲子夜話』) 진상은 알 수 없다. 다만 일반적으로 후계자가 없는 상태로 당주가 사망해 절가絶家가 되는 일은 피하기 위해, 죽더라도 대외적으로는 살아있는 것으로 취급해 양자 결연을 신청하는 일도 무가의 상식이었다. 확인을 위해 찾아온 오메쓰케·메쓰케·가치메쓰케들[p.302]도, 결연 신청을 수리하는 관계자도 그간의 사정은 충분히 알고 있는 상태에서 '살아있는 셈'치고 취급하는 것이라고 막말기의 당사자들도 말하고 있다.(『舊事諮問錄』) 더울 때 해야 하는 연기는 필시 매우 힘들었으리라.

[사다노부가 주도한] '간세이寬政의 유신維新'으로 불량 다이칸의 도태도 진행되고, 공금을 부정하게 조작하거나 유용한 사례가 차례대로 적발되던 와중에도 '살아있는 셈'이 화제가 되었다. 다이칸이 사망하면 사무 인계를 해야할 필요가 생기는데, 그때까지의 연공 회계를 청산하는 사무도 시작한다. 정직하게 신고하면 십중팔구 빚이나 부정이 발각되니까, 어떻게 해서든지 결산결과가 맞을 때까지는 죽었어도 살아있는 것으로 친다는 이야기가 『조시』만이 아니라 『덴메이대정록天明大政錄』이라는 온갖 정보를 모아놓은 관계 정보 기록집에도 남아있다. 이 이야기는 극비로 취급했으면 좋겠다는 주의가 붙어있는데,

현재 조사 중인 일이기 때문이라는 이유뿐이다. 해당 사건 자체는 알 만한 사람은 모두 알고 있는 종류의 일이었다.

무사에게는 상부상조 정신이라고 할까, 그런 일이 내일이라도 나에게 닥칠지도 모른다는 마음가짐이 있었다. 일을 크게 만들어도 동료나 세상 사람들로부터 인정머리 없는 놈이라고 지탄받게 될 뿐이지 좋은 일은 없다. 에도는 철저하게 획일적인 분위기이므로 잘난 사람은 미움받기 일쑤였다. 즉, 상사보다도 동료의 반감이나 질투 쪽이 더 무서운 게 에도의 관계官界였다. 다만 이에의 단절을 회피한다는 동기는 그나마 봐줄 수 있는 편이지만, 꽤 오래 전에 죽은 사람을 산 사람으로 둔갑시켜 역직 수당이나 은거隱居 수당을 오래도록 수취하는 등의 악덕 무사도 적지 않았다. 막말의 혼란기에 도쿠가와 막부가 한 치 앞을 내다볼 수 없는 상황 속에서조차 부정 이득을 꾀하는 막신이 끊이지 않았다. 참을 만큼 참은 에도정부가, 향후 발각될 경우에는 엄벌에 처한다고 포고한 것이 안세이 2년(1855) 9월의 일이다.(『水戸藩史料』) 악덕 막신을 남김없이 제거하기 전에 에도 정부가 먼저 정리돼버린 것은 유감이다.

1.12 공식문서의 어둠

사람을 등록시키고 파악하는 기본인 생사가 이렇게까지 조작이 가능하고, 실제로 널리 가공되어 무가의 상식이 되어 있었던 이상, 그 상식에 맞춰서 작성되었던 공문서의 취급에도 주의할 필요가 있다. 그것보다는, "친자식이 사실은 남"이었다는

얘기에 놀라는 쪽이 에도에서는 비상식적이라고 비웃음을 살 수 있다. 이는 개별 무사의 신분이나 생사의 문제에 한정된 이야기는 아니다. 에도 정부의 공문서라는 것은, 예를 들어 조세나 공사 부담에 관한 문서에 대해 지적한 바 있듯이(졸저 『에도는 꿈인가(江戶は夢か)』), 종종 가공의 산물이자 작문이다. 담당 역인을 포함한 관계자는, 내막의 '실정'을 알고 있으면서 작문에 힘쓰고 작문에 동의한다. 보기에 따라 역인이란 허구를 창출하고 지탱하는 일로 봉급을 받고 생계를 꾸린다고도 말할 수 있다. 물론 그것이 전부는 아니지만, 에도의 관계 또한 허구 위에 성립해 있다는 것도 어떤 면에서 진리인 것이다.

역사의 표면에 드러나기 힘든 이레코 공작의 설명에 다소 품을 들였지만, 일견 황당무계하고 공식 역사에 반하는 것처럼 보이는 기사가 눈에 띈다고 해서 그것만으로 『조시』를 신용할 수 없다고는 할 수 없다. 일반인이라면 의미를 알 수 없는 지진계 바늘의 움직임을 보고 전문가는 지각 구조를 추정할 수 있듯이, 『조시』에 남은 소문이나 풍평風評도 읽기에 따라서는 그 시대를 살아간 사람의 상식이나 통념을 추측하는 데에 쓸모가 있는 것이다.

물론 그럴듯해 보여도 특정 목적을 위한 허위나 작위가 섞여들어 있는 예도 적지 않기 때문에, 어떻게 읽어낼지는 간단하지 않다. 실제로 사다노부가 로주로 취임한지 불과 1년 후에, 사다노부는 세간의 풍평으로 사람을 쓰기 때문에 오판도 일어난다는 소문이 『조시』에 실린다. 염탐꾼을 쓰지 않고 면접

제1장 거짓은 참, 참은 거짓인 이야기

등으로 인사를 하게 되면 '허술'해진다고 사다노부가 스스로 인정하고 있으므로 이는 허위 정보가 아니다.(『東京市史稿』市街篇 30) 그렇다고 한다면, 소문을 흘려서 출세를 꾀한다거나 타인의 출세를 방해하는 움직임이 강해졌다고 생각해도 시니시즘이라고 말하기는 어렵다.

그러나 의도적인 거짓말이나 왜곡이라도 그 또한 확실한 시대의 반영이며, 귀중한 역사의 증언이다. 게다가 허와 실이 분명하지 않은 정보, "우리끼리라서 하는 말인데"가 횡행하는 세계가 관계이자 업계다. 조금 더 말해보자면, 관계란 인사와 고유명사에 관한 진위가 뒤섞인 '소문', 정보의 총체다. '거짓'에는 '거짓'의 역사가, 작위에는 작위의 의미가 있으며 구조가 있는 법이다.

'거짓' 그 자체는 아무것도 증명하지 않지만, 공식 설명의 허구 너머를 조명하는 데에는 쓸모가 있다. 말하자면 특정 목적을 가진 '거짓'은, 그 당시에나 지금이나 정치를 반영하는 거울이다. 그 '거짓'이라는 거울에 비친 모습을 그대로 진실이라 믿고 반하거나 증오의 눈으로 보지 않는 한, 어렴풋하긴 하지만 '거짓'의 저편에 있는 에도 관계에 살며 꿈틀대는 사람들의 모습이, 마음의 움직임이나 숨결과 더불어 느껴질지도 모른다.

1.13 기무라 가이슈의 관찰

『조시』에 등장하는 인물이나 사건은 풍부하고 다채롭다. 소개하고 싶은 이야기는 산더미처럼 있지만, 인정사정 없이 '행정개혁'을 진행하지 않으면 이 작은 책 한 권에 다 담을 수가 없다. 게다가 독자분들의 혼란도 우려된다. 어떻게 취사선택해야 할지 고민하노라니, 막말기에 가쓰 가이슈 등을 데리고 간린마루咸臨丸[32])로 미국 도항을 실현한, 흔히 가이슈芥舟라 불리는 기무라木村 셋쓰노카미攝津守의 말이 떠올랐다.[33])

기무라는 구막신이 모여서 시작한 잡지『구막부舊幕府』창간호(1897)에「구막감찰舊幕監察의 동향」이라는 글을 기고했다. 그 글에는 "원래 막부에서 관리를 등용하는 법은 두 가지 외에는 없다. 두 가지란, 반시番士나 소리小吏를 말한다. 반시는 많은 경우 무인武人이며, 소리는 도필刀筆을 담당한 속리다. 무인은 메쓰케로 진급하는 것을 영예로 여기고, 속리는 간조긴미勘定吟味[p.300] 로 승진하는 것을 일가를 이루는 것이라 여긴다"는 구절이 있다. 풀어서 설명하자면, 에도 정부의 관리 승진 루트 중 대표적인 두 가지가 있는데, 하나는 반가타番方라고

---

32) '간린마루'는 도쿠가와 막부가 네덜란드에 발주하여 들여온 서양식 군함으로, 1860년에 미일수호통상조약의 비준서 교환을 위해 파견된 막부 사절단을 태우고 태평양을 횡단한 일이 유명하다.

33) 기무라 가이슈(木村芥舟, 1830~1901). 7대째 하타모토인 기무라 가에 태어나, 막말기 막부의 요직을 두루 역임한 유능한 관리였다. 1860년 미국과 맺은 통상조약 비준서를 전달하기 위한 사절단의 일원으로 간린마루를 타고 미국을 다녀왔다. 이때 후쿠자와 유키치를 데려간 일이 유명하며, 후쿠자와와는 평생의 지기로 가깝게 지냈다.

제1장 거짓은 참, 참은 거짓인 이야기

하는 무관武官 계통의 상급 하타모토용 코스로, 메쓰케가 그 등용문이었다는 사실이다. 그리고 다른 하나는 낮은 신분의 하급 하타모토나 고케닌은 하급관리에서 출발하는데, 크게 출세하기 위한 도약의 발판은 간조긴미야쿠이었다는 의미다.

기무라 자신은 메쓰케를 경유해서 출세했을 뿐만 아니라, 에도 최후의 간조부교, 즉 에도의 재무 담당 대신으로서 막부 붕괴 때에도 거기에 있었다. 막말의 혼란기이긴 했지만, 기무라는 메쓰케와 간조 양쪽 세계를 알고 있었고, 필자가 느끼기에는 무책임한 얘기를 만들어낼 사람도 아니다. 나중에 그 일부를 소개하겠지만, 남겨진 각종 사료들도 기무라의 의견이 대개 타당하는 사실을 보여준다.

그래서 기무라의 관찰에 따라 메쓰케라는 자리를 통해 상급 하타모토의 역인 세계를, 간조부교쇼를 통해서 하급 하타모토나 고케닌의 역인 생활을 소개하고자 한다. 이 두 가지에 대해 알게 되는 것은 에도의 역인 세계를 이해하는 데에 유용할 뿐만 아니라, 현대의 관청 기구나 역인 세계를 생각하는 데에도 전혀 무익, 무관하다고 할 수 없다. 그 부근의 사정에 관해서도 차차 언급하고자 한다.

제2장

고급 관료의 세계

—하타모토의 긍지와 출세

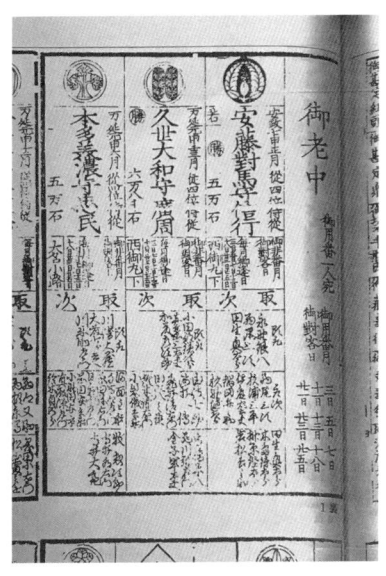

고로주(五老中, 로주의 경칭인 御老中와 일본어 발음이 동일)라고 불렸으며,
간세이 개혁의 추진을 담당했던 정부 중추의 수뇌이자 사다노부와 함께
개혁으로 중심적인 역할을 다한 혼다 단조(本多彈正)는 간세이 2년에
오소바요닌(御側用人)에서 로주로 취임했다.(『大成武鑑』
(『江戶幕府編年集成』18卷/東洋書林))

제2장 고급 관료의 세계―하타모토의 긍지와 출세

2.1 성실한 근로 인간

불륜에, 이레코에, 돈으로 막신 신분을 사들이는 일에, 막신의 명예에 먹칠하는 이야기가 계속되었는데, 에도의 관계가 위부터 아래까지 이런 식의 '불량'들로 성립되어 있지는 않았다. "탁해질 대로 탁해진" 다누마 시대의 관계였지만, 이노우에 즈쇼노카미圖書頭[도서, 학술 담당역]와 같은 청렴한 역인도 있었다고 한다. 이노우에는 출세를 위해 뇌물을 쓰지도 않았고, '신군神君 이에야스공'에 대한 신앙을 소홀히 하지 않는 성실파 메쓰케였다. 위독한 상황에서도 혹시 사망 신고가 늦어져서 부당하게 봉록을 더 받게 되면 곤란하다며 사망 후에는 바로 신고하도록 유언을 남겼고, 아들도 여기에 따랐다고 한다. 『갑자야화甲子夜話』라는 방대한 잡록을 남긴 히라도平戶번의 은거한 번주, 마쓰라 세이잔松浦靜山이 기록한 이야기다.

다누마 다음으로 사다노부 정권이 발족하고 1년 정도가 지나 개혁도 본격화한 덴메이 8년(1788) 9월에 쇼인반시書院番士[쇼군 호위역]에서 메쓰케로 발탁된 하타모토 중에 사카베 주로에몬坂部十郎右衛門이 있다. 하타모토 집안에 태어났지만 차남이기 때문에 직職도 없고, 오랫동안 부모에게 얹혀 살고 있었다. 다만 그때부터도 목수나 미장이 일도 할 줄 아는 손끝이 야무진 독실한 남자였다. 그런 점이 높이 평가되어 하타모토 사카베 가에 양자로 들어가 쇼인반이 되었다. 그리고 신모쓰반進物番[p.302]으로 일했을 때, 대부분의 동료가 방탕해 신입인 사카베를 괴롭히며 유곽 같은 곳으로 불러내곤 했지만,

사카베는 상대하지 않았다. 그렇게 원망을 산 탓에 1년 동안 아무도 말을 걸어주지 않는 등의 고생은 했지만 그는 주저앉지 않았다.

몸가짐도 바르고, 스물 다섯에 아내를 맞이할 때까지 여자는 일체 가까이하지 않았으며, 메쓰케가 된 후에도 동료가 '음욕淫慾의 얘기'를 하더라도 자신은 아내와의 관계도 귀찮으므로 일 년에 두세 번을 의리로 하고 있다고 말했다고도 한다. 근엄성실하고 고지식한 남자이며, 한번 말을 내면 끝까지 자기주장을 밀어붙이므로 여러모로 말썽도 생겼다. 그런 부분을 포함해서 "하타모토치고는 드물게 고지식한 남자이기 때문에 발탁해도 좋을 것"이라는 등, 그 전부터 사카베의 메쓰케 기용을 기다리고 예측하는 목소리는 있었다. 취임한 뒤에도 "오메쓰케에 적당한 인물로는 사카베 주로에몬 같은 사람이여야 한다고 한다"라는 등, 평판이 좋았다.(하 53·131, 상 198·205·307 등) 다누마 시대에 '반골'로 일관한 사카베에게 봄이 찾아온 형국이었다.

사카베의 동료이자 메쓰케인 스가누마 신자부로菅沼新三郎에 관한 소문도 하타모토 나리들의 면목을 보여주는 하나인지도 모른다. 스가누마는 사다노부 정권이 탄생하기 직전에 취임했다. 『조시』의 간세이 원년(1789) 9월 즈음의 이야기로는, 스가누마는 대단히 부지런히 근무해서 집에 있는 것보다 성에서 일하는 편을 좋아했다고 한다. 다만 집안은 똑똑한 마누라가 휘어잡고 있고, 게다가 마누라는 에도를 떠나 멀리서 근무하는 것을 싫어한다고 본인이 투덜대기도 했다고 한다. 어쨌든 성

제2장 고급 관료의 세계―하타모토의 긍지와 출세

실하게 일하고, 다른 사람이 처리하기 곤란한 일이 있으면 못 본 척 하지 못해서 그만 손을 대게 되는 일 중독의 성격으로, 나쁘게 말하는 사람도 있지만 근본은 친절하다는 평이다. 출근할 필요가 없는 날에도 참지 못하고 결국엔 나와 있다. 그런 스가누마는 "오메쓰케에 가장 적임자"라는 평을 받았다.(하 11)

똑부러지고 기가 센 부인에게 내몰려 집보다 직장을 좋아하게 된 일 중독자는, 옛 에도성에 가까운 가스미가세키나 마루노우치 근방에 지금도 있을 것 같아서 친근감이 일어난다. 부인천하도 스가누마 집안만의 일은 아니었다. 『조시』에 의하면, 교토 고쇼御所[1]와의 창구 역할을 한 긴리즈키禁裏付를 맡았던 다케베 야마토노카미建部大和守의 "아내는 고故 쓰치야 에치젠노카미土屋越前守의 딸로, 몹시 똑똑하다고 하며, 마음대로 권력을 휘두른다는 소문이다. 아내가 권력을 취하는 집이 세간에 적지 않다고 한다는 소문"이라고 한다.(하 18) "아내가 권력을 취한다"는 말은 아내가 권력을 휘두른다는, 이른바 부인천하를 뜻한다. 공식기록에 의거하는 한, 스가누마는 애가 많았다. 이것도 공처가였기에 가능했던 일일까.

다시다카足高[p.79]의 부당 취득을 경계했던 이노우에 즈쇼노카미의 일화[p.62]에는 조금 뒤에 나오듯이 의문이 남는다. 성실하고 일밖에 모르는 남자 사카베의 이야기에도 의문을 품어보자면 의심할 만한 재료는 있다. 『관수보』에 의하면 사카베가 여성 집안에 양자로 들어가는 형태의 결혼을 하는 것은

---

1) 에도시대에 천황이 거주하는 고쇼(御所)는 교토에 위치했다.

늦어도 스물두 살 이전인 호레키 3년(1753)으로, 스물다섯 살에 아내를 맞이할 때까지 여자 경험이 전혀 없다는 말은 이해하기 어렵다. 혹은 쇼군 오소바御側로 근무하며 가록이 6500석에 달했던 초명문 하타모토인 소가曾我 이가노카미伊賀守와 동공이곡同工異曲의 처세술이었는지도 모른다. 이것도 마쓰라 세이잔이 전하는 바에 의하면, 소가는 자신이 남색男色 취향이며 여자에겐 관심이 없다는 자세로 일관했다고 한다.(『甲子夜話』)[2]

사카베는 그야말로 다누마 절정기였던 덴메이 2년에서 7년까지 정화소定火消[소방조직]로 근무했다. 사카베가 신모쓰반進物番으로 근무한 것도 같은 다누마 시대였으므로, 성실남이 풍기문란의 에도 막신 세계에서 '노팬티 샤브샤브'[3]의 유혹을 피하며 품행을 유지하기 위해 발명한 고육지책이 부부관계를 '의리로' 한다는 등의 이야기일 가능성도 완전히 배제할 수 없다.(다만 소가의 어린 남자아이 취향은 진짜일 것이라는 소문을 전하는 사료가 별도로 존재한다. 아무튼 성애와 관련된 이야기는 복잡하다.)

---

2) 『갑자야화』에 있는 소가가 히케시(火消) 역을 담당하게 되었을 때의 일화이다. 히케시 근무 시에 선배들이 유곽에 데리고 간다는 것을 알게 되자, 소가는 히케시 근무가 있는 날에는 집안의 어린 소년들을 여럿 대동하고 가서 "나는 남색을 좋아하지 여색은 좋아하지 않는다. 남색이 있는 곳이라면 어디든지 같이 가겠다"라고 말했다고 한다. 그러자 아무도 그를 유곽에 데려가려 하지 않게 되었다며, 그의 책략이 훌륭하다는 평가를 내리고 있다.

3) '노팬티 샤브샤브(ノーパンしゃぶしゃぶ)'는 1990년대에 일본에서 유행한 풍속점으로, 팬티를 입지 않은 여종업원이 서빙하는 음식점을 가리킨다. 1998년에 대장성 관료들이 이곳에서 접대받은 비리 사건이 크게 뉴스가 되었다.

제 2 장 고급 관료의 세계—하타모토의 긍지와 출세

에도 무가의 가정환경이나 유흥 사정에 관한 천착은 우선 여기까지 하기로 한다. 그리고, 스가누마나 사카베처럼 일만 아는 성실남이 일하기에 딱 맞다고 일컬어지는 메쓰케란 어떤 직책이며, 어떤 사람이 되는 것인지에 대해 생각하기 위한 순서로서 우선 에도의 정부에 관한 개략을 사다노부 시대를 중심으로 복습해두고자 한다.

2.2 '이것이야말로 고로주다'

쇼군이나 비상시의 임시직인 다이로大老를 제외하면, 에도 정부의 수뇌는 로주와 와카도시요리로 구성[p.296] 되어 있다. 참고로, 늦어도 18세기 중반에는 막부 각료의 수뇌부를 가리켜 '정부'라는 말이 비공식적으로는 사용되고 있었던 듯하며, 호레키 12년(1762)에 작성되었다고 여겨지는 「건관고建官考」라는 작은 책자도, 다이로·로주·와카도시요리와 함께 직속 보조기관인 유히쓰右筆 등을 총칭해서 '정사당政事黨' 또는 '정부'라고 부르고 있다. 에도 후기를 주로 취급하는 본서에서도 이 좁은 의미에서의 정부뿐만 아니라, 오늘날의 넓은 의미로 정부를 써서 에도 정부라고 부르고자 한다.

로주에게도 도시요리슈年寄衆나 가한노레쓰加判之列, 재상, 집정 등 여러 가지 호칭이 있는데, 통상적으로 넷이나 다섯 명의 후다이譜代(에 준하는) 다이묘[4]로 구성된다. 예를 들어, 다

---

4) '후다이 다이묘'는 17세기 초에 도쿠가와 가가 권력을 잡는 과정에서 일으킨 세키가하라(關ヶ原) 전투 이전부터 도쿠가와 가를 따른 다이묘

누마 시대의 인사가 거의 다 제거된 간세이 2년의 교카狂歌에는 "성로聖老나 현로賢老, 유로儒老, 통로通老에 우로愚老를 합해서 고로주五老中5)구나"라는 것이 있었다고 한다.(하 135) '성로'는 8대 쇼군 요시무네가 환생했다거나, 사실상의 구보公方(=쇼군)라고 일컬어진 사다노부를 가리키는 것으로, 지내던 곳이 에도성의 니시노마루西の丸 아래에 있었기 때문에 '서하西下'라고도 했다. 오오테大手에 사는 '현로'란, 최근까지 쇼군의 측근 중 최고 책임자인 오소바요닌御側用人으로 근무하고, 에도성의 다쓰노구치辰の口에 저택이 있는 혼다 단조쇼히쓰本多彈正少弼를 말한다. '유로'는 마쓰다이라松平 이즈노카미伊豆守 노부아키信明로, 유학을 열심히 공부하고 학문적 재능이 있다는 평을 듣지만, 이치만 따진다는 비판도 있다. '통로'는 마쓰다이라 이즈미노카미和泉守 노리사다乘完를 가리키며 세련된 문화 영역에 강해 '원래 쓰닌通人'6)이라는 평판이다.(하 494) '우로'는 도리이鳥居 단바노카미丹波守 다다오키忠意를 가리킨다. "합해서 고로주구나"는 '고로주御老中'라는 표현에 대한 말놀이적 표현으로, 이 해에는 로주가 다섯 명이었다는 사실도 알 수 있다.

에도 정부의 주요 자리에는 동격인 복수의 사람을 임명하여,

가문을 가리킨다. 이 전투에서 패배함으로써 복종을 약속한 다이묘는 '도자마(外樣)'라고 부르며, 초대 쇼군인 도쿠가와 이에야스(家康)의 자손이 시조가 된 번은 '신판(親藩)'이라고 한다.
5) 원래 '로주'를 높이는 표현으로 고(御)를 붙여 '고로주'라 부르는데, '御' 대신 '五'를 넣어도 같은 발음이므로 말장난의 뉘앙스를 포함시켜 표현한 말이다.
6) '쓰닌(通人)'은 고상한 취향의 소유자로 여러 문화 영역에 통달한 세련된 사람을 일컫는다.

그들의 협의와 견제를 통해 권력의 독점이나 폭주를 억제하는 구조를 갖고 있었다. 기본 방침은 전원의 합의로 결정하고, 실제 직무 처리는 윤번제輪番制, 즉 매달 로주 중 한 사람이 당번이 되어 사무처리를 담당하는 것이 원칙이었다. 이렇게 형식상은 동격이 유지되었지만, 실제로는 로주 사이에 강약이나 서열이 생기는 일은 피할 수 없었고 제도적으로도 그것이 어느 정도 인정되었다.

2.3 에도의 수상

로주 사이의 서열이나 권세를 가장 명확하게 보여주는 것이 '갓테가카리勝手掛り'라거나 '고쿠요가카리國用掛り'와 같은 재무 전임專任 로주로 임명되는 일로, 에도 후기에는 적어도 로주 중 한 사람이 갓테가카리에 정식으로 임명되는 일이 많다. 짧은 기간이지만 전임으로 갓테가카리를 두지 않았던 시기도 있었고, 일각에서 얘기하듯이 갓테가카리가 필두 로주로 정해져 있던 것도 아니다. 다만 갓테가카리 로주가 재정·회계뿐만 아니라 정부의 시책 전반에 걸쳐서 큰 영향력을 행사하는 경우가 많았던 것은 사실이다. 사다노부가 갓테가카리 자리의 반납을 신청했을 때, 쇼군 보좌직 반납의 경우와는 달라서 "오캇테御勝手 자리를 면직해버리면 또 한 번 [정부 조직이] 무너져, 역인들도 지금까지 해온 일들이 어그러진다"라며 혼다 단조의 주변에서 곤혹스러워했다고 한다.(하 429) 정부 통제의 중심이 갓테가카리 로주에게 있었다는 사정을 말해준다.

마침 같은 시기의 영국에서 제1재무경(The first lord of treasury)이 재정 권한을 기초로 "동료들 내의 수좌(primus inter pares)"로서 다른 각료들을 대했던 것과 유사하다. 수상이라는 호칭은 19세기 후반 이후 영국의 공식문서에서도 쓰이게 되지만 그 성립 과정은 복잡해서, 멀리서 오는 기차가 점점 크고 분명해지는 것과 같은 단순한 것은 아니었던 듯하다. 역사가 R. 페어즈(R. Pares)에 의하면 마치 『이상한 나라의 앨리스』에 나오는 체셔캣처럼, 어떤 때는 전신이 드러나고 어떤 때는 히죽거리는 웃음밖에 보이지 않게 되는 존재였다. 그런 의미에서라면 갓테가카리 로주를 '수상'이라고 부르는 것도 부당하지 않을 것이다. 그리고 갓테가카리의 필두 로주를 가리켜 내밀하게 '수상'이라고 부르는 예는 에도에도 있었다. 예를 들어, 가와지 도시아키라川路聖謨는 가에이嘉永 2년(1849)에 에도 자택으로 보낸 편지 속에서 과거의 상사이자, 덴포天保 5년(1834) 이후 갓테가카리 로주를 담당했던 오쿠보大久保 가가노카미加賀守를 가리켜 '수상'이라고 부르며 '필두의 로주'라고 설명하고 있다.(「寧府紀事」)

간세이 2년의 정부 직원 명부인 『무감武鑑』에 의하면, '다섯 로주'의 필두이자 갓테가카리는 말할 필요도 없이 사다노부다. 아마 18세기 중 명실상부 수상다운 수상으로 가장 어울리는 것도 사다노부일 것이다. 『조시』에 의하면, 오소바야쿠닌 시절의 혼다 단조(그 전의 직책은 갓테가카리 와카도시요리)도, "권력은 한 곳으로 집중되는 것이 좋으며 … 예로부터 마쓰다이라 사콘쇼겐松平左近將監, 홋타 사가미노카미堀田相模守, 마쓰다이라 우콘쇼겐松平右近將監 모두 혼자서 전체 총괄을 하셨다"라고 말했다고 한다.(상 296) 사콘쇼겐 이하의 이름들 모두가 갓테가카리 로주로 근무하고 정부를 통괄했다는 의미이다.

혼다가 실제로 이런 발언을 했는지 어떤지는 차치하고, 또한 다누마 시대부터 살아남은 자나 고산케御三家·고산쿄御三卿7)와의 경합 혹은 조정으로 고생한 사다노부에게, 어느 정도의 권력이 집중되어 있었는지를 세세하게 파고드는 것도 놔두자. 합의제가 아니라 수상의 강한 지도력을 추구하고 또 그것을 승인하는 분위기가 관계 일부에 있었던 것은 사실일 것이다. 무엇보다도 간세이 2년 4월에 막 로주격이 되자마자, 순위가 가장 낮았던 혼다도 갓테가카리였음을 나타내는 '㋕' 표시가 붙어있다. 『조시』에도 재정문제에 관련된 역인의 인사는 주로 혼다가 맡고 있는 듯하다는 소문이 등장한다. 이 시기의 재정과 관련된 사무는 사다노부와 의논하면서 세부 사항은 혼다가 처리하고 있던 것이리라 생각된다. 비유를 조금 더 확장시키자면, 수상이 사다노부고, 재정 담당이 혼다였다라고 볼 수도 있다. 나중에 보게 되겠지만, 에도시대 후기에는 예산·세수입

---

7) '고산케(御三家)'는 도쿠가와 이에야스의 아들 중 셋을 시조로 하는 다이묘 가문으로, 종가인 쇼군가 다음의 가격(家格)을 가졌으며 쇼군에게 후사가 없을 경우 이 중에서 양자를 들였다. '고산쿄(御三卿)'는 8대 쇼군 요시무네의 아들 중 셋을 시조로 한다. 이들은 다이묘로서 번을 다스리지 않는, 실질적으로는 쇼군의 친족으로서의 지위를 가진 채 에도성 내에 저택을 지녔다. 고산쿄 역시 쇼군 가의 후계자가 없을 경우, 혹은 고산케나 다른 다이묘 가에 후계자가 없을 경우 양자를 제공하는 역할을 맡았다.

등 재정 문제의 비중이 매우 커졌다는 사실에 더해, 재정 재건과 강기숙정이 사다노부 정권의 주목표이기도 했기 때문에, 정권의 핵심이 사다노부와 혼다였다는 사정이 이 지점에서도 드러난다.

2.4 '메지로 어전'의 대객 등성 전

세간에서, 그중에 특히 에도의 관계官界가 이 부근의 사정에 민감했던 것은 '대객 등성 전對客登城前'에 관한 『조시』의 기사가 잘 말해준다. '대객 등성 전'이라는 것은 에도 관계를 파악하기에 재미있는 소재다. 이는 속된 말로 '권문가權門家'라거나 '세가勢家'라고 일컬어지는 정부 유력자의 저택에 취직이나 그 외의 일을 의뢰하기 위해서 관계자가 방문하는 일을 가리킨다. 정규 면회일이 대객對客(혹은 봉대逢對)일, 등성 예정일의 출근 전 방문을 가리켜 등성 전登城前이라고 부른다. 다나카 가쿠에이田中角榮의 전성기 시절, 메지로目白의 '다나카 어전御殿'에는 이른 아침부터 늦은 밤까지 정재관계政財官界의 높으신 분들부터 지방의 지역구 선거민까지 많은 사람이 몰려들어 버스터미널처럼 대합실까지 준비되어 있었다는 이야기도 있는데,[8]

---

[8] 다나카 가쿠에이(1918~1993)는 1972년에서 1974년 사이에 일본의 제64, 65대 내각총리대신을 역임했다. 그는 전후 일본 경제의 고도성장을 본 궤도에 올려 일본 경제 부흥기를 이끌었다고 평가되나, 그 과정에서 정경유착 그리고 이를 바탕으로 한 금권정치를 펼친 것으로 호불호가 갈리는 인물이기도 하다. 메지로는 그의 사저가 있던 도쿄의 지명이며, '메지로 어전' '다나카 어전'은 언론에서 이 저택을 가리킬 때 사용된 표현이다.

이것은 에도에서도 마찬가지였던 것이다.

소문에 의하면 사다노부는 이 '대객 등성 전'의 면회를 좋아하지 않았다고 한다. 대객 등성에 대응하는 법에는 개인차가 있었지만, 일반적으로 말하자면 방문을 원하는 사람의 숫자가 관계자들의 권세에 대한 평가를 보여준다. 간조긴미勘定吟味[p.300] 야쿠, 지금으로 치자면 재무 관계의 사무차관에 필적하는 지위로 발탁된 사쿠마 진파치佐久間甚八는 '등성 전'에 두 명 정도는 올 거라고 기뻐하고 있다고 하니, 자랑거리도 되었던 듯하다.(하 131) 호불호는 차치하고, 관계의 사람들이 권력의 소재에 민감한 것은 예나 지금이나 다를 바가 없다. 사다노부의 대객 등성 전이 문전성시를 이루는 것은 당연하지만, 혼다도 로주격이 된 직후의 '대객' 날은 특별히 붐벼서 신분이 낮은 고케닌만 하더라도 백 명 이상이 되었다고 한다.(하 130)

도리이 단바가 '어리석은 로주'라고 우롱을 당한 데에는, 다섯 로주 중에서 이 도리이만이 사다노부의 로주 취임 이전부터 살아남은, 즉 능력이나 자질과 상관없이 돈에 따라 역직을 배분했다라는 악평이 끊이지 않은 다누마의 인선이었다는 점이 영향을 주었다. 그렇다고는 해도 재판 업무를 도맡아 하는 간조토메야쿠勘定留役 같은 사람들 사이에서는, 선례도 잘 알고 있고 정치 개혁에도 보조를 맞춰서 빠른 결단을 내려 "로주 중에서는 도리이가 제일 좋다"라는 평판도 있기 때문에 돈으로만 자리를 차지한 무능한 로주라고도 딱 잘라 말할 수는 없다.(하 219) 그러나 다누마 타도를 외치며 일어났고, 다누마 시대의 '폐풍弊風'

일소를 목표로 하는 정권의 주류와의 사이에 골이 있었던 것은 당연하다. 도리이가 섣불리 말참견이라도 하면 자리가 날아갈 것이 분명했다. 어리석은 자라는 소리를 듣더라도 침묵한 채 대세에 따를 수밖에 없었을 것이다.

그럼에도 계속 남아있을 수 있던 데에는 연령 문제도 있었던 것 같다. 간세이 2년 당시, 32살의 수상 사다노부 이하, 30대의 젊은 신진이 주류가 된 사다노부 정권에서 교호 2년(1717)에 태어나 70세를 넘은 도리이만이 고령자였다. 이즈음에는, 최근의 로주나 로주 후보의 나이가 젊어져서 "어르신들御老中이 아니라 젊은이들御若い者衆 쪽이 더 자연스럽다"(하 9)라는 평판이 자자했다고 『조시』도 전한다. 그러니까 무능하더라도 도리이 정도는 남겨두지 않으면 로주老中라는 이름이 무색해진다는 말이다. 도리이의 장점이 나이일리는 없지만, 다누마 시대의 동료 로주가 실각해 가는 과정에서 간세이 5년(1793)의 은퇴 시점까지 끈질기게 버텨낸 사실에는 나름대로 처세의 묘가 있었던 것이다.

로주 아래에서 로주와 함께 정부 중추를 구성하는 것은 와카도시요리로, 중국의 관직명을 차용해 참정參政과 같은 세련된 호칭으로 부르기도 한다. 로주와 마찬가지로 후다이譜代(에 준하는) 다이묘 네다섯 명으로 구성되며, 1만 석에 미치지 못하는 하타모토에게는 원래 연이 없는 그림의 떡이다. 로주와 와카도시요리의 직무 분담을 대략 말해보자면, 로주가 재정을 비롯해 교토의 황실·다이묘·대외관계 등 에도 정부의 정무

제2장 고급 관료의 세계—하타모토의 긍지와 출세

전반을 취급하는 데에 비해, 도쿠가와 가의 하타모토·고케닌 등 주로 '대내' 문제에 관여하는 것이 와카도시요리다.

에도 정부의 실무 중추에 해당하는 간조부교쇼, 마치부교쇼 이하 주요한 행정관청은 로주의 관할에 속하는 반면, 의사·보즈坊主[p.79]·유자儒者·우타요미歌讀み[와카 가인]·도리미鳥見[p.29]·말 담당자·선역船役[선박세 징수]·식사준비 및 부엌일 등, 집안 살림으로서의 쇼군가 용무에 관련된 잡다한 직무를 와카도시요리가 관장하고 있다. 고부신부교小普請奉行[p.299]처럼 건축 수리에 관련된 관청이나, 요세바寄場부교(하세가와 헤이조長谷川平藏[p.162]의 제안으로 재설치된)와 같이, 범죄자의 수용과 갱생에 관여하는 실무 관청도 와카도시요리의 관할하에 있었으나, 고쇼반小姓番·쇼인반書院番·뎃포가타鐵砲方[철포담당]·사키테가시라先手頭 등과 실제로 전쟁이 일어나면 실전부대가 될(예정인) 조직[p.302]도 관장했다. 그렇기 때문에 문무文武로 나누자면 로주가 문관지배, 와카도시요리가 무관지배에 해당한다는 「즉사고卽事考」의 관점에도 일리가 있으며, 와카도시요리의 업무를 단순히 로주 업무 외의 잡무로 취급하는 것은 잘못이다.

한편으로는 와카도시요리 배속하에서는 오늘날 우리가 상식적으로 생각하는 행정실무나 역인 세계와는 거리가 있는 직무/지역이 많다는 점도 부정할 수 없다. 관점을 달리하자면, 너무나도 에도시대다운 직무와 역인이 모여있는 곳으로, 자세히 보자면 재미있는 얘기가 끝도 없지만 지면과 지식의 제약도 있으니 많은 부분을 생략할 수밖에 없다.

다만, 와카도시요리 지배에 소속된 메쓰케는 업무상 권한이 중요했고, 그 밑에서 일하는 가치메쓰케徒目付와 고비토메쓰케小人目付가 『조시』에 실린 비밀정보의 주요한 정보원이었다. 이렇게 여러가지 특징이 많기 때문에, 오늘날과는 다른 에도 정부의 특질을 이해하기 위해서는 메쓰케를 빠뜨릴 수 없다.

2.5 메쓰케의 직무와 지위

메쓰케의 직무를 굳이 현대로 치환해서 말해본다면 행정 감찰에 가깝겠지만, 현대의 행정 감사/감찰은 사람들이 부러워하는 출세 코스라거나 워커홀릭인 사람이 좋아할 만한 직장이라고 말하기 어렵다. 앞으로 어떻게 될지는 모르겠지만, 그것이 메이지 이후 지금까지 민간을 포함한 일본의 상식이었다. 그런데 에도 정부의 감찰역인 메쓰케는 달랐다. 도쿠가와 250여 년의 평화와 안정을 가져온 최대의 공적은 메쓰케에 있다고 보는 사람도 있을 정도다. 비록 그것이 과장일지언정 권한 면에서 탁월했던 것은 사실이다. 말보다 증거를 대자면, 『조시』에도 메쓰케에 관한 소문이나 내막에 관한 정보가 빈번하게 등장한다. 아마도 메쓰케 자체의 동정에 관한 주요 정보원도, 앞서 소개한 메쓰케 배속하의 가치메쓰케나 고비토메쓰케 등의 염탐꾼일 것이다. 메쓰케는 상사이자 가까운 존재였던 만큼 정보는 구체적이고 신뢰도도 높다고 생각된다.

제2장 고급 관료의 세계—하타모토의 긍지와 출세

메쓰케는 혼마루本丸 소속의 정원 10명인 이른바 '10인 메쓰케' 이외에, 차기 쇼군 예정자나 전 쇼군의 거주지역인 니시노마루西丸의 메쓰케도 있었다. 시기나 사람에 따라 다르지만, 니시노마루메쓰케는 혼마루메쓰케보다 하위 직급이며, 프로야구로 치자면 2군과 비슷하다. 니시노마루메쓰케를 거쳐 '10인 메쓰케'가 되는 것도 표준적인 직무경력 중 하나였지만 '10인 메쓰케'의 태반은 니시노마루메쓰케를 거치지 않고 취임했는데, 오히려 그쪽이 진짜 목표였던 듯하다. 니시노마루에 후사나 전임 쇼군이 없을 경우, 니시노마루메쓰케가 혼마루의 보조 혹은 견습생으로 보내지는 일도 많았지만, 그래봤자 2군이라고 업신여겨졌다. 『조시』에도 니시노마루 견습생으로 나간 메쓰케를 "혼마루에서 자주 비웃자 화내며 틀어박혀버렸"다는 소문이 나온다.(상 218) 부당한 취급이라고 동정하긴 하지만, 이 책에서도 특별히 필요하지 않는 한 혼마루메쓰케를 중심으로 이야기를 진행하고자 한다.

메쓰케는 쇼군 대신에 정부 전반의 활동이나 막신 전체의 품행을 감찰하고 부정을 적발하며, 시정 명령을 내리는 임무를 담당했다. 설령 상대가 로주라고 하더라도 문제가 있으면 쇼군에게 직접 소견을 말할 수 있다는 점이 원칙이라, 드물게는 로주를 거치지 않고 쇼군 내지는 오소바고요닌[p.298]에게 의견을 직접 보고한 일도 있다고 한다.

사다노부도 『우하인언宇下人言』[9]에서 당시 10대 중반인 새

---

9) 마쓰다이라 사다노부가 1813년에 완성한 자서전 겸 회고록이다. 책 제

로운 쇼군 이에나리家齊의 집무 태도를 언급하며 "간언을 따르는 데에 막힘이 없다", 다시 말해 사다노부나 정부의 충고를 순순히 받아들인다고 칭찬했다. 그런 뒤에 전 쇼군이었던 이에하루家治는 "메쓰케 등을 누구도 불러들이는 일"이 없었으나, 이에나리는 취임 1년 후인 덴메이 8년경부터 오모테[p.122]의 역인과 만나서 여러 가지 질문을 하게 되었다면서, 그중 메쓰케는 특별했고 메쓰케 측에서도 적극적으로 알현을 청해 이런 저런 이야기를 하게 되었다고 전한다. 사다노부도 메쓰케에게, 설령 낭설이라고 하더라도 거리낌 없이 정보를 전하도록 조언했다고 한다. 사실 여부를 확인할 수 있는 사료를 확보하지는 못했지만, 의심할 이유도 거의 없다.

메쓰케는 몹시 중요한 자리였지만 그에 비해 역고役高[10])는 1000석 정도로 많지 않았다. 예를 들어 마치부교나 간조부교 등의 역고는 3000석, 고부신부교·사쿠지作事부교·후신普請부교와 같은 소위 하下삼부교[p.296]라도 2000석, 평시에는 거의 할 일이 없는 사키테 유미가시라先手弓頭도 1500석, 뒤에서 '노쇠장老衰場'이라고 우습게 여겨지고 실제로도 아무런 직무가 없는 루스이留守居조차도 1000석의 역고였다. 격식도 포의布衣[11])이며, 온고쿠遠國부교 등의 종오위하제태부從五位下諸太夫[p.112]보다

목은 사다노부(定信)의 '定'을 파자한 '宇下'와 '信'을 파자한 '人言'을 붙여서 만든 것이라고 한다.
10) '역고'란 맡은 역직에 따라 받는 수당이다.
11) '포의'는 원래 남성용 예복의 한 종류이나, 에도시대에는 도쿠가와 막부 안에서 하타모토의 격을 나타내는 용어로 쓰였다. 무위무관(無位無官) 이면서 쇼군을 알현할 수 있는 오메미에(御目見) 이상을 가리킨다.

제2장 고급 관료의 세계—하타모토의 금지와 출세

도 위계 석차는 아래다. 하마고텐濱御殿 오니와御庭부교12)라는 비교적 낮은 집안인 기무라木村가에 태어났으나, '학문적으로 우수함學校秀才'13)을 높이 평가 받아 막말기에 메쓰케에 발탁되었던 기무라 가이슈[p.59]가 메쓰케에 관해 직무의 중요성을 강조하면서도 "위계가 매우 낮다"라고 말한 이유이다.(「木村芥舟翁自書履歷略記」)

2.6 역직 보수와 필요 경비

포의에 관한 설명은 나중에 하도록 하고 우선 역고에 대해 설명하자면, 역고란 각각의 역·반番(총칭해서 '자리場所'나 '장場'이라고 불렸다. 여기서는 합해서 포스트라고 부르기도 할 것이다)에 취임하는 막신이 받을 것으로 기대되는 가록家祿의 표준이다. 취임자의 가록이 이 역고보다 모자라는 경우, 재직 중에 한하여 차액 상당분이 정부로부터 지급된다. 뒤에 나오는 표1[p.89]에서도 볼 수 있듯이, 간세이 원년에 취임한 메쓰케 중 규정된 역고에 미치지 못하는 사람이 넷이었다. 예를 들어 400표의 히라가시키부노쇼平賀式部少輔의 경우, 역고 1000석(실수령액은 1000표)에 못 미치는 600표에 관해서는 정부로부터

---

12) '하마고텐'은 현재의 하마리큐(濱離宮) 도립공원을 가리킨다. 원래는 고후(甲府)번의 정원으로 만들어졌으나, 이후 쇼군 가의 어전(御殿)으로 지정되었다. 하마고텐 오니와부교는 하마고텐을 관리하는 역직이다.
13) 과거제가 없던 도쿠가와 정치체제였지만, 막부의 직할 유학교육기관인 창평횡(昌平黌) 및 그곳에서의 학업성과를 시험하는 '학문음미(學問吟味)' 제도가 정착한 19세기 중반 경에는 '학문적으로 우수하다'는 것이 인사에 영향을 미치는 경우도 종종 있었다.

추가 지급액을 받을 수 있었다. 이 추가 지급을 '다시다카足高'라고 부른다.14) 한편 가록이 1000석 이상인 경우, '모치다카즈토메持高勤'라는 속칭으로 불렸다. 이 장의 처음에서 소개[p.62]했던 메쓰케 이노우에 즈쇼노카미圖書頭의 '미담'이 의심스럽다고 생각되는 이유 중 하나는, 이노우에의 가록은 1700석이므로 규정상 다시다카를 받을 수 없게 되어있기 때문이다. 다만 원칙은 원칙일 뿐 에도 정부의 제도 운용 실태는 복잡하고, 다른 어떤 사정으로 인해 다시다카가 지급되고 있었는지도 모른다. 앞으로의 과제로 삼겠다.

메쓰케가 되면 옷차림도 위의威儀를 갖추고, 시중드는 부하도 재능있는 자가 필요했다. 게다가 성안에서 업무의 심부름을 하는 보즈坊主에게도 연간 40냥 정도의 성의 표시가 필요하다던지, 눈에 보이지 않는 실비도 많이 든다. 잘 알려져 있다시피, 명목상의 가록이 높다고 하더라도 실제로는 어렵게 사는 하타모토는 많이 있었다. 앞에서 이레코 적발에 이의를 제기했던 고부신 지배인 사카이 이나바노카미[p.42]는 메쓰케 등에서는 거의 볼 수 없는 3000석을 받는 거물급 이었지만, 그럼에도 불구하고 겨우 13냥의 돈을 마련하지 못해서 곤란해졌다는 이야기도 있다.(하 13) 그러므로 가록 500석부터 2000석 정도의

---

14) 에도시대는 신분제 사회이고 이에 따라 공식적으로 주어지는 세습 소득인 가록(家祿)이 있다. 가록과 역고, 다시다카의 관계는 저자가 설명했으니 생략한다. 다시다카는 세습되지 않는다. 이와는 별개로 역을 맡았기 때문에 발생하는 특권·뇌물·정보에 의한 부수입이 있으며 이를 역득(役得)이라고 하며 이후 나오는 개념이므로 함께 설명한다.

제2장 고급 관료의 세계—하타모토의 긍지와 출세

메쓰케가 가계의 곤란을 겪었다고 해도 이상할 것은 없다.

예를 들어, 간세이 원년에 니시노마루에서 혼마루메쓰케로 발탁된 이시가야 이치에몬石谷市右衛門의 가록은 명목상 500석이지만 실제로는 300석 밖에 받을 수 없어, 가계를 꾸리기 어렵기 때문에 오야쿠고멘御役御免[15])을 청원하게 될 것 같다는 얘기가 있다. 또한 능력은 그저 그렇지만 사람이 좋은 미우라 진고로三浦甚五郎는 가록이 800석이지만 400석 상당의 연공밖에 들어오지 않아서 아내가 죽을 끓이고 있다거나, 일찍이 메쓰케로 근무했던 호리 다테와키堀帶刀의 요닌用人이 "주인님도 메쓰케로 계실 적에는 지출이 많아서 생활이 어려웠다"는 얘기를 흘린 적이 있다는 소문도 있다. 능력이나 근무 태도 모두 발군이었던 스가누마菅沼도 "지카타地方(연공을 거두기 위해 주어진 토지)에서 공납을 하지 않아 생활이 매우 어려워진 일"이 있었다. 이렇듯 『조시』는 메쓰케의 어려운 내부 사정을 여럿 전한다.(상 218·236·276·477)

막말에 메쓰케를 경험했던 야마구치 스루가노카미山口駿河守도, 메쓰케는 "여분의 돈이 생기지 않아 재산을 모으기에는 좋지 않습니다"라고 메이지 시대가 되어서 증언한 바 있다.(『舊事諮問錄』) 물론 모두가 가난한 메쓰케였던 것은 아니다. 다누마 시대에 메쓰케로 임명된 이토 가와치노카미伊藤河內守 등은 부동산 수입이 많아서 매우 부유하다는 평판이었고, 『조시』도 "고지마치麴町의 많은 집들은 가와치노카미의 마치야시키町屋

---

15) 맡은 보직을 반납하는 일을 뜻한다.

敷16)이므로 임대료 수입이 많이 난다고 합니다"라고 전한다.(하 432) 유복한 하타모토 중에 부동산 재테크에 능했던 사람이 많았던 사정에 관해서는 다른 책에서 설명한 바 있다.(졸저『江戸は夢か』)

2.7 오줌을 지리다

마찬가지로 '모치다카즈토메持高勤'[p.79]라고는 해도 다른 직장에서는 직무와 관련된 공인, 비공인의 부수입이 있는 경우가 적지 않다. 앞에서 말한 보즈[p.79]는 성 안의 작법作法 안내나 연락관련 서무를 담당했는데, 아무리 적어도 부수입이 연간 700~800냥이 되었다고 『조시』는 전한다. 참고로 메이지의 문호 고다 로한幸田露伴(1867~1947)이 태어난 고다 집안도 원래는 에도성 안에서 근무했던 보즈였는데, 로한의 남동생인 고다 시게토모幸田成友의 얘기로는, 가록 40표 3인후치 이외에 다이묘 등으로부터 받은 뇌물은 오본お盆17)이나 연말 즈음에 들어온 것을 합쳐 100냥이 조금 안 되었다고 한다.(幸田成友『凡人の半生』) 그 외에도 예를 들어 메쓰케 밑에서 일하는 가치메쓰케는 아무리 정직하게 근무한다 하더라도 부수입이 연간 200냥은 된다거

---

16) 무사는 주군이 있는 성(城) 가까이에 주거하며, 성 안팎의 무사들의 생활을 지탱하는 것이 조닌(町人)이다. 조닌의 대부분은 상인이나 직공(職工) 등인데, 이들이 사는 구역이 마치(町)이며, 이들의 주택을 '마치야시키'라고 부른다.

17) 음력 8월 13~16일에 조상이나 죽은 사람들이 성불하도록 기리는 공양을 드리는 기간으로, 정월 초하루와 더불어 일본의 가장 큰 명절이다. 한국·중국의 추석.

제2장 고급 관료의 세계―하타모토의 긍지와 출세

나, 하천의 선박 관리를 담당하는 센슈川舟의 부수입이면 연 300냥은 넘는다는 등, '공돈벌이'라고 불렸던 보즈 이외에도 여러 가지 평판이 『조시』에 실려 있다.(상 469, 하 30) 공식적인 보수나 수당 만을 보고 있자면 박봉으로 잘도 버텼다라고 감탄하게 되지만, 많은 부분은 부수입으로 보충하거나 근무시간 중간의 틈새 시간을 이용한 내직內職의 효과였다.

그런데 감사나 감찰이 주업무이자 하타모토의 '모범'으로 행동하길 기대받던 메쓰케의 경우, 정규 수입은 적고 선물도 다이묘가에서 보내는 의례적 사례를 제외하고는 원칙적으로 받지 않았다. 게다가 간세이 개혁 시기의 긴축재정으로 다이묘가에서 주던 [의례적] 선물의 시세가 그전에는 오반大判 1매(7냥2분)였던 것이 은 5매(3냥3분)로 거의 반감되자, 메쓰케는 화를 내며 실력행사도 불사하겠다며 기세를 올렸다고 한다.(하 218) 또한 사적인 교제도 의혹을 불러일으키지 않도록 매우 가까운 가족으로 제한되었던 듯하다. 앞에서 언급한 기무라 가이슈[p.59]도 부모와 동거를 계속하는 일은 의혹을 초래하기 쉽다는 동료의 권고도 있어서 에도성 가까이에 집을 마련해 독립했다. 그래서 생활이 한층 더 어려워졌을 뿐만 아니라 격무에 시달리느라 어머니의 임종도 지키지 못했다.

청렴과 엄격함을 요구받는 메쓰케 업무 중에서도 효조쇼評定所 입회, 즉 최고법정이자 국정자문기관이기도 했던 효조쇼에서 행해지는 중요 소송에 참석하는 일에는 특히 어려움이 많았던 것 같다. 입회인이므로 소송 중에 발언과 같은 적극적인 행동은 아무것도 할 수 없지만, 그렇다고 해서 도중에 자리를 뜨거나 퇴석할 수도 없었다. 화장실에도 갈 수 없는 상태로 장시간 부동자세로 앉아 있는 일은 죽을 만큼 괴로운 일이었음에 틀림없으나, 그로 인해 생각지도 못한 '사건'이 일어나기도 했다고 한다. 『조시』가 전하는 소문에 의하면, 몇 해 전 입회에 출석한 메쓰케인 스가누마는 효조쇼에서 소변을 지리는 바람에 그 옆에 있던 지샤寺社부교의 무릎까지 흘렀다는 이야기다.(상 380) 지저분하다면 지저분한 이야기지만, 아무리 일을 좋아하는 인간이라도 이 정도로 참았다는 사실에는 동정하지 않을 수 없다.

2.8 스파이와 스태프

에도에서도 메쓰케를 가리켜 중국풍으로 '감찰'이라고 부르는 일은 있었고, 막말기의 대외 교섭 자리에서도 그의 역할에 대해 서양인이 물어보면, 역인이 나쁜 일이나 과실을 일으키지 않게끔 '눈여겨보'는 것이라고 일본측은 설명했다. 이에 대해 서양측은, 그렇다면 스파이가 아니냐며, 그렇게 믿을 수 없는 역인이라면 처음부터 쓰지 않는 편이 낫다고 몰아세우는 바람에 결국 교섭 자리에 메쓰케가 동석하지 않게 되었다고 한다.(『舊事諮問錄』)

그러나 메쓰케를 곧 스파이와 결부시킬 수는 없다. 감찰이라고 해도 단순한 사후의 감사나 감찰뿐만 아니라 중요한 결정사항에는 메쓰케가 사전에 관여하므로, 그의 동의나 승인

없이는 중요 정무나 인사는 일체 진행이 되지 않게끔 되어있는 구조였다. 그렇기 때문에 각 메쓰케는 에도성 안의 공식 의례를 지휘감독하는 역할, 공식적인 기록(일기)을 담당하는 직무, 화재 현장에 출동해 지휘감독하는 역할, 하타모토의 복상服喪 관할 등, 여러 가지 직무를 분담했다. 막말기에는 맡은 사무의 전문분화가 더욱 진행되었고, 특히 외교 교섭에 참가한 해방가카리海防掛り의 메쓰케는 재무담당(갓테가카리勝手掛り) 메쓰케와 더불어 가장 격무에 시달리는 자리였다. 이 경우에 메쓰케는 단순한 행정 감사역이 아니라 외교문제의 전문가로서 활약할 것을 기대받았고, 이와세 다다나리岩瀨忠震(1818~1861), 나가이 이와노조永井岩之丞(1845~1907)와 같이 외교 전반에 능력과 지식을 충분히 갖춘 인물들이 배출되었다. 그 역할은 단순한 감찰을 훨씬 뛰어넘어, 로주와 같은 정부 수뇌부의 신뢰를 배경으로 기본 전략을 책정하거나 외교 정책의 방향성을 결정했다. '브레인'이라고 부르는 연구자도 있지만, 참모 혹은 라인에 대응한 스태프[p.270]의 역할을 담당했다고도 할 수 있다.

2.9 메쓰케의 스태프 기능

막말기 해방가카리 메쓰케의 활동을 언급한 저작은 많으며, 본서에서도 마지막 챕터에서 다시 언급할 예정이지만, 스태프 기능을 했던 것은 해방가카리만이 아니다. 우선 집단으로서의 메쓰케 그 자체가 종종 정부 수뇌부의 참모이자 스태프 역할을 했다. 전술한 야마구치 스루가노카미[p.80]에 의하면, "정사

政事 방면의 일은 모두 처음부터 끝까지 논의를 했습니다.···
오자시키御座敷 심사라고 해서, 예를 들어 간조부교가 서면으로
어떤 안건을 신청하면, 반드시 메쓰케가 동석하여 ··· 성 안의
빈방으로 가서 둥그렇게 둘러앉아 시비를 논의합니다.··· 심사
관의 역할을 하는 것입니다."(『舊事諮問錄』) 어떤 담당 부서에서
올라오는 안건을 기다려서 심사하는 것만이 아니라, 메쓰케가
적극적으로 개혁·신정책을 제안하고 추진하는 일도 드물지 않
았다. 예를 들어 기무라 가이슈[p.59]에 의하면, 역직 포상제가
형해화하여 그 의의가 희박해진 것을 바로잡기 위해 메쓰케
내부에서 검토를 거듭하여 개혁안을 정부 수뇌부에 제안했던
적도 있다고 한다. 다사다난한 막말기였기에 실현되지는 못했
지만, 메쓰케가 정부 수뇌의 참모로서 활동했던 정황은 추측할
수 있다.

게다가 각 '가카리掛り'마다의 스태프 기능도 중요했다. 그
중에서도 갓테가카리勝手掛[재무담당] 메쓰케는 오쇼쿠御職라고
불리는 수석 메쓰케 등 1·2위의 상석자에게 한정된 자리로,
다른 메쓰케는 쉽게 관여할 수 없었다고 한다. 갓테가카리
로주·와카도시요리나 간조쇼부교의 재무 논의에는 재무담당
메쓰케가 참가해, 재정뿐만 아니라 국정 전반에 걸친 방침 결
정을 하고 있던 사정은 이미 소개했다. 앞서 말한 야마구치도
유력 메쓰케가 "로주, 삼부교 등과 한패"가 되어 나쁜 일을 저
지르자, 다른 메쓰케에게는 "도저히 어쩔 도리가 없었습니다"
라고 말했다.(『舊事諮問錄』) 특히 수상의 신임을 얻은 메쓰케가

제2장 고급 관료의 세계―하타모토의 긍지와 출세

어느 정도로 큰 영향력을 휘둘렀는지는, 이른바 '만사蠻社의 옥獄'[18])이라는 사건이 잘 보여준다. 메쓰케 도리이 요조鳥居耀藏甲斐守가 예의주시하고 있던 와타나베 가잔渡邊華山과 다카노 조에이高野長英의 비운은 알려진 바와 같으나, 도리이와 대립했던 "개명開明파 관료"인 가와지 도시아키라川路聖謨나 에가와 히데타쓰江川英龍도 심각한 위기감을 안고 있었다. 하긴 '나쁜 일'을 밀어부칠 수 있다면 '좋은 일'도 처리할 수 있을 것이기에, 동시대의 사정통인 메쓰케를 "정부에서 제일의 자리"라고 말하는 것도 과장은 아니다.

갓테가카리와 같은 상설 가카리 이외에도, 그때그때의 중요 과제 발생에 응해 담당을 명하기도 했다. 간세이 개혁의 경우도 에도의 마치부교쇼 숙정肅正을 목적으로 하는 마치카타町方가카리에 두 명의 메쓰케가 임명되었던 적이 있다. 이 두 사람에 대해 『조시』가 전하는 소문은, 각각의 '가카리' 메쓰케가 실제로 담당해야 하는 역할을 생각하는 데에 있어서도 매우 흥미롭다. 그 중 하나는 '이시베 긴키치石部金吉'의 사카베坂部였고, 다른 하나는 유언으로 다시다카足高 부정수급을 훈계했다고 하는 이노우에 즈쇼노카미[p.62]의 자식이자, 마찬가지로

---

18) '만사(蠻社)'는 양학을 공부하는 동료들의 모임이라는 뜻인 '만학사중(蠻學社中)'의 줄임말로, 주로 당시의 국학자들이 서양 학문을 멸시하는 의미에서 쓰인 말이다. '만사의 옥'은 1839년에 도쿠가와 막부가 난학자 그룹인 상치회(尙齒會)를 탄압한 사건이다. 이때 상치회 멤버였던 와타나베 가잔과 다카노 조에이 등이 서양 선박에 대처하는 막부의 방식을 비판했다는 이유로 엄중한 처벌을 받았다. 이러한 탄압의 배후에는 난학을 싫어하는 메쓰케 도리이 요조의 공작이 있었고, 당대 명성이 자자했던 난학자인 와타나베와 다카노는 그 희생양이 된 것이었다.

메쓰케가 되었던 이노우에 즈쇼이다. 『조시』에 의하면 이 두 사람은 업무 스타일이 대조적이어서 늘 부딪혔다고 한다. 사카베는 "잘못을 밝혀 감옥에 집어넣는다는 마음가짐"이었고, 이노우에는 "마치부교가 일을 잘 할 수 있도록 봐주려는 마음가짐"이었다고 한다.(하 214) 다시 말해, 사카베는 눈에 불을 켜고 마치부교쇼의 악행이나 과실을 엄격하게 적발해내 추궁하는 자세였던 것에 비해, 이노우에는 마치부교를 지도하고, 업무를 개선하여 부교가 실적을 올릴 수 있도록 하는 일에 주안점을 두었다는 말이다.

실제로 그랬는지의 여부는 지금 문제가 아니다. 마치카타가 카리라는 동등한 자격·사명이 부여되더라도 맡은 역할 이해의 면에서 차이가 있을 수 있다는 점, 본인의 사고방식에 따라서 감찰이나 적발 쪽으로 기울을 수도 있고, 지도나 조언을 중시할 수도 있다는 점이 관계의 상식이었다. 물론 본인의 '역할 이해' 뿐만 아니라 정부 수뇌부의 의향이나 신뢰, 구체적 안건의 성격 등, 여러 가지 요소가 메쓰케의 활동 스타일에 영향을 미친 것은 당연하다. 기무라 가이슈[p.59]에 의하면, 막말의 화급한 시기에조차 의식·작법에 집착하며 다른 이렇다 할 활동이 없던 메쓰케도 있었다고 한다. 다시 말해, 메쓰케가 항상 스태프 기능을 기대받았고 그것을 해냈다고도, 단순히 의례나 선례를 묵수하고 부정을 적발하는 일에만 그쳤다고도 말할 수는 없다. 사람이나 상황에 따라 다양했겠지만, 스태프 기능이 막말의 특수한 사정에 의한 것이 아니었다는 점만은 분명하다.

제2장 고급 관료의 세계—하타모토의 긍지와 출세

2.10 료반이라는 명문가

에도 정부도 "정부에서 제일의 자리"라는 역직인 메쓰케의 인선에는 신경을 써서 특수한 선발 시스템을 채택했다. 하나는 집안, 가계에 의한 선별로 같은 막신이라고 해도 고케닌 등의 하층은 처음부터 선발 대상 밖이었다. 로주나 와카도시요리를 시작해 높은 신분의 하타모토를 포함한 막신 전체를 관할하는 이상, 신분·격식이 낮으면 불필요한 마찰이나 혼란이 일어나기 쉽고, 녹고祿高가 낮은 무사는 뇌물에 약하다는 우려도 있어서 신분·격식이 높은 상급 하타모토에서 선발했다. 원칙적으로는 료반兩番 계통이라고 불리는 하타모토 중에서도 특히 출신이 좋고 가격家格이 높은 집안 출신자로 한정되었고, 동시에 해당인이 포의 이상이나 그에 상당하는 지위에 도달해 있어야 한다는 점(예를 들어 포의에 도달하지 못한 고쇼小姓·쇼인반시書院番士[호위무사]라도 신모쓰반進物番에 선발되어 임시적으로 '다이몬大紋'[p.94]을 착용, 즉 제태부諸太夫[p.112]를 허락받은 자)이 조건이었다. 표1을 보면 간세이 원년에 재임한 13명의 메쓰케 중에 료반 계통이 아닌 사람은 오직 히라가平賀 한 사람이라는 점을 알 수 있다.

료반 계통이라는 것은 가장 격식이 높은 쇼군의 친위대인 쇼인반·고쇼반의 장교로, 연달아 3대 이상 임명되어온 집안을 가리킨다. 가격이나 집안을 명확한 숫자로 치환해서 제시할 수는 없지만, 간편한 기준으로 하타모토의 역대 가보를 편찬한 『관수보』에 기재된 순서를 들 수 있다. 예외도 있지만, 본편

표1 간세이 원년(1789) 메쓰케 재임자

이름	재임기간	녹고	전직 → 전출직
진보神保	T4/4~K2/9	1100(18)	가치가시라 → 고부신부교
마가리부치曲淵	T4/4~K3/5	1650(3)	고주닌가시라 → 사쿠지부교
마키노牧野	T5/6~K2/11	2200(11)	가치가시라 → 니시노마루 메쓰케
스가누마菅沼	T7/3~K1/9	1220(5)	가치가시라 → 교토마치부교
구와하라桑原	T7/3~K7/12	500(22)	고주닌가시라 → 신반가시라
고노河野	T7/12~K1/11	1000(10)	니시노마루 메쓰케 → 루스이
나가이永井	T8/6~K1/윤6	1000(10)	쓰카이반 → 나가사키부교
사카베坂部	T8/9~K4/1	300표(9)	쇼인반 → 오사카마치부교
히라가平賀	T8/9~K4/3	400표(4)	가치가시라 → 나가사키부교
나카가와中川	T8/9~K7/2	1000(5)	고부신 구미가시라 → 나가사키부교
이노우에井上	K1/윤6~K3/9	1500(4)	쓰카이반 → 사망
이시가야石谷	K1/9~K3/5	700(14)	니시노마루 메쓰케 → 긴리즈키
마미야間宮	K1/11~K6/9	700(7)	고주닌가시라 → 간조부교

메쓰케의 정원은 10명이지만, 이 해에는 3명이 이동이 있어 13명이었다. 간세이 원년 이전에 사망하거나 전출한 자는 제했다. T4는 덴메이(天明) 4년(1784), K1는 간세이(寬政) 원년(1789)를 의미한다. 녹고 단위는 석이고 사카베와 히라가만 표이다. →는 역직의 이동 방향이다. 진보의 경우 가치가시라 → 메쓰케 → 고부신부교 순으로 바뀌었다. 『江戶幕府旗本人名事典』에 따르면 히라가만 오반(大番)계통이고 나머지는 료반(兩番)계통이다. 출전은 『柳營補任』과 『寬政重修諸家譜』이다. 녹고 뒤의 숫자는 『관수보』의 권 번호다.

제2장 고급 관료의 세계―하타모토의 긍지와 출세

22권으로 구성된『관수보』의 기재 권수가 적을수록, 도쿠가와 가와의 관계가 오래되고 유서가 있다고 생각하면 된다. 즉, 권수가 적을수록 집안·격식이 높다는 말이다. 그리고 많은 료반 계통 하타모토 이에는 16권 이전에 등재되어 있고, 10권 이전에 등장하는 이에도 드물지 않다. 한편 메쓰케를 배출한 이에가 18권 이후에 나오는 것은, 쓰나요시나 요시무네를 따라 들어와 18세기 전후에 도쿠가와 가신으로 편입되어 속칭 "공의公儀(=쇼군)의 사람"이 된 구와바라桑原와 같은 경우를 제외하고는 막말까지 드문 예외다.

덧붙여 표에서 가장 가록이 적은 사카베에게는 특별한 이유가 있다. 사카베 가는 나가시노長篠, 나가쿠테長久手, 세키가하라關ヶ原 등의 전투[19]에서 다수의 훈공을 세운 3000석을 받는 명문가였지만, 적자가 없어 단절된 후 가명家名을 남기기 위해 특례로 먼 인척에게 300표를 주고 이를 존속시켰다. 록고祿高는 낮지만 프라이드는 높았음이 분명하다. 이는 사카베에게만 한정된 사례가 아니다. 료반 계통의 하타모토는 엘리트 하타모토 중에서도 명문가를 자임하며, 설령 가록을 많이 받고 본인의 역직도 높은 하타모토라 하더라도 신참이나 고케닌카부를 구입해서 된 '벼락출세한 자'를 멸시하고 메쓰케의 후보에도 올리지 않았다.

---

19) 나가시노의 전투(1575), 나가쿠테의 전투(1584), 세키가하라의 전투(1600)는 모두 도쿠가와 이에야스가 정권을 잡기 전의 전투로, 이때부터 도쿠가와의 부하로 있던 자들은 그 충성심이 높이 평가되어 이후 여러 특혜를 받았다.

2.11 커리어와 논커리어

포의布衣에 관한 설명도 필요할 것이다. 간단히 말하자면, 역인 본인 한 대에만 한정하여 주어지는 위계의 하나로, 흔히 육위상당六位相當이라고 하지만 이를 이해하기 위해서라도 우선 도쿠가와가의 신분·위계의 체계를 간단히 정리해본다.

막신은 우선 크게 하타모토와 고케닌으로 나뉜다. 하타모토는 공식석상에서 직접 쇼군을 배알할 수 있는 자격이 있는 사람 또는 이에를 가리키는 것이 보통이다. 당시는 이를 '오메미에御目見 이상', 혹은 줄임말로 '이상以上'이라고 불렀다. 한편, 이러한 자격을 인정받지 못한 막신을 좁은 의미에서의 고케닌御家人이라고 하며, '오메미에 이하'는 줄여서 '이하'라고 불렀다. 시대에 따라 변동은 있었으나 하타모토의 이에는 5000 정도에서 5200가, 고케닌은 1만 7000가 정도였다. 가격家格과는 별개로, 직職이나 반番, 다시 말해 포스트에도 '이상'과 '이하'의 구별이 있고, '이하'의 막신은 '이하'의 직에, '이상'의 막신은 '이상'의 자리에 취임하는 것이 원칙이었다. 그리고 '이하'의 막신이 출세해 '이상'의 포스트에 취임하는 경우, 당사자 및 그 자손, 즉 그 이에도 '이상'(하타모토)이 되는 것이 오랜 기간 원칙(구 원칙)이었지만, 간세이의 개혁으로 변경되었다.

간세이 3년의 이른바 '가격령家格令'에 의해 '이하'의 막신이 '이상'의 자리에 앉더라도 별도로 '영영永永 오메미에 이상'이라는 발령을 받지 않는 한, 본인과 적자는 '이상'의 취급을 받지만, 손자 이후 즉 그 이에 자체는 여전히 '이하'(고케닌)에 머무른다는 식으로 변경되었다(신 원칙). 이 책에서는 바로 그 이행기를 포함하기 때문에 사정이 복잡하지만, 특별히 언급하지 않는 한 구 원칙을 기초로 설명을 진행하겠다.

'이상·이하'의 구별을 알기 쉽게 오늘날의 국가공무원으로 예를 들자면, 하타모토는 흔히 말하는 '커리어(career) 그룹'으로, 장차 관청의 간부가 될 수 있는 사람들이다. 한편 고케닌은 '논커리어(non-career)'라고 부르는, 실무를 담당하는 중간 관리직급 이하에 대응한다고 볼 수 있다.[20] 단 그것이 채용시험의 구별에 의한 것이 아니라, 주로 집안·가격으로 정해지는 것이 에도의 관계였다.

자리의 등급 매기기는 '이상·이하'로 끝나지 않는다. 전체적인 설명은 일단 생략하겠지만, 여기서는 같은 '이상'이라고 해도 그 안에서 다시 포의[p.77], 종오위하從五位下 등의 랭크가 구분되어 있었다. 포의는 현대 국가공무원이라면 차관·국장·심의관 등, 성청省廳 간부급 역직에 적용되는 '지정직'과 유사하다.

---

[20] 현대 일본의 국가공무원은 속칭 '커리어'와 '논커리어' 그룹으로 나뉘어 일률적으로 인사관리가 이루어진다. '커리어' 관료는 일본 국가공무원 채용 종합직시험, 상급 갑(甲)종 시험 등에 합격한 이들을 일컬으며, 이들은 간부 후보생으로서 '논커리어'와 구별돼 승진이 빠르고 고위직 공무원이 될 확률이 높은 엘리트 계층으로 간주된다. '논커리어'는 몇몇 예외를 제외한, 종합직시험 이외의 시험에 합격해 채용된 공무원을 가리킨다. 한국으로 치자면, 5급 공무원 이상에서 출발하는 행정고시 합격자가 '커리어' 그룹, 그 이하의 공무원 그룹이 '논커리어'에 가까울 것이다.

표2 지위 계층별 자리의 숫자

지위	지위 내 관직 등	숫자
만 석 이상	다이로 1인을 필두로	45
포의 이상	고케高家 16자리 외	633
'이상'	姫君様御用人竝 6자리 외	2491
'이하'	도리미를 필두로	1만 1316자리 초과

표2는 고카弘化 2년(1845) 2월 기준으로 에도 정부의 직종 및 정원 등을 게재한 「이징吏徵」에 근거해 랭크 별 자릿수를 어림잡아 계산해 본 것이다. 이에 의하면 '오메미에 이상'이 갈 수 있는 '커리어' 상당직은 3000이 조금 넘는 정도밖에 되지 않는다는 사실을 알 수 있다. 하타모토의 총 숫자는 5000가 정도이므로, 단순 계산해보면 3000 정도밖에 없는 '이상' 혹은 포의 이상의 자리에 갈 수 있는 것은 각 하타모토 가의 당주뿐이며, 4할 정도는 직을 얻지 못한다는 계산이다. 실제로도 늘 3할 정도의 하타모토 당주가 비직非職[무역]인 요리아이寄合·고부신小普請, 혹은 이른바 '녹이 있는 낭인'의 처지에 있었다는 것을 각종 자료를 통해 알 수 있다. 하타모토에게도 취직난이 있었다는 말이지만, 포의 이상으로 올라갈 수 있는 확률은 더욱 줄어서 1할 정도밖에 되지 않았다.

막신이 포의 자리에 취임하는 경우, 그 이하의 자리는 로주가 발령을 내는 것과 달리, 직접 쇼군의 면전에서 발령이 이루어진다고 하는 극진한 의례도 납득이 간다. 전전戰前의 관료제로 말하면 친임관親任官에 해당하는데, 이것을 조건으로 한

제2장 고급 관료의 세계—하타모토의 금지와 출세

메쓰케의 자격 제한은 확실히 엄격했다.[21] 더구나 포의직에 임명되면 통상적으로 그 해 12월에 본인에 대해 포의의 지위(과거 조정에서 구게公家가 사냥옷으로 썼다는 예복인 포의를 착용할 자격)가 발령되었다. 다만, 위계라는 것은 문자 그대로 계단·계급을 가리키는 것으로, '이하'의 인간이 사전에 '이상'으로 승격하지 않은 채로 뛰어넘어 포의가 되는 일은 허용하지 않는 것도 에도의 규칙 중 하나였다.

포의보다 상위가 종오위하, 이른바 제태부[p.112]로, 공식 행사에는 다이몬大紋 의장[22]의 착용이 인정되었다. 여기까지 올라오면 야마토노카미大和守, 이세노카미伊勢守 등 ~~카미라는 관명(혼다 단조쇼히쓰本多彈正少弼처럼 관명이지만 구니國명이나 카미가 붙지 않는 예도 많다)을 댈 수 있게 된다. 격식 차원에서 다이묘와 같은 수준에 도달했다는 의미로, 다소 정확하지는 않지만 현재라면 국무대신·정무차관급에 빗댈 수 있을 것이다. 하타모토로 여기까지 오면, 아무리 실권이나 실리는 적다하더라도 출세를 성취한 셈이다. 메쓰케로 일하던 호리 다테와키에 관해서도, 최근 이동 명령이 있기에 본인은 "제태부 자리로 이동하라는 명령이 나올 것이라는 예상"을 하고 있었는데, 발령받은 곳은 모치가시라持頭(포의·1500석)였으므

---

21) 1886년에 만들어진 관리의 분류법 중 하나로, 1890년부터 메이지 헌법 하에서 사용되다가 1947년에 폐지되었다. 관료제 최고위직에 해당하며, 천황이 직접 임명하는 친임식을 통해 임명되고, 임관증서에는 천황의 친서가 있었다. 경칭은 '각하'.
22) 무가의 제태부 이상이 입는 통상 예복으로, 이에의 가문(家紋)을 크게 넣은 것이 특징이다.

로 "대단히 불만인 듯하다"라는 『조시』의 기사도 그 부근의 미묘한 사정을 전한다.(상 247)

2.12 투표와 능력주의

메쓰케의 임용에 관해 료반이라는 자격 이외에 주목해야 할 또 하나의 특징은 후보자 결정을 투표에 부친다는 점이다. 막말에 메쓰케로 근무했던 야마구치 스루가노카미[p.80]에 의하면, 메쓰케의 경우는 "인선의 방법이 다른 부서와는 달라서 매우 좋았습니다. 간단히 말씀드리자면 투표와 같은 것이었습니다.···메쓰케의 동료가 투표하는 것입니다. 메쓰케 중에서 다른 곳으로 이동하는 사람이 나오거나 해서 공석이 생기면, 동료의 투표로 인선을 하게 됩니다. 필두는 ··· 같은 역의 사람들을 가까이에 불러서 ··· 각기 뽑을 사람의 이름을 적어서 제출하는 것입니다.··· 그것을 각자 적어서 필두에게 보여줍니다. 그리고 이름이 가장 많이 나온 사람을 채택해" 와카도시요리에게 추천하고, 와카도시요리와 로주가 찬성하면 로주가 쇼군의 허가를 받는 순서였다고 한다.(『구사자문록』)

역직에 관해 '이레후다入札'라고 하는 투표제가 에도시대에도 채용되었던 일은 민간이나 구마모토번 등 일부 번들(「黑田長政遺言」), 고산쿄御三卿인 히토쓰바시 가(상 333) 등에서도 그 사례가 보고된 바 있다. 그렇기 때문에 꼭 에도 정부의 메쓰케만으로 한정지을 수는 없지만, 그럼에도 주목할 만한 인선 방법이었다. 평소부터 명문가 동료들로서 서로 교제하고 직을 통해서 쉽게

제2장 고급 관료의 세계—하타모토의 긍지와 출세

여러 정보에 접근 가능한 메쓰케가, 능력이나 적성을 고려한 다음 후보를 추천하고 다수결로 새로운 동료를 선택했던 듯하다. 전술한 기무라 가이슈[p.59]도 니시노마루메쓰케가 되고 얼마 지나지 않았을 때, 존경하는 선배 메쓰케인 이와세 다다나리가 한 통의 서류를 보여주며 이것이 고비토메쓰케小人目付가 한 당신의 신원조사 보고인데, 입을 모아 매우 칭찬을 하고 있다, 특히 남다른 효자라고 적혀 있다며 둘이서 크게 웃었다고 한다. 두 사람은 이미 잘 알던 사이지만, 그렇지 않았다고 하더라도 메쓰케라면 신원조사는 전문 분야였을 것이다.

가문·집안을 자랑스럽게 여기고 쉽게 다른 압력이나 유혹에 굴하지 않으며, 게다가 대대로 도쿠가와 가를 섬기며 충성심이 높은(높을 것으로 기대되는) 하타모토를 메쓰케의 인력 풀로 삼고, 다른 한편으로는 개별 하타모토의 행장이나 능력에 관한 정보, 즉 후보자의 앞뒤를 잘 알고 있는 메쓰케의 투표로 후보자의 능력·인격의 품질을 보증하는 '실력주의'를 취하고 있는 것이다. 이렇게 선발된 자는 높은 가격家格에 동반된 위신과 자긍심을 갖추고, 관계자로부터 모욕 따위를 받지도 않으며, 비교적 풍족한 가록이 지탱해주기도 하기에 뇌물수수의 우려도 적다는 점에서 이상적인 메쓰케였던 것이다. 다만 투표제 하나만 하더라도, 그 기원이나 구체적인 절차, 투표 결과와 최종 결정 사이의 관계 등, 여전히 잘 모르는 부분도 많다.

2.13 '이레후다'의 내막

우선 이레후다入札(투표)를 항상 했던 것인지 여부와 관련해 『조시』에는 눈여겨 볼 만한 소문이 있다. 간세이 원년 윤6월, 나가사키부교로 전출한 나가이 이오리永井伊織의 후임 메쓰케 인사에 이노우에 즈쇼노카미가 임명되자 메쓰케인 마가리부치曲淵, 스가누마, 구와바라 등은 매우 기뻐했다. 그런데 고참인 고노河野와 마키노牧野 두 사람은 그렇게 기뻐하지도 않으면서, 이시코石河도 이름이 올랐다는 말을 했다. 이것이 사실이라면, "메쓰케 일동에게 이레후다의 명이 내린 것으로 보인다"라고 『조시』는 전하면서, 또한 진보神保와 사카베坂部 두 사람은 완전히 침묵하고, 나카가와中川는 신입이기 때문에 이레후다에 "참가시키지 않을 예정이라고 한다.… 대체로 신입에게 중요한 일이 주어지는 것을 대단히 탐탁치 않게 여긴다고 한다"(상 423)라는 말을 전한다.

단편적인 인용 탓뿐만 아니라 원래 문장 자체가 이해하기 어렵지만, 풀이해보면 다음과 같은 말일 것이다. 후임 인사에 이노우에의 기용이 실현되어 기뻐하는 메쓰케도 있었지만, 이시코의 이름도 후보에 올랐었다며 주의를 주는 사람도 있었다. 그렇다면 메쓰케 전원에게 이레후다의 명이 떨어진 듯하지만, 신입이 의사결정에 참가하는 것을 탐탁치 않게 여기는 메쓰케 풍조로 인해 나카가와는 이번 이레후다에는 참가할 수 없었을 것이라는 정도의 내용이 표면상의 의미인 듯하다. 그렇다고 하면 우선 이레후다를 실시하라는 명령이 늘 있는 것은 아니

제2장 고급 관료의 세계―하타모토의 긍지와 출세

라고 여겨지고 있었다는 점, 실시하더라도 전원이 참가하기로 정해져 있던 것도 아니었던 듯하다는 점이 추측 가능하다 .

다음으로 문제가 되는 것은, 이시코의 이름도 있어서 별로 기뻐할 수 없다고 하는 반론의 의미이다. 이시코는 훌륭한 마치 부교로 존경받았지만 재직한 지 얼마 되지 않아 급사한 이시코 도사노카미石河土佐守의 아들을 가리키는 듯한데, 자세한 사정은 알 수 없다. 혹은 다음 장에서 언급할 '오쿠奧로부터의 부름'과 관계된 것일지도 모른다. 또 하나 남는 문제는, 이레후다가 실시되었다는 것은 그렇다 치더라도, 누가 그 일을 명령했느냐는 점이다. 앞에서 인용했던 야마구치의 증언으로는 필두 메쓰케가 명령한 것으로 보인다. 공석이 생기면 동료 메쓰케를 불러다가 필두가 "생각나는 이름을 적어서 제출해 주십시오라고 말하"기 때문이다. 다만 직접적인 절차는 그렇다고 하더라도, 실제로 투표에 의한 인선을 지시하는 것은 로주나 그 뜻을 전달받은 와카도시요리가 아니었나라는 상상도 가능하다. 경우에 따라서는 구체적인 후보에 대해서까지 시사가 있었거나, 한발짝 더 나아가 일방적으로 강요하는 일조차 벌어졌던 것은 아닐까라는 생각이 든다.

이렇게 상상하는 이유 중 하나는, 역시 막말에 메쓰케로 근무한 적이 있는 구리모토 조운栗本鋤雲[23])의 회상 때문이다.

---

23) 구리모토 조운(1822~1897). 막부의 전의(典醫) 집안에 태어나, 쇼헤이코(昌平黌)에서 수학하고 뛰어난 학문 능력을 인정받았다. 이후 다른 의사 집안의 가독을 상속해 의사로 활동했는데, 특히 지금의 홋카이도 하코다테에 좌천되었던 시절에 의료뿐만 아니라 지역 발전을 위한 다양

구리모토는 겐지元治 원년(1864) 6월에 학문소學問所 도도리頭取에서 메쓰케로 취임했는데, 그의 의견으로는 "정치 개혁이 있을 때마다 반드시 우선 이 부국(메쓰케)을 갈아치운 다음에야 다른 여러 관청들에도 손을 댈 수 있기 때문에, 모든 관청은 그 결과를 듣고 정지**가 어디에 있는지를 파악해, 이를 받아들여 스스로 개혁함을 득책得策으로 삼게 되었다"라고 한다.(「岩瀨肥後守の事歷」) 이 말은, 정변에 동반된 로주나 와카도시요리 등의 정부 수뇌부의 의향은 우선 메쓰케의 인사이동으로 드러나게 되어 있고, 관계는 그 인사로부터 정부 수뇌부의 방침을 알아차려서 움직인다는 것이니, 정부 수뇌부의 의향이 메쓰케 인사를 결정짓는다고 이해할 수 있다. 이는 야마구치가 말하는, 메쓰케 집단에 의한 자주적 결정과 양립하지 않는 것은 아니나, 미묘하게 다르다. 가에이嘉永 말년(1850년대)의 아베 마사히로安部正弘 내각에 의한 이와세나 나가이 등 유능하고 젊은 메쓰케 발탁 인사와 그 후 그들의 활약으로 인해, 아베 내각이 외교 등 국정운영 방침의 전환·대응할 수 있었다고 생각되므로, 메쓰케 동료끼리의 투표만으로 자주적인 결정이 이루어졌다고 생각하기는 어렵다.

『조시』에도 메쓰케에 취직하기를 원하는 자가 사다노부에게 탄원서를 제출해 꾸지람을 들었다거나, 일부 메쓰케에 관해서 사다노부가 보낸 첩자라는 소문이 있었다는 얘기가 있다.

한 활동을 인정받아 무사 신분으로 승격되었고, 본문에 나온 바와 같이 1864년에 에도로 복귀한다. 이후 메이지 시대에는 «요코하마매일신문», «우편보지신문»사에 입사해 당대 최고의 저널리스트로 활약했다.

그렇다면 사다노부와 정부 수뇌부가 지명하는 메쓰케 인사도 있을 수 있다는 말이다. 실제로는 어땠는지와 관련된 내용을 포함해 『조시』를 단서로 메쓰케와 정국의 동향에 대해서 고찰해보고자 한다.

2.14 정변과 메쓰케

표3은 다누마 정권 말기부터 사다노부 정권으로의 이행이 이루어지기 전후한 시기의 매해 메쓰케 임명 숫자를 비교한 것이다. 사다노부 정권의 탄생은 덴메이天明 7년(1787) 6월(사다노부는 이 달에 갓테가카리 로주[p.85]에 취임했다)로, 그 이전의 6년 반 동안 11명, 연평균 1.7명이 임명되어 신규 임명이 없던 해도 있다. 사다노부 등장 이후 간세이 5년(1793)말까지의 6년 반 동안에는 20명, 연평균 3명이 조금 넘어 거의 배로 증가했다. 특히 개혁이 본격화하는 덴메이 8년부터 간세이 3년까지 4년 간 14명의 임명이 집중되어 있는데, 이는 신정권이 메쓰케의 교체를 기획했던 것으로 보인다.

다만 신규 임용수로 측정한 변화는 보기보다 많지 않다. 왜냐하면 덴메이 7년 후반 이후의 3년간 신규 임명된 메쓰케 중 3명이, 취임 후 1년 또는 2년 여만에 사망하여 그 보완 인사를 실시하지 않을 수 없었기 때문이다. 지카마쓰 고지近松鴻二의 「메쓰케의 기초적 연구」에 따르면, 에도시대 전시기를 통틀어 메쓰케의 재직 중 사망률은 7%에 못 미치는 정도이므로 덴메이 7년부터 간세이 원년까지의 임명자 12명 중 3명, 사망률 25%는

표3 간세이 개혁과 메쓰케 숫자

T1	2	3	4	5	6	7	8	K1	2	3	4	5	6	7
3인	1	0	2	2	1	5①	4②	3	2	5	2	1	4	4

T1은 덴메이 원년(1781), K1은 간세이 원년(1789). ① 사다노부의 로주 취임 이전 임명자 2인, 이후 임명자는 3인이었다. 곧 2인은 사망, 1인은 좌천. ② 사망자 2인이 보충되어 4인.

표4 덴포 개혁과 메쓰케 숫자

P1	2	3	4	5③	6	7	8④	9	10⑤	11⑥	12⑦	13	14⑧
0인	1	2	0	1	3	4	1	4	1		1	7	4	7

P1은 덴포 원년(1831). ③ 3월 미즈노 혼마루 로주 취임 ④ 3월 미즈노 가테가카리 취임 ⑤ 12월 미즈노 로주 수좌 취임 ⑥ 12월 3개년 검약령 ⑦ 4월 니시노마루파 추방, 5월 덴포 개혁 시작 ⑧ 윤9월 미즈노 파면

어떻게 봐도 높다. 이 단기간의 재직 중 사망이 가져온 파문에 관해서는 나중에 생각해보겠지만, 사망자 보충을 제외한 '실제 숫자'는 사다노부 정권 등장을 전후한 각 6년 반을 비교해 보자면 11명과 17명이 되므로 압도적인 차이가 난다고 말하기는 어렵다.

게다가 간세이의 개혁을 하나의 본보기로 삼았다는 덴포^{天保}의 개혁 당시 메쓰케 이동과 비교해보면, 간세이 개혁시의 메쓰케 인사가 비교적 온건한 편이었다고 할까, 소폭의 변동이 었지 않나라는 인상이 남는다. 표4에서 볼 수 있듯이, 미즈노 다다쿠니^{水野忠邦}(1794~1851)에 의한 개혁이 발동되기 이전인 덴포 원년(1830)부터 11년까지, 이른바 '오고쇼^{大御所} 시대', 바

제2장 고급 관료의 세계─하타모토의 긍지와 출세

꿔 말하면 "미즈노가 나가고 원래의 다누마"[24](사다노부 정권 시대에 일했던 나이든 로주들이 떠나고, 미즈노 다다아키라水野忠成가 로주로 복귀하자 부패정치가 부활한 것을 가리킨다)로 돌아온 뒤로는, 신규 메쓰케의 발령은 연간 평균 1.5명에 지나지 않았다. 그런데 개혁이 시작된 덴포 12년부터 미즈노 다다쿠니가 실각하는 14년까지 도합 18명이고 연평균 6명으로, 네 배나 증가하게 되었다. 그중에는 재근무도 포함되어 있으므로 약간 줄었다하더라도, 정권변동과 메쓰케 인사의 관계에 관해서는 의심의 여지가 없다.

개혁 정권은 신규 인재를 메쓰케로 발탁하고, 정부 부서 내의 단속을 강화함과 동시에 단기간의 메쓰케 근무 후에 중요 포스트에 취임시켜 신규 정책의 추진을 담당하도록 하기 때문에, 메쓰케의 인사 이동이 빈번해진다는 일반적인 경향을 추정할 수 있다. 그렇다고 할 경우, 이노우에 즈쇼노카미의 메쓰케 선임시에 실제로 이레후다를 명령한 사람이 있다고 한다면, 마지막에 가서는 사다노부 본인이라는 추정도 성립하는 것이다. 그것은 사다노부 정권이 되고나서 메쓰케로 임명된 나가이 이오리, 히라가 시키부노쇼平賀式部少輔, 나카가와 간자부로中川勘三郎 세 명이 나가사키 부교에 차례대로 발탁된 일로도 어느 정도 설명이 가능하다.

---

24) 원문은 "미즈노데테, 모토노다누마(水の出て、もとの田沼)"로 '미즈노'와 '다누마'라는 두 로주의 이름으로 말장난을 친 표현이다. '미즈'는 물, '다누마'는 늪이라는 뜻으로, 직역하자면 "물이 흘러 원래의 늪이 되었다"가 된다.

나가사키 부교는 속칭 '벼락 다이묘俄大名'라고도 하며, '짭짤한' 자리의 대표격으로 여겨졌지만, 긴축재정과 정치 숙정을 과제로 삼은 사다노부 정권은 나가사키 밀무역의 단속에도 이례적인 노력을 쏟아부었다. 그렇기 때문에 유능하고 청렴결백한 인재를 메쓰케로 등용시켜 그 능력·자질을 확인하고, 인사 타이밍을 잘 잰 다음에 화제의 초점인 나가사키에 차례차례 투입한 것이리라. 이와 병행해서 마키노 오리베牧野織部를 니시노마루메쓰케로 강등시키고, 마찬가지로 구와바라 젠베에桑原善兵衞를 신반가시라新番頭로 좌천시킨 것도, 두 사람 모두 사다노부 등장 이전에 메쓰케가 되었던 사실과 관계가 있었을지도 모른다. 참고로 마키노 자신은 최악의 경우라도 사키테가시라先手頭 정도로 전출될 것이라고 생각하고 있었으나, 니시노마루[2군]로 '좌천되어' 새파랗게 질려버렸다. 동료 메쓰케는 사정을 알고 있었지만 역시 본인에게 말해줄 수는 없어서, 발령이 난 후에 항의하는 의미로 사직하거나 하지 말라고 충고했다고 전한다.(하 228)

게다가 사다노부 정권이 과감한 메쓰케 발탁 정책을 취했던 점도 주목할 만하다. 덴메이 8년 9월에 메쓰케가 된 히라가에 대해, 그 전에 가치가시라徒頭[p.302]를 겨우 석 달 정도 하고나서 메쓰케로 영전한 일은 이례적이라거나(상 233), 그 히라가보다 일주일 정도 늦게 고부신 지배가시라小普請支配頭[p.300]에서 마찬가지로 메쓰케로 선발된 나카가와 간자부로中川勘三郎에 대해서도 고부신 지배가시라에서 발탁되는 일은 전례가 거의

제2장 고급 관료의 세계―하타모토의 긍지와 출세

없다시피한데다, 구미가시라라고 해도 실질적으로는 직職이 없는 고부신과 같으므로 더욱 이상하다는 등의 여러 소문이 돌았다.(상 212) 막말 외교에서 활약하고, 하타모토로서는 이례적으로 와카도시요리까지 올라갔던 준재이자 유능한 관리로 알려진 나가이 이와노조[p.84]도 가치가시라로 두 달 반 근무한 것만으로 메쓰케에 발탁이 되었다는 사실은, 막말이기 때문에 가능했다는 평가도 있다. 하지만 이 정도의 발탁, 혹은 『조시』에서 말하는 '초천超遷'[p.111]이라면, 굳이 막말에서 예를 구하지 않더라도 간세이기에 이미 있었다. 또한 사다노부 재임 말기에 관계에서는 "최근에 메쓰케 채용에 힘을 주셔서 다들 위세를 떨치고 있다고 한다"라는 소문도 돌았다.(하 457)

다시 말하지만, 양적으로 봐서 사다노부 정권 하의 메쓰케 인사 이동은 덴포 개혁이나 막말에 비하면 훨씬 소극적인 수준이었다는 사실은 부정할 수 없다. 사다노부 정권이 탄생하기 이전에 취임한 메쓰케라도, 마키노나 구와바라 이외에는 고부신부교·사쿠지부교·우라가부교浦賀奉行·교토마치부교 등, 각자의 조건에 상응하는 전출 대상 자리가 부여되었고 노골적으로 냉대받은 흔적은 없다. 또한 사다노부 정권 하에서 니시노마루[2군]에서 혼마루로 옮겨 온 고노 간에몬河野勘右衞門이 루스이야쿠留守居役라는 '은거역隱居役', 즉 그 이상 올라갈 가망이 없는 한직으로 밀려났으므로, 좌천은 사다노부 이전에 취임한 메쓰케에게 한정된 얘기가 아니다. 더군다나 『조시』에 의하면, 이들 세 사람의 메쓰케에 관해서 주위나 관계의 평판은 원래 그다지 좋지 않았으며, 좌천이나 강등을 당연한 결과로 받아들이는 분위기가 지배적이었다고 한다.

이상을 통해 메쓰케 취임 시기가 사다노부 정권 이전이냐 이후냐라는 문제보다, 당사자의 능력·자질·실적이 인사를 결정짓는 요인이었다고도 생각할 수 있다. 그렇다면 정변과 메쓰케 인사 쇄신을 연동시키는 구리모토[p.98]의 주장을 덴포나 막말과 같은 정도로 간세이 개혁 시기에 적용시킬 수는 없을지도 모른다. 적어도 덴포나 막말에 비해서 사다노부 정권 등장 직후에 메쓰케 인사가 대폭 쇄신되었던 것은 아니므로, 정권 성립 이전부터 계속해서 메쓰케로 근무하고 있던 그룹과 정권 중추와의 사이에 긴장이 발생해 미묘한 공기가 흐르고 있었다고 해도 이상한 일은 아니다. 『조시』가 전하는 다음과 같은 소문이 어쩌면 이것과 연관성이 있을지도 모른다.

2.15 메쓰케 대량 해임의 소문

덴메이 8년(1788) 11월 15일, 사다노부 정권은 정부 역직에 관해 일련의 인사 이동을 발표하는데, 그 전후로 여느 때와 같이 갖가지 풍평·억측이 관계를 떠돌아다녔다. 그중 하나로, "메쓰케 오쇼쿠[p.85]인 진보 기나이神保喜內부터 오로五老 구와바라 젠베에까지가 면직 처리됐다는 소문"(상 259)이 있다. 오쇼쿠라는 것은 필두나 일로一老라고 불리는 메쓰케 최고참을 가리키며, 이하 차례대로 이로二老, 삼로三老라는 식으로 불렸다.(오쇼쿠가 있고 그 다음이 일로, 이로라는 기록도 있어서 다소 망설여지

제2장 고급 관료의 세계—하타모토의 긍지와 출세

기는 하지만) 오로까지 다섯 명의 메쓰케는 전원이 사다노부 등장 이전에 메쓰케로 취임했는데, 이 시점이 되어 소문이 확 퍼져버린 데에는 특별한 사정이 있다고 『조시』는 말한다.

이에 의하면, 인사 이동 발표가 있기 전전날인 11월 13일에 사다노부는 메쓰케를 자택으로 부르더니, 그때까지의 근무 태도를 칭찬한 다음, 앞으로도 메쓰케 일을 서로 협조해서 직무에 전념하라고 말했다. 잘 알겠습니다라고 대답하고 그냥 물러났으면 됐을 것을, 오쇼쿠인 진보가 입을 열더니 전부터 생각해 온 바가 있었는지 메쓰케 부서의 실정 등을 자세하게 설명하자, 마가리부치 가쓰지로曲淵勝次郎와 마키노도 이어서 발언했다. 묻지도 않은 일을 차례대로 늘어놓으니 사다노부는 뜻밖이었는지 안색이 변했다. 어쩔 수 없이 메쓰케인 스가누마가 끼어들어 모두 잘 알았다고 말씀드리고 그 자리에서 물러났다. 그래서 진보, 마키노 이하 다섯 명은 면직이라는 소문이 돈 모양이다. 특히 오쇼쿠인 진보는 메쓰케 부서의 단속을 제대로 하지 못했다는 질책을 당할까 두려워하며, 언제 잘릴지 몰라 걱정하고 있었다. 마가리부치와 마키노도 마찬가지라며, 메쓰케들 사이에서는 난리가 났다. 다만 육로六老 이하는 자신들은 상관이 없다며 태연했고, 그중에서도 히라가나 나카가와 등은 지금까지 메쓰케 부서의 풍기가 별로 좋지 않았다며, 이를 계기로 쇄신할 수 있으리라는 생각에 내심 기뻐하고 있다는 것이다.(상 261) 소개가 길어졌는데, 원래 『조시』의 기록도 한 항목치고는 상당히 길기 때문에 양해해주시길 바란다.

2.15 메쓰케 대량 해임의 소문

　결론부터 말하자면, 앞에서도 언급했듯이 이 당시 메쓰케의 처분은 한 건도 나오지 않았고, 오쇼쿠인 진보 이하 구와바라까지 다섯 명은 그 후에도 메쓰케 자리를 유지하다가, 원래 문제가 있었던 것으로 보이는 마키노와 구와바라를 제외하고는 적당한 시기에 전출되었다. 즉 허위정보였던 것인데, 왜 진보 무리가 할 필요도 없는 '변명'을 늘어놓아 사다노부가 화를 냈다는 소문이 난 것인지, 게다가 왜 이 대화에 관해 사다노부는 '허설' 의견을 쓰지 않았는지(그렇다고 '실설實說'이라고도 말할 수 없지만) 등, 여러 가지 의문이 떠오른다. 이를 설명할 직접적인 증거는 『조시』를 포함해 어디서도 찾을 수 없었지만, 눈여겨볼 만한 점은 이 사건에 앞서 덴메이 8년 6월부터 8월말에 걸쳐서 메쓰케인 스나미 몬도노쇼角南主水正와 오카도 헤이지로多門平次郎가 연달아 급사했다는 사실이다.

　오카도 헤이지로는 그 전해인 덴메이 7년 8월에 고쇼반시小姓番士에서, 스나미 몬도노쇼는 다음 달인 9월에 가치가시라에서 각각 메쓰케로 발탁되었다. 두 사람 모두 사다노부 정권으로 바뀌고 처음 있는 메쓰케 발령이었다. 그러다 재임 일년 전후로 한 시기에, 게다가 48세와 44세라는 한창 일할 나이에 급사했다. 단순한 병사였을 수도 있지만, 두세 달 사이에 사망자 두 사람이라니 평범한 일은 아니다. 『조시』에 의하면 메쓰케 취임 후 70일 간은 하루도 빠짐없이 근무한다는 관행이 당시에 있었고, 그 지속에 관해 메쓰케 내부에서 검토한 결과 역시 기존대로 계속하게 되었다는 보고도 실려 있다.(상 423) 사

제2장 고급 관료의 세계—하타모토의 긍지와 출세

실이라고 한다면, 두 사람의 급사와 격무 사이에 무언가 관계가 있을 것이라는 의심이 간다.

첫 70일뿐만 아니라 관행상 신입 메쓰케의 부담이 가혹하기 일쑤였던 데다가, 메쓰케 동료들끼리의 격렬한 경쟁이 더해지면 결과적으로 병에 걸리는 일도 있을 법했다. 동료끼리 잘 협의하고 협조하기를 바란다는 사다노부의 인사에 진보神保가 엉겁결에 장황한 설명을 시작하게 된 것은, 메쓰케 사이의 화합에 책임을 져야하는 오쇼쿠로서 두 사람의 급사에 대한 문책이 있을지도 모른다고 생각했기 때문은 아니었을까. 한 걸음 더 나아가 추정해보면, 사다노부 정권이 임명한 두 사람을 의도적으로 괴롭혀 '과로사'로 몰아갔다고 여겨질까봐 부득이 하게 설명하려던 것은 아닐까. 품성은 괜찮지만 재기나 능력은 그저 그렇다는 것이 관계의 가십 네트워크 내에서의 진보에 대한 평가였기 때문에, 지나치게 걱정한 결과였다고도 생각할 수 있다. 그 진보에 이어 마가리부치와 마키노 입장에서도, '오래된 동료'에 의한 신입 괴롭히기로 여겨지면 곤란하다는 얘기였을지도 모른다.

『조시』에도 사건 전부터 "메쓰케 동료들의 의사결정에는 좋지 않은 일도 많다고 합니다"라던가, "고노 간에몬河野勘衛門은 … 사람을 괴롭힌다", "마가리부치 가쓰지로[p.106]는 일은 하지만 … 신참을 곤란하게 만든다"라거나, 사건 후에는 "동료를 같이 괴롭히는 일은 엄중하게 금지해야"한다거나, 메쓰케 동료 사이의 괴롭힘에 대한 소문은 적지 않다.(상 222 등)

또한 면직될 것이라는 소문이 돌던 오로五老까지 모두가 오카도와 스나미의 취임 이전부터 있던 '오래된 동료'로, 그들과는 관계가 없다고 평정심을 유지했던 나머지 다섯 명은 전원이 오카도나 스나미보다 나중에 임명된 인물들이었다. 메쓰케, 특히 선임 다섯 명이 사다노부 정권과의 사이에서 어떤 긴장이 발생하고, 의심이 꼬리에 꼬리를 무는 분위기가 그 후로도 계속된 듯한 사정은 『조시』의 다른 소문으로도 알 수 있다. '사건' 발생으로부터 한 달여 후인 간세이 원년(1789) 정월 경, 신임 히라가 시키부와 나카가와 간자부로는 니시노마루西下[2군]의 첩자인 듯하다, 방심할 수 없다고 주변 메쓰케(아마도 문제의 다섯 명과 겹칠 것이다)가 경계하고 있다는 취지의 소문이 바로 그것이다.(상 305) 개혁시에는 특히 체력뿐만 아니라 신경도 혹사시켜야 하는 위험한 격무의 직책이 바로 메쓰케였다.

2.16 출세와 '과로사'

하지만 결과만 두고 본다면 아무 일도 일어나지 않은 채 끝났기 때문에, 『조시』의 정보가 완전한 '허위정보'가 아니라고 한다면, 사다노부도 두 사람을 표적으로 삼은 의도적인 괴롭힘은 없었다고 이해한 것이리라. 그렇다고 해도 이 두 사람만이 아니라, 간세이 3년 9월에도 다른 한 사람인 이노우에 즈쇼노카미[p.62]가 메쓰케 취임 2년 3개월만에 급사한 사실도 있다. 공식 기록에 의하면, 나가사키 출장에서 돌아오는 길에 발병해 특별히 에도에서 인삼까지 약으로 하사했지만 여러 치료의

제2장 고급 관료의 세계—하타모토의 긍지와 출세

보람도 없이 사망했다. 직접적인 사인은 개인별로 다르다고 해도, 그 배후에는 메쓰케 사이의 치열한 경쟁이 개혁기 특유의 업무 과다와 긴장감을 증폭시켜 건강을 해치는 요인이 되었다는 공통의 사정이 있었을 것이다.

야마구치 스루가노카미도 메쓰케 시절을 회고하면서, 본래 메쓰케 사이의 상호 감찰도 있으므로, 오쇼쿠이건 선배이건 상관없이 "다른 메쓰케를 일사천리로 밀어냈습니다.··· 수좌首座도 실각시켰습니다"라고 말하고 있다. 좋게 말하면 절차탁마고, 나쁘게 말하면 서로가 서로의 성공을 방해하는 행위가 심했다는 사정을 추측할 수 있다. 『조시』가 전하는 소문도 마찬가지로, 예를 들어 히라가에 대해서는 신입 주제에 들어오자마자 자기주장을 펼치는 등 "아는 척하는 태도가 좋지 않다며 기존 동료"가 반발하고 있다거나(상 221), 신임 메쓰케임에도 불구하고 "히라가·이노우에가 평판도 좋고 권위도 상당하다는 소문입니다. 오쇼쿠나 일로, 이로 등이 한 마디도 못한다고 합니다"(하 89)라거나, 히라가·사카베·나카가와·이노우에 네 사람은 '메쓰케 사천왕'이고 다른 사람들은 존재감이 옅다거나 (하 240), "히라가·이노우에가 한껏 세를 떨치는 바람에, 고참들의 세는 대단히 꺾여서 조용히 지내고 있다"(하 94)라거나, 마치 카타가카리가 된 이노우에와 사카베 "두 사람 모두 다른 사람 말을 듣지 않으므로 불화가 심해서 의논은 조금도 할 수 없고 서로 으르렁대고 있다는 소문"(하 132) 등, 신참이건 고참이건 서로 무시하고 자기주장이나 경쟁의식이 강했다는 사정을 전하는 화제는 끝이 없다.

이러한 격렬한 경쟁 혹은 서로를 향한 방해 공작의 배경에는 메쓰케로서의 실적·평가가 다음 전출 대상지에 직접적인 영향을 미친다는 사정도 있다. 간세이 2년 말의 『조시』에 의하면, 메쓰케인 이시가야 이치에몬石谷市右衛門은 '재략才略'이 있는 편은 아니지만, 다른 아홉 명의 메쓰케와 달리 자신의 평판이나 승진에는 개의치 않는다. 그 점이 '뛰어난 인물'이라고 평가받는 부분이며, 나머지 사람들은 핑계는 여러 가지를 대지만, 결국 '입신'하고자 하는 의식은 사라지지 않는다고 마무리하고 있다.(하 237)

확실히 메쓰케의 전출 대상지나 장래성 면에는 커다란 희망이 있었다. 앞에서 나온 지카마쓰에 의하면,[p.100] 메쓰케에서 '벼락 다이묘'인 나가사키부교 이하, 각지의 온고쿠遠國부교[p.300]에 전출된 자는 도합 170명이 조금 넘을 정도가 되어 가장 많았다. 다음으로 소위 하『삼부교인 고부신부교·후신부교·사쿠지부교가 53명, 정부 실무의 중추인 간조부교, 마치부교 및 오메쓰케로의 직접 전출, 이른바 '초천超遷'도 합하면 34명에 이른다. 기무라 가이슈[p.59]도 메쓰케의 수좌(일로)나 차위(이로)에서 다른 곳으로 전출되었을 때를 보면, 마치부교·오메쓰케·간조부교가 최선이고, 하삼부교·온고쿠부교 등 역고役高 2~3000석에다 후요노마芙蓉の間 소속 제태부[25]가 그

---

25) 에도성 안의 방 이름으로, 다른 방과의 사이 문에 그려진 그림이 부용(芙蓉)과 새들인 점에 유래하는 명칭이다. 다이묘 및 역직을 맡은 쇼군

제2장 고급 관료의 세계-하타모토의 긍지와 출세

다음 영전 대상직이었다고 한다. 이런 자리는 정부 실무진의 중추 혹은 거기에 도달하기 일보 직전의 자리이므로, 출세의 도약대로서 메쓰케가 되느냐 마느냐는 결정적이었다. 하타모토가 몹시 탐내는 자리였다고 일컬어지는 것도 당연하다. 또한 온고쿠부교로 나간 사람도, 오카 에치젠노카미大岡越前守[26])가 그랬던 것처럼 많은 경우 하삼부교나 간조부교, 마치부교로 출세해서 에도에 돌아오는 것이다. 물론 오랜 세월 메쓰케로 일하고도 그 후에 눈에 확 띄는 경력을 갖지 못한 예도 적지 않으므로, 메쓰케를 출세의 도약대로서 제대로 활용하기 위해서는 그 나름의 능력과 노력, 때로는 피를 토할 정도의 정진을 필요로 했으며, 자연히 경쟁도 더욱 심해졌다. 출세를 도외시하며 '뛰어난 인물'이라고 평가받았던 이시가야가 모치즈쓰가시라持筒頭라는 명예로운 한직에서 커리어가 끝나고, 수완이 있는 히라가 등에 비해 별로 눈에 띄지 않았던 것도 어쩔 수 없는 일이다.

에도의 관계에는 "역인의 자식은 니기니기ニギニギ를 잘 기억하라"라는 센류川柳처럼,[27]) 거만하게 굴고, 뇌물을 받고, 일

가의 가신들은 각자의 지위에 따라 에도성 내에 출근하는 방이 정해져 있었다. 후요노마는 주로 역직을 맡은 하타모토(지샤부교, 루스이, 마치부교, 오메쓰케, 간조부교 등)가 있는 곳이었다.
26) 본명은 오카 다다스케(大岡忠相, 1677~1752)지만 일반적으로 성과 '에치젠노카미'라는 관위명을 붙여서 부르는 경우가 많다. 특히 에도의 마치부교 역임 당시 서민을 위한 시정을 펼치고 재판관으로서도 유능했던 일화들이 유명해,『오카 정담(政談)』과 같은 에도시대 소설이나 현대 TV 드라마 등에서 끊임없이 이야기된 인물이다.
27) 일본어의 '니기루(握る)'는 원래 '손을 잡다' 혹은 '쥐다' 등을 뜻하는

을 하지 않는 행태가 횡행했던 것도, 평화로운 시대가 되자 '반닌番人'[28] 이외에 이렇다 할 직무가 없어진 반카타番方(무관 계통)가 사흘에 한 번 있는 근무 외에는 "소인은 하는 일 없이 홀로 있게 되면 좋지 않은 일을 한다"[29]의 실례를 보여주었던 것도 사실이다. 하지만 한편에서는 엄선된 엘리트 하타모토가 메쓰케가 되어 매일 쉬지 않고 출근해 신경을 곤두세우고 열심히 일했던 것도 사실이다.

물론 그 근저에 출세욕이 있었다는 점은 분명하지만, 출세가 일을 진행시키기 위한 촉매제가 되는 사정은 에도시대나 지금이나 변함이 없다. 미학이나 취미라면 몰라도, 일정한 한도에 머무르는 한 출세욕은 인간의 생리이지 병리가 아니다. 에도의 메쓰케도 엘리트로서의 긍지와 자신감, 자질과 능력을 중시한 선발, 중요한 정무나 인사 결정에 종사하며 충족되는 만족감이나 의무감을 배경으로 출세라는 강력한 유인에 매료되었다. 때로는 '과로사'의 위험을 무릅쓰고라도 직무에 몰두해 정부 전반, 세간의 안팎에 정통한 행정 능력, 이른바 스태프나 제너럴리스트 행정관으로서의 능력을 갈고닦아 성장해 나가는 것이다.

말인데, 에도시대의 은어로 관리가 뇌물을 받는 것을 '니기루'라고 했다. 관리들이 손을 쥐었다폈다하는 동작으로 뇌물을 요구했는데, 여기서 해당 동작을 표현하는 '니기니기'를 아이가 보고 배우게끔 해야한다는 풍자적인 내용을 담고 있는 것이다.
28) 망 보는 사람, 파수꾼 등을 가리킨다.
29) 『대학』의 한 구절이다. 원문은 "小人閑居爲不善".

제2장 고급 관료의 세계─하타모토의 긍지와 출세

 이 정도 이야기가 도쿠가와 250여 년의 평화와 안정을 지탱한 일부라고 일컬어지는 메쓰케의 세계인데, 만일 이야기가 여기서 끝나버린다면 너무 아름답게만 꾸민 꼴이 된다. 메쓰케를 중심으로 한 에도의 엘리트 역인 양성 시스템에는 여전히 논의해야 할 문제가 남아있다.

제 3 장

메쓰케와 '도노사마'

시라스白州[1]의 그림 (『도쿠가와 막부 형사 도보(德川幕府刑事圖譜)』
明治大學刑事博物館 소장). 시라스에 나란히 자리잡은 요리키(與力)·도신
(同心). 부교쇼의 실권은 가장 높은 위치에 있는 마치부교가 아니라,
에도에서도 역시 하급관료들이 잡고 있었다.

제3장 메쓰케와 '도노사마'

3.1 세록은 무능의 원천

능력·집안으로 엄선한 뒤, 동료 내부에서 격렬한 경쟁에 내몰리기 때문에 나름대로 유능한 행정관이나 스태프가 선발된다고 해도 이상할 것은 없지만, 메쓰케 중심의 엘리트주의에는 비판도 많았다. 가장 많이 언급되는 것은 능력주의 선발의 내용이다. 가령 원칙대로 능력이나 자질을 중시한 인선이 이루어진다고 해도, 선발 대상이 되는 것은 처음부터 거의 료반 계통의 사람들로 한정되어 있었다. 가록이나 가격이 훌륭하더라도 재정상 몹시 곤궁한 하타모토도 적지 않았던 것은 사실이다. 하지만 다수의 상급 하타모토가 막신 중에서는 풍요로운 편이었고, 대다수를 차지하는 하급 하타모토나 고케닌 입장에서 그들을 보자면 '도노사마お殿樣[나으리]'이자 '보즈[도련님]'인 데에는 변함이 없었다.

세록世祿을 받는 무사, 즉 세습되는 녹에 의해 그럭저럭 생활이 보장되는 상급 무사층에서 유능하고 근면한 인간이 성장하기는 어렵다. 이에 대해 이의를 제기하는 학자는 에도에도 있었겠지만, 그런 사람은 예외적이다. 오규 소라이荻生徂徠(1666~1728)라고 하면 에도시대 유학의 최고봉이라고 간주되고 쇼군가의 브레인으로도 활약했던 인물로 알려져 있지만, 그 소라이가 보기에는 "태평한 시대가 오래 가다 보면 능력

---
1) '시라스'는 일본의 전통 저택의 정원에 흰 모래를 깔아놓은 부분을 말하는데, 이것이 에도시대의 부교쇼에서는 재판이 이뤄지는 법정 역할을 하는 공간이 되어 재판정을 뜻하게 되었다.

있는 사람은 낮은 지위에 있고, 높은 지위에 있는 사람은 어리석어 진다.··· 지금까지를 생각해보면 현재賢才의 인물은 모두 아래로부터 나왔으며, 대대로 녹봉이 많은 집안 사람은 지극히 드물"다는 것이다.(『政談』) 센다이仙臺번의 브레인이기도 했던 하야시 시헤이林子平(1738~1793)는 "대저 세록은 사람으로 하여금 재능이 없어지도록 만드는 근본이다"(『富國建議』)라고 명쾌하게 말한다. 규슈九州 히타日田의 민간 유자儒者로 천하에 이름을 떨친 히로세 단소廣瀨淡窓(1782~1856)도, "태평한 시대가 오래되면, 세록을 받는 집에서 태어난 자는 무용한 인물이 많아지고 비천卑賤한 사람 중에 영재가 많아"진다(『迂言』)라고 말하고 있다.

유교의 본고장인 중국의 과거제도를 이상으로 하는 유자의 직업적 편견이나 이론에 경도된 생각이 아니라고는 할 수 없다. 『조시』에도 하야시 시헤이를 가리켜 낙향한 무뢰학자라고 비방하는 목소리도 있어서 학자로서 높이 평가하기는 어렵다. 간세이 개혁에 의해 시작된 정부 주도의 학문 장려와 학과 시험인 소위 학문음미學問吟味가 인재 등용의 유력한 수단으로 활용되는 막말이 되어서도, 학교에 다니고 공부해서 시험에 통과하기를 목표로 삼는 자는 하타모토의 차남이나 삼남 혹은 가난한 고케닌 뿐이었다.[2] "장남惣領은 바보더라도 가독家督을 물려받게 됨을 알고 있다"라고 비판한 것은 미토의 도노사마인 도쿠가와 나리아키德川齊昭(1800~1860)[도쿠가와 요시노부의 친부]이다.(『水戶藩史料』)

제3장 메쓰케와 '도노사마'

　물론 나리아키 자신을 포함해서 학문을 좋아하는 다이묘나 하타모토의 도노사마는 적지 않으며, 출세를 노린 벼락치기 수험공부가 과연 학문이라고 부를 만한 것인지에 대해서는 논의가 있었다. 그러나 그런 문제에 천착하기 전에, 상급 하타모토의 무도武道나 학문의 수준이 전체적으로 눈 뜨고 볼 수 없을 만큼 낮고, 풍기나 생활 태도도 어지러웠던 것은 학자만이 아니라 대다수 사람들의 상식이었다. 『조시』에도 역인·하타모토의 무학無學·무식無識을 풍자하는 일화나 풍문이 많다. 그렇다면 비록 료반 계통의 하타모토 중에서 '능력주의'로 정선했다고 해도, 그 좁은 료반의 세계라면 정말로 유능한 인재는 한정되어 있었을 것이라고 생각하지 않을 수 없다.

3.2　양자와 능력주의

에도에는 양자養子 결연緣組이라고 하는, 동시대 유럽에는 없던 편리한 샛길이 있었다. 장래성이 있는 하타모토의 차남이나 삼남 등을 서양자婿養子[데릴사위]로 들여서 혈통을 잇는 일이 가능했고, 실제로 상당히 광범위하게 이루어졌다. 막말의 삼걸三傑이나 삼준三俊이라고 불렸고, 유능함에 있어서 정평이 나있던 이와세 다다나리나 나가이 이와노조[p.84]와 같은 사람들도

---

2) 에도시대 일본의 무사 사회는 장자 단독 상속이 원칙이었기 때문에, 이에를 이어받아 가직을 유지할 수 있는 것은 오로지 장남뿐이었다. 그러므로 뒤에 나오듯이, 차남 이하는 다른 집에 양자로 가거나 다른 길을 모색하지 않는 한 결혼을 할 수도 없으며, 장남인 형의 집에 얹혀사는 경우가 많았다.

양자로 들어가 메쓰케가 되어 막말기 풍운의 정계에서 비약했다. 그것은 딱히 막말기의 특수한 사정이 아니라, 메쓰케에 한정시켜 보더라도 양자로 출세한 사례는 에도시대를 통틀어 그 숫자가 많다.『조시』에서 예를 찾아보자면, 딱딱한 태도의 사카베[p.62]가 양자였던 사실은 이미 소개했으나, 심술궂다는 평판으로 니시노마루메쓰케로 돌려보내진 마키노 오리베牧野織部도 양자였다. 그 중에서도 양자로 메쓰케가 된 마미야 쇼자에몬間宮諸左衛門을 둘러싼 일화는 양자와 능력주의의 관계를 고찰해보기에 좋은 예일 것이다.

마미야가 고주닌가시라小十人頭[p.302]에서 메쓰케로 발탁된 것은 간세이 원년(1789) 11월인데,『조시』가 전하는 평판은 좋지 않다. 사람 자체가 어떻다라기보다는, 최근 고주닌가시라에서 발탁한 사례가 없었기 때문에 바로 그 이유로 뽑았을 것이라는 얘기는 소문이니까 그나마 납득할 수 있다. 그의 얼굴 전체가 곰보투성이며, "진정한 추대부醜大夫" 즉 엄청난 추남이고, "아무리 시대가 그렇다고 해도 메쓰케는 눈에 띄는 자리이므로 너무 이상한 얼굴이면 …"이라는 평판도 있었다.(하 59) 마미야의 얼굴 그림을 본 적도 없고, 애초에 다른 사람 생김새에 대해 논평할 자격도 필자에게는 없지만, 여성이 보고 기뻐할 만한 얼굴은 아니었던 것 같다. 마쓰라 세이잔[p.62] 공이 전하는 이야기에 의하면, 마미야가 서양자로 들어간 지 몇 년 동안 그 집 딸인 아내는 그의 용모를 싫어해서 부부관계 맺기를 거부했다고 한다. 그러나 우리 마미야 쇼자에몬 씨는 그런 일에 전혀 신경

제3장 메쓰케와 '도노사마'

쓰지 않고 양부모에게 누가 보든 안보든 효도했고, 결국 딸도 관계를 허락하여 사이 좋은 부부가 되었다고 한다.(『甲子夜話』)

부부의 사정까지 파고들 수는 없지만, 『관수보』에 따르자면 아이는 딸만 다섯이다. 양녀 들이기가 매우 흔했고, 측실이 낳더라도 친자는 친자인 것이니, 정말로 부부관계가 좋아서 나온 결과인지도 판단하기 어렵다. 다만 같은 시대를 살았던 마쓰라 공도 마미야에 관해서는 칭찬하는 이야기밖에 없었다고 증언했고, 메쓰케가 되고 바로 갓테가카리에서 근무하며 거기에서 직접 간조부교로 '초천'[p.111] 되었다. 간조부교 재직 3년 만에 사망했지만, 인품뿐만 아니라 실무 능력 면에서도 훌륭했었을 것이다. 싫어하는 딸의 뜻을 꺾고 양자 결연에 승부를 걸었던, 부모의 실력주의 사고가 빛을 발한 것이기도 하다.

양자는 실력을 높이 평가받으며, 부모 집안의 기대나 압력도 있어 친자들보다 출세하기 쉽다는 것이 에도의 '상식'이었다. 거꾸로 말하자면, 친자식이 삼대가 계속되면 장사가 기운다는 간사이關西 지방 상인 집안의 지혜를 뒷받침해주는 것 같은 이야기다. 하지만 미국인 연구자 K. 야마무라가 『관수보』를 갖고 실행한 통계분석에 의하면, 출세 비율 면에서 친자와 양자 사이에 유의미한 차이는 나타나지 않는다고 한다.(『日本經濟史の新しい方法』) 출세의 정의나 이미 확인한 이레코 등의 공식 서류에는 남기기 어려운 여러 사정도 있을 것이므로, 분석 방식에 따라서 조금 다른 결론이 나올 수도 있다. 그렇다고 해도 둘 사이의 출세에 결정적인 차이가 있는 것은 아니므로, 큰 흐

름에서 보자면 부정하기는 어려운 듯하다. 또한, 무슨 일에도 신분과 격식을 중시하는 에도의 세계에서 하타모토의 차남이나 삼남이 양자로 갈 수 있는 동급의 하타모토는 거의 한정되어 있었고, 오카치御徒[호위병]·요리키[경찰 간부]·간조勘定[회계 실무]·유히쓰右筆[서기, 자문] 등 가벼운 직에 취임하는 고케닌이나 하급 하타모토의 양자가 되는 일은 드물었으므로, 이런 자리에는 야심과 재력이 넘치는 농민이나 조민町民 출신으로 출세한 자들이 많아졌다고, 오규 소라이도『정담』에서 비판한 바 있다.

양자제도가 없었다면 무사만이 아니라 에도 전체가 훨씬 경직된 세상이 되었을 것이라는 점에는 의문의 여지가 없고, 비록 친자라고 해도 모친이 민간 출신의 측실이라거나 할 경우, 나름대로 새로운 피가 흘러 들어간 것도 사실이리라. 다만 남자아이의 교육은 남성 어른의 책임이라는 것이 무가의 상식이었던 듯하므로, 비록 어머니가 훌륭했더라도 료반 명문가의 능력이나 자질을 비약적으로 높였으리라 생각하기는 어렵다.

3.3 '오쿠'와 고난도

메쓰케의 '능력주의'를 한층 더 제약한 것은 쇼군 이하 '오쿠奧'의 존재다. '오쿠' 혹은 '나카오쿠中奧'는, '오오쿠大奧'와는 다르다.[3] 에도시대를 잘 모르는 사람이더라도 오오쿠에 관해서

---

3) 에도성의 기본 구조는 크게 세 부분으로 나뉘는데, 현관을 포함해서 정식 의례 등이 행해지는 오모테(表), 쇼군이 일상적으로 거주하는 나카오쿠

제3장 메쓰케와 '도노사마'

라면 막연한 상식은 있을 것이다. 쇼군 이외에는 모두 여성만으로 구성된 '하렘'으로, 로주라고 해도 남성은 한 발짝도 발을 들일 수 없는 세계이자, 쇼군의 총애나 신용을 갖은 수단을 써서 경쟁하는 성애性愛와 음모의 소굴. 총애나 신용을 얻은 여성이 로주 이하, 오모테表의 정부 고관조차 간섭할 수 없을 정도로 은연한 영향력을 행사하는 '음지陰'의 정부… 이런 정도가 상식일 것이고, '환관'의 암약이 없었다는 점에서 중국과 비교되는 일본 정치의 특징도 있다. 과거제와는 달리 환관제가 도입되지 않았다는 점을 아쉬워하는 학자는 역시 에도에서도 드물었다.

그런데 쇼군이 오오쿠에 틀어박혀 여자들만 상대하고 있었던 것은 아니다. 젊은 시절부터 여색에 빠져, 사다노부로부터 잔소리를 들었던 이에나리 같은 예도 있지만, 보통은 아침마다 거의 정해진 시간에 오오쿠에서 나와(오오쿠에 들어가지 않는 날도 있지만), 로주 이하와의 면담을 포함한 정부 및 그 외 직무나 오락·담화 등을 하는 낮 동안의 생활을 보냈다. 그 장소가 바로 이른바 나카오쿠中奧다. 여기에는 오오쿠와는 반대로 여성이 없기 때문에, 쇼군의 신변 시중이나 경호, 사무 처리 등은 당연히 남성인 막신의 일이 된다.

이것이 '오쿠'의 직무로, 고쇼小姓·나카오쿠 고쇼·고난도小納戶·나카오쿠반中奧番 등이 주요한 역직이었다. 책 페이지 수를

(中奧), 그리고 쇼군가의 정실·측실 및 미성년 자녀 등이 거주하는 공간인 오오쿠(大奧)이다. '오모테'가 바깥, '오쿠'가 안을 뜻한다.

절약하기 위해 개별적인 설명은 생략하겠지만, 다양한 기능과 실무 능력을 요구받는 등, 다른 오쿠 업무에서는 볼 수 없는 특징이 있었다. 하타모토(의 적남) 중에서 선발되어 고쇼 등과 마찬가지로 포의가 인정되는 점은 같지만, 채용에 임해 대대적인 시험선발제(「이레히토入人吟味」)가 실시되었다.

집안・연령・기능・인품 등 일정한 자격을 갖춘 희망자를 대상으로, 각각이 소속된 반카타[p.113] 각 구미組의 상사나 (역이 없는 사람의 경우에는) 고부신 지배小普請支配의 추천, 여기에 헤야즈미部屋住라고 불리는 당주가 아직 현역으로 일하는 하타모토의 가독 상속 예정자에 관해서는 본인의 신상서身上書[이력과 가족관계] 등을 통해 대상자의 범위를 좁히고, 소바요닌側用人・와카도시요리가 주재하는 면접・실기시험이 부과된다. 관계자의 일기나 『명량대록明良帶錄』[4] 등에 의하면, 인물・학예・무술 등 각자의 능력・특기를 심사하고, 수 차례에 걸쳐서 대상자의 범위를 좁혀들어가는 방식이 채택되어, 최종 단계에서는 쇼군에 의한 간접적인 면접御透見도 이루어졌다.

경쟁률은 높았고 열 배에서 수십 배에 이르는 경우도 드물지 않았다. 예를 들어, 이미 인용한 바[p.32] 있는 오노 나오카타의 『관부어사태약기』에 의하면, 간엔寬延 원년(1748) 12월에 와카도시요리였던 고이데 시나노카미小出信濃守 자택에서

---

4) 로주 이하의 막부 내 각종 역직의 직무 분담 내용이나 연혁 등을 기록한 책이다. 1814년의 서문이 있으며 蜻洲無學山人이라는 필명 하에 집필된 책이다. 실제 저자로는 오다와라(小田原)번의 야마가타 히코자에몬(山縣彦左衛門)일 가능성이 제기되어 왔다.

제 3 장 메쓰케와 '도노사마'

실시된 고난도小納戸 선발시험에서는 14~5세부터 25세까지의 반카타·고부신[p.40] 및 그 가독 계승 예정자 280명이 응시했고, 그중 다섯 명이 고난도에 채용되었다고 한다. 이것만으로도 60배수 가까운 경쟁률인데, 280명의 수험자 자체도 천 명 전후의 수험 희망자 안에서 반카타나 고부신 지배 등 직장마다 선발이 이루어졌었으므로, 거기서 1차 탈락자들이 나왔을 것을 생각하면, 전체로는 실로 200배 가까운 경쟁률이었다는 계산이 된다.

막말 근처의 사례를 꼽자면, 고난도 채용시험에 관해서 "전부터 그 시험에 응시하는 사람은 500명 가까이 있는데 그중 겨우 40여 명을 정선한다. 급제와 낙제, 득상得喪의 마음 …"(「道聽塗說」)이라는 기록도 있다. 이렇게 보면 경쟁률은 10배 정도가 된다. 하타모토인 마키 요시노리牧義制(1801~1853)의 적남이 남긴 「시즈노오다마키しずのおだまき」에 의하면, 학문을 좋아하기로 유명했던 쓰다 한자부로津田半三郎, 즉 오미노카미近江守는 고난도 음미를 일곱 번이나 치르고 48세의 나이로 합격했다고 한다. 연령은 관년官年5)이지만, 에도에도 수험 지옥은 있었던 것이다.

고난도만이 아니라 일반 반카타에서도 음미는 실시되었고, 『조시』에도 나카오쿠반[p.141]의 채용 음미에 관한 언급이 있다. 덴메이 8년(1788) 말, 료반과 고부신을 대상으로 한 나카

---

5) 무가 사회에서 막부나 다이묘에게 공식적으로 보고하는 연령을 말한다. 일반적으로 실제 나이보다 더 많게 보고하므로, 이 수험자도 48세보다는 어릴 것이라는 뜻이다. p.52 참조.

오쿠반 음미가 실시되어, 당시 쇼군 측근으로 '오쿠'의 최고 유력자인, 혼다 다다카즈의 차남이자 양자로 나갔던 마쓰라 구마노스케松浦熊之助도 선발되었다. 이렇다 할 인물도 아니면서 고부신에서 나카오쿠반을 하겠다고 나온 사실을 가리켜 겸양의 정신이 결여되어 있다고 보는 것이 '중평衆評'이었다고 한다.(상 266·285·300)

『명량대록』에 의하면 고난도小納戶에 대해서도 "많은 경우 오쿠奧 쪽에서 추천한 사람이 뽑힌다"고 한다. 다시 말해 오쿠에서 근무하는 관계자나 오오쿠를 포함한 쇼군 측근에 의한 추천이 채용 여부를 결정짓는 경우가 많고, 쇼군의 '면접'도 종래에 아는 사이인 사람과 그 자제에게 유리하게 작용했다는 것이다. 오쿠 근무를 위해서는 특히 유력자와의 연고가 중요하다는 것이 에도 관계의 상식이었는데, 개혁 정치의 중심인물이 관련되어 있었던만큼 소문이 확산되었을 것이다. 다만, 고난도의 음미가 주목받는 일이 많은 것은 경쟁이 치열하다는 사실에 더해, 1000석 이상의 높은 가록을 받는 하타모토가 주류인 고쇼나 나카오쿠반에 비해서, 낮은 가록에다 가격도 낮은 하타모토에게도 오쿠 근무라는 커다란 영달의 가능성이 있었기 때문이기도 하다. 『관수보』의 신빙성과 관련해 제1장에 등장했던 이와모토 가[p.34]를 예로 살펴보자.

제3장 메쓰케와 '도노사마'

3.4 쇼군의 '외척' 이와모토 가의 경우

초대 이와모토^{岩本} 가는 8대 쇼군 요시무네를 따라서 기슈^{紀州}에서 에도로 옮겨와 하타모토가 되었고, 요시무네의 고쇼에 임명되어 300표의 가록이 주어졌다. 2대째인 마사히사^{正久}도 겐분^{元文} 원년(1736)에 고난도가 되어 조금 뒤에 고쇼[p.302]로 이동했으나 28세에 사망했다. 그 동생인 마사토시^{正利}가 3대 당주가 되어 처음에는 요시무네의 고난도로 근무했지만, 나중에는 고쇼로 일하며 종5위하 나이젠노카미^{內膳正}가 되었다. 그리고 요시무네 사후에 일단 비직^{非職}이 되었다가, 얼마 지나지 않아 쇼군 이에시게 담당 고난도로 복귀한다. 거기에서 가치가시라, 니시노마루메쓰케를 거쳐 고부신부교로 영전하고, 나아가 덴메이 2년(1782)에는 후신부교로 승진했다. 고부신부교·후신부교 시절을 통해 혼마루와 니시노마루의 수많은 오오쿠 관계 건축·수리 업무를 다뤘고, 그에 대한 보상도 많았다. 그후 덴메이 5년(1785) 9월에는 오메쓰케로 승진해, 당초 300표였던 가록은 500석으로 늘어났다.

보통의 하타모토라면 오메쓰케는 최고의 승진이자 동시에 커리어의 종점이기에, 남은 것은 은퇴나 '노쇠장^{老衰場}'에서 은퇴를 기다리는 일밖에 남지 않지만, 이와모토는 달랐다. 2년 후의 덴메이 7년(1787) 3월에는 또 고쇼반토^{小姓番頭}로 전환해 거기에서 다시 500석을 더 받게 되어 가록은 1000석이 되었다. 게다가 그 와중에 '어전어급사^{御前御給仕}'가 되어 '어전어급사 기모이리肝煎6)까지 겸해 쇼군의 면전에서 일하게 되었다. 고난도에 관해서도 식사 담당에게 영향력이 있었다고 일컬어지지만, 식사 시중은 쇼군과 친밀하게 말을 나눌 수 있는 주목받는 자리였다. 간세이 5년 5월에는 과연 세월에 장사가 없듯이, 쾌적한 '노쇠장'인 루스이야쿠로 옮기지만, 놀랍게도 거기서도 노쇠 따위는 하지 않고 4년 후인 간세이 9년 4월에는 와카기미若君, 즉 장래의 제12대 쇼군 이에요시家慶의 오소바御側7)로 임명되어 다시금 1000석이 늘어나게 되었다.

간단하게 말하자면 가록 300표의 고난도에서 출발한 이와모토는 오쿠와 오모테의 요직을 전전한 끝에, 마지막에는 2000석의 당당한 중신으로 탈바꿈한 것이었다. 쇼군 가의 '총애'를 배경으로 오쿠에서 출발해 다이묘가 되어 로주와 와카도시요리까지 올라갔던 다누마 오키쓰구나 오오카 다다미쓰大岡忠光(이즈모노카미出雲守) 정도로 출세하지는 못했지만, 『명량대록』의 저자가 고쇼와 고난도를 다룬 장에서 "이 편은 지체가 낮은 무리가 문벌 같은 배경도 없이 군주 가까이에 있으면서 친밀해져서" 중용되어, 로주까지 올라가는 자리라고 특기하고 있다는 점도 이해가 된다.

그렇다면 300표의 별 볼 일 없는 '문벌' 출신의 이와모토가,

---

6) '어전어급사'는 쇼군의 식사 시중을 드는 직책을 말하며, '기모이리'는 그 직무의 우두머리를 뜻한다.

7) 쇼군 측근의 중책으로 하타모토 역직 중 가장 높다. 쇼군의 경호 및 쇼군 취침 중에 당번을 서는 등의 업무를 맡았으며, 오쿠와 관련된 제반 업무를 통괄하는 역할이다.

제3장 메쓰케와 '도노사마'

어째서 이렇게까지 "군주 가까이에 있으면서 친밀"해져 중용되고 출세한 것일까. 유능한 관리 타입이었을지도 모른다. 놀랍도록 장수한 점도 작용했을 것이다. 그러나 결정적인 이유는 오오쿠에 있다. 우선 아내가 쇼군 가의 오오쿠 오토시요리御年寄로 근무했던 우메다梅田의 양녀였다. 오오쿠 오토시요리가 행사했던 은연의 정치력에 관해서는, 사다노부를 로주로 밀던 고산케·고산쿄의 의향에 마지막까지 저항했던 것이 같은 오도시요리大年寄인 오하시大橋였던 사정에도 나타나있다.(쓰지 다쓰야 『江戶幕府政治史の硏究』) 이와모토의 아내가 같은 오오쿠 유력자의 양녀였다는 사실이 출세에 유리하게 작용했을 것이라는 점은 쉽게 상상이 간다.

다만 파격적인 승진을 가져온 결정타는 그 아내와의 사이에서 태어난(것으로 추정되는) 딸 중 하나가 아마도 미모를 타고 태어나, 고산쿄 중 하나인 히토쓰바시의 당주 하루사다治濟의 오오쿠에 들어가 도요치요豊千代, 즉 덴메이 원년에 쇼군 가의 양자가 되어 이에나리家齊라고 개칭하는 남자아이를 낳았다는 사실이다. 소식통에 의하면 딸의 이름은 오토미おとみ라고 하며, 다누마에게 선을 대어 오오쿠에 들여보내졌는데, 쇼군 이에하루의 총애를 받아 오추로御中老가 되었다. 이를 히토쓰바시가 원하자 시집을 가게 되었는데, 그 때 이미 이에나리를 회임하고 있었다고 한다.(「卽事考」) 회임의 시기는 어찌되었든, 오토미 덕분에 이와모토 가의 삼대 당주는, 쇼군의 의조부가 된 것이다. 손자의 식사 시중을 가까이에서 하는 것도, 증손

곁에서 돌봐주는 것도 자연스럽다고 한다면 자연스럽다고 할 수 있을 것이다.(『柳營婦女傳雙』)

한편 삼대 당주의 아들인 마사미치正倫도 안에이安永 6년(1777)에 고난도에 취임하여, 덴메이 7년 8월 2일에는 도도리頭取격[p.297]으로 승진했다. 이때 쇼군 이에나리로부터 '어친필화御親筆畵 두 폭'을 하사받고 곧 서임 받아 이와미노카미岩見守가 된다. 간세이 10년에는 신반가시라新番頭로 영전하지만, 그때까지 쇼군의 말을 사육하고 조련하는 일을 담당하고, 목장 관리에도 관여하였으며, 다양한 물품과 포상을 받았다. 그중에서도 아버지와 함께 세자 탄생을 축하하는 의례에 참가해 포상을 받았던 사실은 주목할 만하다.

이 마사미치는 혈연 상 쇼군 이에나리의 백부에 해당한다. 덴메이 6년에 쇼군의 대가 바뀐 이후, 오쿠에서 나오는 쇼군 이에나리 '의향'의 일정 부분은, 쇼군의 조부와 백부인 이와모토 부자의 영향을 받았다고 추측해도 크게 잘못은 아닐 것이다. 물론 그 배후에는 쇼군의 친부이자, 다누마 정권 말기에 기민하게 노선을 바꿔 타고 사다노부 옹립 쪽으로 움직인 히토쓰바시 하루사다[p.35]의 존재가 있었다. 정계 중추의 흑막인 히토쓰바시 하루사다가 있었기에 이와모토 부자에게도 영향력이 주어진 것으로, 『조시』에 이와모토와 얽힌 이야기가 적은 것은 아쉬운 일이다.(혹은 사다노부나 그 가신에 의해서 사후에 삭제된 것일지도 모른다.) 오쿠(나카오쿠)와 오오쿠는 엄중하게 구분되어 있었기 때문에, 양쪽을 자유롭게 왔다갔다

3.5 오쿠와 오모테의 항쟁

고난도토도리^{小納戸頭取}는 네 명 전후의 인원으로 구성되며, 고난도를 통괄하는 직책이자 오모테와 오쿠 사이를 중개하고, 정무 이외의 온갖 서무에 걸친 넓은 직무 분담 범위를 가졌기 때문에 권세가 대단했다고, 도쿠가와 말기의 사람이자 『에도시대 제도의 연구^{江戶時代制度の硏究}』를 남긴 마쓰다이라 다로^{松平太郎}도 말했다.[8)] 실제로 8대 쇼군 요시무네 시대인 교호 3년(1718)과 5년, 오쿠에서 근무하는 고난도와 고쇼를 대하는 오모테의 대다수 역인이 저자세라고 해서, 이들에게 거드름을 피우면 안 된다는 취지의 명령이 두 번에 걸쳐서 내려졌다.(「誠齋雜記」) 이런 명령 한두 개로 문제가 사라질 리 없다는 것은, 그로부터 70년 후 덴메이가 간세이로 개원될 즈음의 『조시』 기사에도, "오쿠에서 일하는 도도리[p.297] 부류는 오모테 쪽과 교섭할 때 오만불손"하다라는 비난의 목소리가 등장한다는 사실에서 알 수 있다. 고난도토도리 등은 오모테 역인과의 관계에서 거만하고, 이치에 맞지 않는 주장으로 억지를 부린다는 것이다. 여기에 대항했던 것이 고집불통의 메쓰케 사카베[p.62]였다. 둘

---

8) 『에도시대 제도의 연구』는 1919년에 간행된 책이다. 저자는 이 책의 집필자가 '도쿠가와 말기'를 경험한 마쓰다이라 다로라고 간주하고 있지만, 실제 집필자는 마쓰다이라 다로의 양자로, 그 역시 같은 이름을 사용한 인물이다. 동명이인으로 인한 착오로 보인다.

사이에 격렬한 언쟁이 일어나지만, 결과는 사카베의 판정패로 끝났던 것 같다. 논쟁 이후, 오쿠의 역인이 이러쿵저러쿵 투덜거리자 제아무리 고집이 센 사카베라 해도 '탄식'했다고『조시』는 전한다. 하나를 보면 열을 안다고, "오쿠 쪽은 전체적으로 상대하기 힘겨운 상대"(상 324)라 난처하다는 것이 기사의 개요였다.

또한 2년 후인 간세이 3년 2월에는 메쓰케인 나카가와 간자부로中川勘三郎의 부하가 고난도인 야기 주자부로八木十三郎의 부하와 분쟁을 일으켜, 나카가와가 야기를 엄하게 나무라는 사건이 발생했다. 그 사후 처리에 관해서 고난도토도리인 가메이 스루가노카미龜井駿河守와 메쓰케인 마가리부치 가쓰지로[p.106]가 협의한 결과, 야기의 부하가 '거칠고 무례'했다는 식으로 정리가 되어 가택 연금 처분으로 일단은 끝났다. 그런데 "오쿠에서는 (나카가와) 간자부로가 막돼먹었다고 미워하던" 차에, 니시노마루에서 혼마루메쓰케로 발탁된 지 얼마 안 된 아사노 하야토淺野隼人가 성 안의 식사 장소를 잘못 안 것을 좋아하며, "제대로 걸렸다고 호되게 꾸짖으며 기뻐했"다고 한다.(하 261)

식사 장소를 잘못 알았다는 것은 대체 무슨 얘기일까. 『조시』에 설명은 없지만 기무라 가이슈[p.59]의 이야기가 참고할 만하다. 가이슈에 의하면, 당번인 메쓰케는 '혼반本番'이라 부르며 만 석 이상과 후요노마芙蓉間[p.112] 역인들의 식사 장소인 '곤노마獻の間'에서, 소에반添番 메쓰케인 '가하쿠加泊'는 '이상以上'의 식사 장소인 '산노마三の間'에 각각 자리하여 식사 내용을 검사하는 방식이었다고 한다.(「舊幕監察の動向」) 상상해보건대, 신임이라 아직 익숙하지 않았던 아사노는 깜빡하고 잘못 찾아간 것이 아니었을까. 그렇다면 직무상의 과실이라고 비난받을 수 있겠지만, 겨우 식사 장소일 뿐이고 싸움의 상대도 나카가와가 아닌 딴 사람이다. 그런데 그걸 괴롭히고 기뻐한다니 마치 어린아이 같지만, 에도시대의 역인 세계에서라면 이 정도의 앙갚음은 그야말로 일상다반사였다고 할 수 있다. 그건 그렇고, 나는 새도 떨어트린다는 메쓰케를 상대로도 쉽게 굴하지 않는 고난도의 자세가 뚜렷하게 드러나는 에피소드다.

3.6 오쿠가 '내던지다'

쇼군의 어위광御威光[9]이라는 비장의 카드에는 위신뿐만 아니라 실익도 동반되었다. 쇼군 측근들에게는 그 영향력을 이용하려는 다이묘나 막신들이 선물이나 뇌물을 보내왔다. 예를 들어, 덴포 말년(1840년대)에 고쇼로 근무하고, 나중에 외국부교로 전출된 다케모토 하야토노쇼竹本隼人正의 증언으로는, 쇼군의 측근에 있는 직책인 오소바御側 근무는 "뇌물을 받으려는 생각이 있으면 받을 수" 있었다. 그 대표적인 사례가 니시노마루 고쇼반小姓番에서 나카오쿠반中奧番으로 옮기고, 나중에 도리쓰기取次로 일했던 아토베 기주로跡部季十郎(야마시로노카미山城守)로, 크게 뇌물을 받았다는 소문이 돌았다고 한다.(『구사자문록』)

---

9) 도쿠가와의 지배가 강한 무력에 의거한다는 사실을 나타내는 말로, 압도적인 힘의 위시, 무위(武威)를 말한다.

사실 여부는 알 수 없지만, 이른바 '오고쇼大御所 시대'[10]에도 오소바가 크게 뇌물을 받았다는 사정은 에도의 정보통인 『후지오카야 일기』[11] 등에도 잘 나와있다. 아토베에 관해서도 장년기에는 '명석'하다는 평판이었지만, "만년에는 그저 시간과 함께 부침할 뿐"이라는 인물평도 있다.(기무라 가이슈 「燭簷記」) 그렇다고 한다면 받을 수 있는 동안 크게 받는 일이 있었을 지도 모른다.

한편 긴축재정과 강기숙정을 진심으로 추진했던 사다노부가, 오쿠를 바로 잡는 일에도 힘을 쏟아 그 움직임에 주의를 기울인 것도 당연한 일이다. 정권 발족 직후에 젊고 힘이 넘치는 가노 도토미노카미加納遠江守를 오소바의 상석, 고요토리쓰기御用取次로 보내고, 고쇼와 고난도의 개혁과 숙정을 담당하게 했다는 점에서 신정권의 결의가 어느 정도였는지 짐작이 간다. 그런데 오쿠의 저항으로 개혁은 난항하게 된다. 『조시』에 의하면, 가노를 기용한 일은 발탁 인사의 3대 실패 중 하나라고 얘기될 정도였다. 그 후 어느 정도 개혁이 결실을 맺게 되자, '오모테에서의 평판'은 높아졌지만, 여전히 오쿠에서는 가노를

---

[10] 제11대 쇼군인 이에나리(家齊)는 1786년에 쇼군직에 취임하여 1837년에 아들 이에요시(家慶)에게 양위했으나, 그 후에도 실질적인 권력을 놓지 않았다. 1837년부터 1841년 사망시까지 이처럼 '오고쇼'로서 군림했던 일로 인해, 후세로부터 그의 재임기간을 '오고쇼 시대'라고 표현하기도 한다.
[11] 에도에서 후지오카야(藤岡屋)라는 책방 등을 운영하다, 시중에 도는 정보를 수집해 기록한 것을 막부에게 제공하는 업자로 활동한 스도 요시조(須藤由藏, 1793~?)가의 일기로, 1804년부터 1863년까지 에도에서 벌어진 사건이나 소문의 상세한 기록이 남아있다.

제3장 메쓰케와 '도노사마'

받아들이지 않고 인기도 없었다고 전한다.(상 65·95·242·315) 사다노부의 정치적 동지이자 강직함으로 소문난 가노를 상대로도 이만큼이나 저항하는 것을 보면, 메쓰케가 아무리 분한 경험을 하더라도 오쿠 근무자를 상대로 싸움을 걸 수는 없었던 것도 무리는 아니었다.

이와 같은 오쿠의 저항은 오오쿠의 서무를 담당하는 히로시키반廣敷番이라고 불리는 직장에서도 있었던 듯하다. 이곳도 넓은 의미에서의 오쿠 근무로 분류되는데, 쇼군이나 오오쿠와의 접촉이 밀접하다는 점이나 오오쿠와 엮인 부정 수입이 왕성한 곳으로 유명했다. 예를 들어, 오오쿠에 납입되는 炭은 형식상으로는 5~60표지만 실제로는 40표도 안 되는 것이 막말에는 상식이었다고 한다.(『同方會誌』) 사다노부가 이곳 인사에 관해서는 세세한 부분까지 살폈던 것 같다는 사정은 『조시』에도 나와있지만, 그만큼 저항도 집요했다.

정권 발족 후 얼마 되지 않은 덴메이 7년 말경에, 이미 오오쿠의 조추女中[식사 담당]가 반대해서 "히로시키의 … 검약"은 어려우며, 이로 인해 오모테의 건축 담당자의 목이 날아갔다는 소문이 돌고 있다.(상 77) 그로부터 4년 가까이 지난 간세이 3년 여름이 되어도 "히로시키 관련자의 가장 내부에서는 엣추님(사다노부)이 말씀하신 일은 그 어떤 것도 전혀 따르지 않고 있으며, 아무리 마땅한 일이라도 무조건 비난만 하는 자"가 남아있다고도 한다.(하 330) 세간에서는 "훈도시[p.20] 가 나오자 세상이 긴장하게 되었다"(즉, "엣추노카미가 등장함으로써 세상이 정신을 차리고 긴장했다"는 의미.(상 130))라며 사다노부의 개혁 숙정 효과를 평가하고 있으나, 오쿠의 '단속'은 쉽게 실현되지 않았고, 오모테 정부에 대한 오쿠나 오오쿠의 저항은 강했으며, 인사나 재정의 독립성도 컸다는 사정을 짐작할 수 있다.

이야기는 조금 앞서 나가지만, 간세이 5년(1793) 7월, 사다노부가 갑자기 로주에서 면직된다. 그 조금 전부터 정치적 동지로 여겨졌던 혼다 다다카즈^{本多忠籌}에 관해, 쇼군을 지나치게 두려워한다, 아부가 심하다라는 등의 비판(이라기보다는 조소일까)이 오쿠에서 들린다는 소문이 『조시』에 등장한다.(하 431) 그로부터 얼마 안 되어 사다노부는 쇼군의 성장을 이유로 보좌직 반환을 출원했는데, 로주직으로부터도 면직된 것이다. 사다노부의 면직은 무엇이 원인이고 누가 꾸민 일인지에 관해서는 당시에도 지금도 말이 많지만, 당초 고산케와 함께 사다노부 옹립에 힘쓰고, 그 후에도 사다노부 정권을 지지한 히토쓰바시의 하루사다^[p.35]가 사다노부 실각에도 중요한 역할을 했다는 점, 나아가 오쿠나 오오쿠의 의향이 사다노부 사임의 유력한 복선이었다는 점은 분명하다.

그렇다면 사다노부 사임 직후에 오모테의 주요 역인들이 아연실색하여 눈물을 흘렸고, 쇼군 오소바슈^{御側衆} 중 하나인 하야시 히고노카미^{林肥後守}가 "엣추 님조차도 아랫 것들에게 발목을 잡혀 내던져졌다. 그러니 무섭고 방심할 수 없는 일이 아닌가라며 탄식"했다고 『조시』가 전하는 부분이 이목을 끈다.(하 495) 추측하건대, 하야시가 두려워한 '아랫 것'들에는 이와모토 부자와 같은 오쿠나 오오쿠의 관계자가 포함되어 있었던 것은 아닐까. 물론 『명량대록』의 저자가 고쇼·고난도의 승진을 취급한 '이 편此篇'[p.127]에 대해서 다른 사람에게 보여 주면 안 된다고 특별히 책임추궁을 피하기 위한 궁리를 하고 있다는 점, 그럼에도 불구하고 결국은 처벌되었다는 사실은 나카오쿠·오오쿠를 덮고 있던 어둠의 깊이를 상상하게 한다. 안이한 단정을 허용하지 않기는 하지만.

3.7 메쓰케의 불만과 낙담

사다노부 면직의 원동력이라고 소문이 날 정도로 힘이 있는 이상, '오쿠'의 영향력이 오모테의 인사에 미치는 것도 자연스러운 결과일 것이다. 유능한 인재는 "높은 봉록을 받는 사람 중에는 지극히 드물"다고 말한 오규 소라이 선생님은, 메쓰케에 편중된 인사에도 당연히 회의적이었다.[p.117] 그리고 로주, 와카도시요리, 지샤부교 등 다이묘가 취임하는 자리를 제외한 대부분의 요직에는 "메쓰케에서 입신하게 되기 때문에 어느 역이나 메쓰케 풍"으로 바뀐다고 비판했으나(『정담』), 요직으로 입신하는 일이 메쓰케를 경유해야만 한다고 할 수 없으며, 메쓰케를 경유하지 않고 요직에 앉는 일도 성무性務와 정무政務에 양다리를 걸친 이와모토 만의 특수한 사례는 아니다. 이 점을 생각할 때 흥미로운 이야기가 『조시』에도 소개되어 있다.

메쓰케 필두인 진보神保가 오랜 메쓰케 근무를 끝내고 고부신부교로 전출된 것은 간세이 2년(1790) 9월 1일, 그리고 그 나흘 뒤인 9월 5일에 사쿠지부교로 미시마 다지마노카미三島但馬守가 취임한다. 미시마가 고난도토토리 급에서 전출되었으며 또한 사쿠지부교 쪽이 고부신부교보다도 급이 위였다는 사실이 메쓰케 사이에서 적지 않은 불만과 동요를 가져온 모양이었다.

『조시』가 전하는 바에 따르면, 진보 본인은 감사하게 여겼지만 메쓰케 동료들은 그렇지 않았다고 한다. 만일 간조부교와 고부신부교가 같은 날에 공석이 되어, 진보가 고부신부교가 되고 사쿠마 진파치가 간조부교가 된다면 불복 의견은 없겠지만, 이 경우는 다르다. 미시마는 고난도토토리 급이라고는 해도 결국 보통의 고난도에 지나지 않는다. 그 미시마가 상석인 사쿠지부교가 되고 메쓰케인 진보가 '후데오로시筆下'(더 낮은 지위)에 배치되는 일은 '공公'이 아니니 "공론은 따르지 않는다"라며 메쓰케는 불만이었다. 진보가 '서투른' 것은 인정하지만, 지금까지 딱히 잘못한 일 없이 성실하게 근무해 왔다. 아무런 흠이 없는 메쓰케가 격이 낮아지는 인사에 "메쓰케는 납득할 수 없다. 점점 더 고난도들로부터 무시당해 대등하게 맞설 수가 없어질 것이다. 마쓰다이라 오리베松平織部가 도도리에서 곧장 사쿠지가 되었을 때조차도 고난도가 오만하게 굴어서는 안 되었다"라고 투덜거린다. 대략 이 정도가『조시』(하 196)가 전하는 메쓰케의 불만이다.

불만의 내용을 이해하기 위해서 약간 주변 사정을 해설하겠다. 우선 미시마가 취임했던 사쿠지부교를 보자. 4년 반 전의

제3장 메쓰케와 '도노사마'

덴메이 6년(1786) 11월 15일, 고난도토도리였던 마쓰다이라 오리베노카미織部正[p.103]가 이곳으로 영전하면서 그와 동시에 봉록이 300석이 늘었고, 가록은 한꺼번에 배가 되어 600석이 되었다. 이 마쓰다이라는 다누마 시대에 두각을 나타냈는데, 총명하고 수완가라며 아까워하는 목소리도 일부에서는 강했다. 어쨌든 간세이 2년 8월 27일에 사망하자 사쿠지부교 자리가 공석이 되었다. 한편 고부신부교도 그때까지 있던 이이다 노토노카미飯田能登守가 같은 해 8월 27일에 히토쓰바시의 가로로 전출되어 동시에 두 자리가 비게 된 것이다.

다시 말해 정부는 메쓰케인 진보와 고난도인 미시마를 나란히 세워 비교해보고, 미시마의 격을 높게 책정한 것이다. 과연 오쿠의 고난도토도리 출신인 마쓰다이라의 인사에 이어서 그보다 한 단계 더 아래 급인 보통(도도리격)의 고난도에게 가로채기를 당한 것이다, 이래서는 고난도에게 무시당하고 메쓰케의 위신도 없어진다는 의미이다. 물론 여느 때처럼 '한 듯하다よし'인 것이니 어디까지가 사실인지는 문제지만, 메쓰케의 불만이나 비판은 요직의 일부를 오쿠 출신에게 빼앗긴다는 것 이상의 의미였다.

메쓰케의 인선 그 자체에도 오쿠의 '어위광'[p.132]이 미치며, 오쿠 출신이 메쓰케로 진출해오는 것이다. 예를 들어, 앞서 메쓰케인 나카가와에게 싸움을 걸어 한 발짝도 물러서지 않았던 야기八木는, [p.131] 싸움으로부터 불과 석 달 후에 메쓰케인 마가리부치가 사쿠지부교로, 마찬가지로 아사노가 고부신부교로 각각 전출된 뒤를 이어받아 메쓰케로 발탁되어 나카가와의 동료가 된다. 야기가 전출된 경위나 메쓰케들의 반응에 관해서 『조시』가 아무 것도 전하지 않는다는 점은 안타깝지만, 기꺼이 동료로 맞이했을 것이라고는 생각되지 않는다. 그 부근의 사정이야 어찌되었든, 하『삼부교 자리를 둘러싼 경합에서 열세에 놓이게 된 이상, 싸움 상대들이 달려든 상황에서의 메쓰케의 불만이나 동요를 전하는 『조시』의 기사에는 상당한 신빙성이 있다고 여겨진다.

3.8 '오쿠의 특선'

오쿠의 '어위광'을 등에 업고 메쓰케로 나선 자가 야기만은 아니다. 막말에 메쓰케로 근무했던 야마구치 스루가노카미駿河守에 의하면, 메쓰케의 인선을 할 때에는 통상적으로 투표 전에 "오쿠의 특선特選으로 누구를 넣을까"라는 내부 논의가 와카도시요리를 통해서 메쓰케 필두에게도 전달되는 일이 있었다고 한다. 이 얘기를 없던 것으로 만들어 버리는 것도 필두의 권한이지만, 필두에게 역량이 없거나 할 경우, 오쿠에서 고난도나 고쇼 등을 추천해오면 "거부하기 힘듭니다. (쇼군) 가까이에서 일한 뒤에 오게 되는 사람이기 때문에"라는 것이다.(『舊事諮問錄』)

　물론 쇼군 대신 로주까지도 감찰 대상으로 삼는 메쓰케라는 역직의 원칙 차원에서 보자면, 오쿠에서 쇼군의 측근에서 일하고, 그 뜻에 통달해 있는 막신이 메쓰케로 전환되는 일은

제3장 메쓰케와 '도노사마'

당연하다고도 할 수 있고, 포의(상당)[p.77]부터 채용한다는 원칙에 비추어 보아도 무리는 아니다. 마쓰다이라 다로松平太郎의 『에도시대 제도의 연구』는 메쓰케의 채용 비율에 대해 언급하면서, 통상적으로 "쓰카이반使番에서 5명, 고쇼나 고난도에서 2명, 나머지 3명은 그 밖의 포의 이상에서 선발해 임명한다"라고 설명하고 있다. 다시 말해, 10명의 메쓰케 중에서 2명은 오쿠의 고난도나 고쇼에서 나오는 것이 관례라는 말이다. 또한 『명량대록』도 메쓰케에 관해서 "오쿠 쪽에서 나온 사람이 없어서는 안 되는 자리"라고 말하고 있다. 메쓰케에는 오쿠 출신의 사람이 필수라는 것이라는 말인데, 야마구치[p.80] 자신도 오쿠 출신의 메쓰케가 있으면 쇼군의 일상이나 오쿠의 실상을 알 수 있어서 직무 수행 면에서 도움이 되었다고 한다. 그렇다고 하면 오쿠 출신자의 메쓰케 기용은 확립된 관행이었을지도 모른다.

다만 마쓰다이라나 『명량대록』의 설명에는 의문이 남는다. 지카마쓰의 전술한 연구에 의하면, 에도기 전체를 통해서 고난도나 고쇼, 거기에 난도·고시모노腰物부교 등의 '오쿠 근무'까지를 포함해, 오쿠에서 직접 메쓰케에 취임한 것은 전체 취임자 737명 중 42명으로, 비율로 따지자면 5~6% 정도밖에 되지 않는다. 만일 마쓰다이라의 설명이 고쇼·고난도에서 직접 메쓰케로 전출되는 일을 의미한다면, 2할은 명백하게 과장이다.

그리고 고쇼·고난도가 다른 자리를 거쳐서 메쓰케에 도달하는 경우를 어떻게 생각해야 할지도 문제다. 그래서 같은 오쿠이면서 마쓰다이라의 설명에는 등장하지 않지만, 『명량대록』

이 "승진의 입구로 좋다. 높은 가록의 사람이다"(가록이 높은 사람이 되고, 입신출세의 출발점이다)라고 설명하고 있는 나카오쿠반中奧番[12]에 관해, 다누마 전성기인 안에이 원년(1772)에서 덴메이 4년(1784) 사이에 이 자리에 취임한 30명의 승진 과정을 예로 생각해보기로 한다.

재직한 채로 사망한 사람이 5명, 어디에도 가지 않고 사임한 사람이 4명 있다. 나머지 21명이 주로 전출된 곳은 니시노마루 고주닌가시라小十人頭가 6명, 가치가시라가 4명, 고주닌가시라 3명 등으로, 두 사람은 나카오쿠반에서 직접 니시노마루메쓰케로, 스가누마 신자부로菅沼新三郞·마키노 오리베·호리 다테와키 등 세 사람은 가치가시라로 전출된 뒤 메쓰케로 발탁되었다. 니시노마루로 간 한 사람도 나중에 혼마루메쓰케로 이동했으니까, 30명 중 4명이 메쓰케가 되었다는 계산이다. 메쓰케는 정원 10명의 격전지이기 때문에 나카오쿠 출신자가 상당히 높은 확률로 메쓰케에 취임했었다는 사실을 알 수 있다.

덧붙이자면, 지금 문제가 된 가치가시라[p.302]는 말하자면 보병대 대장으로, 평시에는 경호 이외에 특별히 중요한 역할을 맡지 않은 반카타 중 하나이지만, 다음 단계로 메쓰케나 니시노마루메쓰케에 발탁되는 유력한 출세 코스로 꼽혔다. 『유영보임柳營補任』에 의하면, 18세기 중반 이후, 정확하게는 간엔

---

12) 와카도시요리 지배 하의 역직으로, 나카오쿠고쇼(中奧小姓)와 함께 나카오쿠의 잡무를 담당하며 의례에 관여하기도 했다. 때로 나카오쿠 내부의 경비를 맡기도 한다.

제3장 메쓰케와 '도노사마'

3년(1750) 이후, 메쓰케가 된 이노 셋쓰노카미稲生攝津守부터, 가에이 7년(=안세이 원년, 1854) 고난도에서 가치가시라로 옮기고, 석 달 만에 메쓰케로 발탁되었던 오쿠보 우콘노조 다다히로大久保右近將忠寬까지, 오쿠에서 가치가시라로 옮긴 뒤에 메쓰케 또는 니시노마루메쓰케(우다이쇼메쓰케右大將目付, 다이나곤메쓰케大納言目付 각 1명을 포함한다)에 도달했던 사람은 29명에 달한다.

다음으로 이들 29명의 출신, 즉 그 전의 직함을 조사해보면, 고쇼(고쇼토도리小姓頭取・니시노마루코쇼西丸小姓・오고쇼코쇼大御所小姓를 포함)가 11명, 나카오쿠반과 고난도가 각 9명이라는 결과가 된다. 이 밖에도 쇼군과 가까운 후나데船手[13] 출신부터 가치가시라를 거쳐서 메쓰케・니시노마루메쓰케에 올라갔던 사람도 4~5명이 있다. 후나데도 또한 고쇼의 유력한 전출 대상지 중 하나였다. 이상을 통해, 고쇼나 고난도뿐만 아니라 나카오쿠반 등을 포함한 오쿠 출신자가 메쓰케나 니시노마루메쓰케의 유력한 공급원이었다는 사정을 알 수 있다.

오쿠 출신이라는 사실만으로 인맥에만 의지하는 무능한 출세주의자라고 단정지을 수는 없다. 지금까지 몇 번인가 등장했고 평판도 꽤 좋은 스가누마 신자부로[p.63]나, 활기차고 유능하다는 평판의 히라가 시키부도 이 코스 출신이다. 마치부교 시절 와타나베 가잔渡邊華山・다카노 조에이高野長英 등의 개명파

---

13) '후나데구미(船出組)'를 가리키며 막부의 직제에서 수군에 해당한다.

에게 누명을 씌워 죽였고, 역사에는 '요카이耀甲斐'14)의 악명을 남긴 도리이 가이노카미 요조鳥居甲斐守耀藏도 조금 늦게 거의 같은 코스를 걸었다. "간지奸智에 능한 광신가"로서의 소행은 어찌되었든, 막말에도 여전히 굴하지 않고 허리를 꼿꼿이하며 유배 생활을 보냈던 사실을 높이 평가하는 목소리는 반대 진영에도 있었다.15) 막말에 가쓰 가이슈와 함께 에도성 무혈 개성開城을 실현하고 역사에 이름을 남기는 오쿠보 다다히로大久保忠寬(1818~1888)도 같은 동료로, '요카이'는 그렇다 치더라도 오쿠보 쪽에는 팬도 많을 것이다.

쇼군의 권력이라고 해봤자, 중국의 황제 같은 독재자형은 에도시대 후기라면 특히 적었고, 뭐든지 마음대로 할 수 있었던 것도 아니다. 또한 쇼군의 신임에 감격해서 열심히 업무에 종사한 유능하고 성실한 메쓰케가 나왔던 것도 한편으로는 사실일 것이다. 다만 메쓰케의 선임에 오쿠의 입김이 작용했다면, 가뜩이나 격식으로 인해 인재 등용의 길이 좁아진 메쓰케의 인선을 한층 더 제약하는 일이 되기 쉬웠을 것이라는 측면도 부정하기 어렵다. 게다가 오쿠와의 관계를 방패 삼아, 능력도 없고 노력도 하지 않은 채 영달 만을 노리는 '출세주의자'가 나오기 쉬웠을 것이라는 사정도 상상이 가능하다. 사다노부

---

14) '요카이'는 요괴를 뜻한다. 도리이 요조의 '요(耀)'와, 그의 관위명인 가이노카미의 '가이(甲斐)'를 합쳐서 그의 악랄함을 야유하는 별명이었다.
15) 도리이 요조는 로주인 미즈노 다다쿠니와 함께 덴포의 개혁을 이끌었으나, 중간에 미즈노를 배신해 개혁을 중단시킨 일로 유폐되었고, 메이지 시대가 되어서야 사면되어 풀려난다.

정권이 눈을 부릅뜨고, 메쓰케도 전전긍긍하며 직무에 힘쓰고 있던 간세이 초년에조차 범용하다거나 "간사하고 옳지 못하다"라는 등의 소문이 도는 메쓰케가 있었다. 누구나 납득할 수 있는 능력·자질의 측정 기준은 없으므로 평가가 들쑥날쑥할 수밖에 없다고는 하지만, 겨우 10명인 메쓰케조차도 동질의 수준으로 맞추기 어려웠을 상황은 추측이 가능하다.

3.9 오다기리 도사노카미의 마치부교로의 '초천'

메쓰케 선정이나 품질관리가 어디까지 적절하게 이뤄졌는가라는 문제와는 별개로 오규 소라이가 지적하는 '메쓰케 풍風'이 만연한 문제는 남아있다. 가령, 유능한 인재를 선발해서 메쓰케로 집중시켰다는 것이 사실이라고 가정해도, 메쓰케가 출세의 도약판이자 메쓰케 경험자가 정부 요직의 다수를 차지하고 있는 이상 각각의 역직에 필요한 '기량'의 차이는 무시당하고 "어느 역이나 모두 메쓰케 풍"이 되어버린다는 점이 소라이의 비판이다. 단 '메쓰케 풍'이 구체적으로 무엇을 의미하는지 소라이 자신의 설명은 없다. 그래서 단서가 될 만한 이야기를 『조시』에서 찾아보고자 한다.

그 중 하나가 간세이 4년(1792) 정월 경의 관계 평판이다. 사다노부 정권에 의한 발탁으로 오사카 마치부교에서 에도의 마치부교로 영전한 오다기리 도사노키마小田切土佐守에 대해, 메쓰케를 경험하지 않은 채 에도의 마치부교가 된 것은 이례적이다, 메쓰케 경험자가 아니면 마치부교가 될 수 없다는 전례에 구속되어 있는 것은 번거로운 일이다, 그 역직에 걸맞은 인물이라면 어디에서 임명하더라도 좋을 것 같다, 과연 사다노부의 인사다, 라는 관계의 평판을 불러일으켰다고 한다.(하 369)

문제의 오다기리는 선조가 다케다 신겐[16]의 가신이었다가 전국시대 말기에는 도쿠가와 이에야스를 모셨다는 명문 출신이다. 2대째는 긴리즈키禁裏付, 즉 교토에 있는 황실과의 연락 조정역을 맡았고, 3대째는 지금 이야기가 나온 도사노카미의 조부에 해당하는 나오토시直利로, 메쓰케를 거쳐 조쿄貞享 3년(1686) 마치부교가 되었다가 오메쓰케까지 오른 인물이다. 아버지는 고쇼반인 채로 39세에 사망했으나, 오다기리 기베에 나오토시小田切喜兵衞直年 본인은 니시노마루 쇼인반書院番에서 쓰카이반, 고부신 지배, 슨푸駿府 마치부교 등을 역임한 뒤 오사카 마치부교로 임명되어 도사노카미 호칭을 사용하고 가록도 3000석으로 늘었다. 이렇게 되면 명실상부 '도노사마'다. 오사카 마치부교 시대인 간세이 2년 정월, 나가사키 무역 밀매품을 적발해 포상을 받았고, 2년 후의 정월에는 마치부교로 에도에 영전해 돌아온다. 사다노부 정권이 힘을 쏟았던 나가사키 밀수품의 숙정에 공적이 있다는 점이 영전의 직접적인 배경일 것이다.

확실히 오다기리는 메쓰케를 경험하지 않았으며, 업무 실적

---

16) 다케다 신겐(武田信玄, 1521~1573)은 전국시대의 뛰어난 전술가로 알려진 무장으로 가이(甲斐)의 다이묘였다. 그의 전략 및 전술을 내용으로 하는 『갑양군감(甲陽軍鑑)』이라는 서적이 에도시대에 널리 알려지면서 높은 평가를 받게 되었다.

에 대한 평가로 이루어진 인사였던 듯하다. 소위 하三삼부교를 거치지 않고, 마치부교에서 '초천超遷'했으므로 에도의 관계가 주목했던 것도 이해가 간다. 하지만 이 집안은 이에야스 이래의 명문 하타모토로, 당연히 료반 계통이었다는 점, 조부는 메쓰케를 경험하고 마찬가지로 마치부교로 근무했다는 점, 쓰카이반 이후 본인의 직무 경력도 메쓰케 주류와 같다는 점 등을 고려하면, 메쓰케 경험이 없다는 사실 따위는 거의 신경 쓸 필요조차 없는 차이로밖에 생각되지 않는다. 그럼에도 오다기리 기용이, 개혁이 아니었다면 있을 수 없는 영단이라는 평판을 부른 것은, '개혁'이라고 하면서 여전히 전례나 격식을 벗어버리지 못한 사다노부 정권에 대한 빈정거림이나 야유를 포함하고 있는지도 모른다. 그렇다고 해도, 이와는 별개로 메쓰케 편중의 관행에 늘 따라다니는 문제를 생각하게 만드는 일화이기는 하다.

3.10 '가난한 사람은 개를 먹어라'

오다기리와는 달리 정석대로 메쓰케를 경유해서 마치부교가 된 마가리부치 가이노카미[p.106]에 관한 일화는 '메쓰케 풍'의 속사정을 말해주는 부분이 있다. 마가리부치는 다누마 시대가 끝나던 혼란기에, 쌀이 없으면 개를 먹으라는 따위의 말로 화를 불러일으켜, 에도의 조닌에 의해 저택이 파괴되고 결국은 마치부교를 사임하기에 이르렀던 인물로 알려져 있다.

계속되는 천재天災와 흉작으로 에도의 쌀값이 급등했던 것을 배경으로 궁핍한 처지를 호소하는 조닌이 마치부교에게

도움을 요청했다. 그런데 거기서, 옛날에는 흉작 때 개까지 식량으로 삼아 견뎌냈더니 개 값이 오르더라, 이번에도 개를 먹는 것이 어떤가 등의 말을 흘리는 바람에 그것이 치명타가 되었다고 『조시』는 전한다.(상 275) 독자 중에는 "가난한 사람은 보리를 먹어라"라는 실언으로 빈축을 샀던 이케다 하야토池田勇人(1899~1965) 전 대장대신大藏大臣(이후 수상)을 떠올리는 사람도 있을 것이다.17) '보리 운운'도 이야기의 줄기를 따라가 보면 나름대로의 근거도 있고, '정직'하다고도 할 수 있지만, 정치적으로 현명하지 못하다는 점에서는 논쟁의 여지가 없다. 관료파 정치가는 서민의 마음을 모른다, 차갑다라며 신문이나 정당인 정치가 등은 대장성 사무차관에서 정계로 전출한 이케다를 비판했다. 관료로서의 논리나 덕목이 그대로 정치의 논리나 덕목이 되기는 어려운 것이리라.

마가리부치에 관해서도 비슷한 분위기가 있다. 마가리부치가는 명문가의 분가로, 계속 고쇼반에 들어가는 지위가 높은 료반 계통이었다. 당사자도 고쇼반에서 출발해 고주닌가시라라고 하는 보병부대의 지휘관급으로 옮기고, 포의가 된 후에는 메쓰케로 발탁되었다. 메쓰케에서 오사카 마치부교밖에 경험

---

17) 이케다 하야토는 1960년부터 1964년까지 제 58·59·60대 내각 총리대신을 역임한 정치가이다. 해당 발언은 그가 대장대신이었던 1950년의 참의원 예산심의회에서 폭등하는 쌀값 문제에 관한 답변으로 알려져 있다. 원래 발언은 "나는 소득에 대응하는 방식인, 소득이 적은 사람은 보리를 많이 먹고, 소득이 많은 사람은 쌀을 먹는 식의 경제 원칙에 따르는 방향으로 일을 추진하고자 한다"였으나, 당시 내각에 비판적이었던 신문의 헤드라인으로 본문의 발언이 나가게 되어, 그는 다음 날 대장대신 직을 사임하게 되었다.

제 3 장 메쓰케와 '도노사마'

하지 않고 에도로 돌아와 마치부교로 임명되었으니, 메쓰케 중에서도 출세가 빠른 편이다. 집안과 그에 상응하는 능력을 타고난 에도 엘리트 관료의 전형이다. 안 했으면 좋았을 '실언' 때문인지 여부는 차치하더라도, 요직을 날려버리고 니시노마루 루스이라는 '은거장隱居場'으로 떨어지게 되지만, 불과 1년 반 후에 사다노부 정권의 간조부교, 즉 재무대신으로 복귀했다. 하타모토가 갈 수 있는 정점의 자리인 간조부교와 마치부교를 역임한 점도, 실언 후에 열심히 노력해 총리의 자리를 꿰찬 이케다와 비슷하다.

물론 메쓰케 출신의 부교가 모두 마가리부치처럼 되는 것이 아니라는 점은, 관료 출신의 정치가가 모두 이케다처럼 '실언'에 발목 잡히는 것이 아닌 것과 마찬가지다. 꽃보라 문신으로 화면에 등장하는 도야마遠山의 긴金 씨로 불리는 에도의 마치부교 도야마 긴시로[18]도 메쓰케를 거쳐서 마치부교가 된 사람으로, 실제로 그의 '역인답지 않은' 언동은 기록에도 남아있다. 그럼에도 불구하고, 이케다나 마가리부치는 엘리트 관료가 빠지기 쉬운 경향을 암시하는 사례라고 볼 수 있을 것이다.

메쓰케 편중 인사에 관해 오규 소라이는 또 하나의 비판을 남겼다. 그것은 메쓰케 중심의 "입신의 경로가 대략 정해져

---

18) 도야마 긴시로(遠山金四郞, 1793~1855). '긴시로'는 통칭이며 역사서 등에는 주로 '가게모토(景元)'라는 이름으로 알려져 있다. 시대극을 그리는 소설가인 진데 다쓰로(陣出達朗)의 작품『도야마의 긴 씨』시리즈 (1955~1974)와 더불어 영화나 TV 드라마로 끊임없이 재탄생한 이야기의 주인공이기도 하다.

있기에 한 가지 역을 10년, 20년 동안 한 대가 근무하게 하기가 어렵다."라는 사정이다.(『정담』) 메쓰케에서 출발하는 승진 경로가 이미 정해져 있어서 특정 직무에 장기간에 걸쳐 종사하기가 어렵다는 의미이다. 여기에도 구체적인 설명은 없지만, 소라이의 시대보다 100년 정도 뒤인 분카文化 10년(1813)에 가이호 세이료海保青陵(1755~1817)가 저술한 『계고담稽古談』이 이 말의 취지를 알기 쉽게 설명한다. 그래서 조금 길지만 그대로 인용한다.

> 대저 일본이나 중국이나 역에 따라 귀천貴賤을 정하는 일은 나쁜 것이다.··· 지배간조支配勘定가 오메미에御目見 간조가 되고, 거기서 간조쿠미가시라가 되고, 그리고 간조긴미야쿠吟味役가 된 뒤 간조부교가 되는 일은 역의 줄기가 분명하기 때문에 점점 더 높아진다는 것이므로, 같은 재능으로 같은 부국에 있으면서 높아지는 것이기 때문에 바람직하다. [그러나] 간조부교로서 공훈을 세우면 오메쓰케大目付가 된다는 것은 매우 다른 곳으로 가는 일이다. 하물며 사키테유미先手御弓가시라에서 메쓰케가 되고, 닛코日光부교가 되고, 사쿠지부교가 되고 반가시라番頭가 되는 일은 검은 곳에서 나와 파란 곳이나 하얀 곳이나 노란 곳처럼 전혀 비슷하지 않은 색깔의 자리를 풋풋한 채로 돌고 나서 다시 원래대로 검은 곳에 돌아오는 것이다.··· 하나의 역에 익숙해지면 다른 관청으로 가고, 다시 그 역을 소화하고 나면 다른 관청에 가게 해서는 베테랑이 되기 어렵다.··· 어떤 역에 공이 있는 사람을 아무 관련이 없는 역으로 전역轉役시키는 일은 안타까운 일이다. 그 역에 공이 있다함은, 그 사람의

제3장 메쓰케와 '도노사마'

인물됨, 지혜가 그 역에 잘 맞는 것이다. 그렇게 맞는
자리를 빼앗아 전혀 익숙하지 않은 자리로 보내는 일은
잘못하는 것이다.

문장의 뜻은 쉽고 분명하므로 해설할 필요는 적으리라고 생각한다. 동서고금을 막론하고 일에서 상하 차별을 두고, 역인 처우를 위해서 다른 직종·직역職域을 차례대로 이동시키는 것은 불합리한 일이다. 하나의 업무와 하나의 직역의 전문가로서 능력과 실적이 있는 역인을 길러내 동일한 분야 안에서 처우하는 일이 중요한데, 메쓰케를 중시하는 커리어 구성에서는 다른 직종·직역을 두루 돌아다니며 입신을 하기 때문에 어느 분야에 대해서도 특화되거나 숙련이 안 된 채, 어느 직에 관해서도 '풋내기'인 채로 있다는 것이다.

현대풍으로 요약하자면 제너럴리스트가 아닌 스페셜리스트의 육성과 처우야말로 역인 인사의 원칙이 되어야 한다는 말이 될 것이다. 물론 양쪽 방식의 이해득실은 오늘날에도 조직론이나 인사관리론의 문제이므로 가이호가 말하는 것만큼 단순하지는 않은 것이 분명하지만, 메쓰케로 대표되는 제너럴리스트가 마치 '명소 순행'처럼 다양한 자리를 전전하며 움직이는 일이 에도의 인사 규정의 일부였다는 점은 틀림이 없다.

"개를 먹으라"라고 했던 마가리부치가 좋은 예로, 덴메이 8년 11월 간조부교로 복귀했을 때, 메쓰케가 된 이래로 '이상以上'의 자리를 일곱 번이나 옮겼다는 점이 관계에서 화제가 되었다는 얘기가 『조시』에 실려있다. 『관수보』에 의하면 마가리

부치는 메쓰케가 된 이후, 정부 선박을 관리하는 후나데船手를 겸무하고 거기서부터 오사카 마치부교로 전출, 에도의 마치부교에서 실패해 니시노마루루스이로 틀어박혔으나, 여덟 달 만에 고부신 지배가 되고 그 후 마치부교가 되었다. 겸무직을 세느냐 마느냐에 따르긴 하지만, 일곱 번은 과장이라고 할 수 없다. 게다가 간세이 9년에 간조부교에서 루스이로 옮겼으니까, 막 시작한 고쇼반시小姓番士 입장에서 세어보면 무관계武官系의 자리, 전문적인 실무 능력을 필요로 하는 간조부교, 한직 등 실로 여러 가지 다양한 자리를 열 군데나 돌아다닌 셈이 된다.

메쓰케라면 이 정도 이동은 흔하다. 그러므로 "검은 곳에서 나와 파란 곳이나 하얀 곳이나 노란 곳처럼 전혀 비슷하지 않은 색깔의 자리를 풋내기인 채로 돌고 나서 다시 원래대로 검은 곳에 오는 것이다"라는 말도 반드시 과장은 아니며, 소라이의 비판도 큰 흐름에서 보면 같은 것이다. 결국 메쓰케에서 시작하는 출세 가도를 걷고, '명소 순행'으로 세월을 보내는 한 전문성을 익히기는 어렵고, 이도 저도 아닌 '풋내기' 도노사마의 취미 생활로 끝날 위험은 분명히 있었다. 예를 들어, 간조부교로 입신한 구스미 사토노카미久須美佐渡守도 '도노사마의 풋내기 재주'를 비판한 한 사람이다.

'구지公事' 즉 재판 업계에서 숙련을 쌓아 실무에 강하다는 자부심이 있었던 구스미가 오사카 마치부교로 근무하던 덴포 15년(고카 원년, 1844)에, '요괴'[p.143]로 불린 도리이 요조가 처벌을 받자 에도의 마치부교 자리가 비었다. 후임 유력 후보로

제3장 메쓰케와 '도노사마'

구스미의 이름도 올랐지만 결과는 간조부교 구지가카리公事掛의 아토베 야마시로노카미跡部山城守의 승격이 결정되었다. 구스미로서는 이러한 결정이 불만이었고, 부교직에는 "경험을 쌓은 자"가 필요한데 아토베는 재판 실무 면에서 '초짜'에 지나지 않으며, 교토와 오사카의 마치부교 네 명 중에서 에도의 마치부교를 고른다면 "나 정도로 재판 업무의 소양을 갖춘 사람은 없으니 원칙대로 인선을 했다면 내가 되는 것이 당연"하다고 기염을 토했다.(元田侑三,「久須美蘭林父子及その一門」) 자화자찬은 꼴불견이지만 '초짜'라는 비판이 분풀이만은 아니다. 그렇다면 그 '초짜'가 맨 윗자리로 오게되면 관청이나 행정운영은 어떻게 되는 것일까? 거의 메쓰케 경험자들이 독점적으로 일했다는 마치부교쇼를 예로 생각해보고자 한다.

3.11 도노사마와 요리키·도신

메쓰케에게 마치부교는 말하자면 커리어의 정점인데, 부교 취임 이전에 마치부교쇼에서 근무했던 경험이 있는 것은 아니다. 교토나 오사카의 마치부교나 그 밖의 온고쿠遠國부교가 에도의 마치부교를 하기 위한 훈련은 되었겠지만, 이런 자리들도 어딘가에서 옮겨와 맨 윗자리에 모셔진 것뿐이지 현장에서 실무로 다져지고 고생하며 올라온 것이 아니다. '풋내기'는 과장이라고 해도, 부교가 마치부교쇼의 직무을 능숙하게 다룰 줄 알고 조직 기구나 직원을 두루 알고 있다고 말하기는 어렵다.

한편 마치부교쇼를 구성하는 요리키나 도신의 직무 경력은 메쓰케 출신인 부교와는 대조적이라 어지간한 악행이나 실수가 드러나지 않는 한 요리키나 도신의 지위는 가직 혹은 세습직으로 계승되며, 다른 역직으로 전출될 일도 없거니와 출세할 일도 없다. 전형적인 '일업일직一業一職 정체형' 세계의 주민이다. 요리키나 도신에서 부교로 승진하는 예가 전무했던 것은 아니지만, 같은 하급 막신으로 '이하'(=고케닌)에 속했음에도 마치부교쇼의 도신이 마치요리키로 올라가는 일조차 대단히 드물었다. 마치부교쇼를 건물에 빗대어 말하자면, 도신과 요리키로 이루어진 2층짜리 건물의 겨우 한 부분에 부교라고 하는 작은 방이 올려져 있고, 어디를 통해서도 그곳에 올라갈 수 있는 계단이 없는 상태라고 할 수 있다. 이처럼 대조적인 세계의 주민이 관청에서 얼굴을 마주치고 함께 일을 하면 어떻게 될까. 마치 요리키 집안에서 태어나고 자랐으며, 그 자신도 막말에 유력한 요리키로 활약했던 사쿠마 오사히로佐久間長敬(1839~1923)의 증언이 웅변한다. (이하『江戸町奉行事蹟問答』및「嘉永日記抄」에 의함)

우선 의례다. 요리키는 관청에서 부교를 존경하며, "부름을 받았을 경우 부교가 계신 방에 들어갈 때에는 옆 방에서 칼을 내려두고 부채를 뺀 다음 문턱에다 손을 대고 한 번 절 한 뒤에 용건을 여쭌다. 부교는 칼을 찬 채로 앉아서 이쪽으로 오라고 말한다. 삼가는 태도로 다가가 손을 다다미疊[19])에 댄 채로 용건에 관해 이야기한다"라고 한다. 허리에 찬 칼, 품에 있던 부채까지 빼고서 공손하게 손을 바닥에 대고 권유를 받으면

---

19) 일본의 주거에서 사용되는, 짚으로 만든 전통 바닥재이다.

제3장 메쓰케와 '도노사마'

그제서야 가까이에 다가가 용건에 관한 이야기를 여쭌다. 이것만 본다면 가부키 뺨치는 "봉건적인 신분 사회"의 대단함이 떠오를 것이다.

다만 의례는 그 자체로 실력 관계를 보여주지 않는다. 마치 요리키나 도신의 풍습에 관해 "자신의 집은 악폐惡弊로 굳히고, 관청은 법칙法則으로 굳히라"라고 사쿠마는 요약하지만, 관청 생활도 표면적으로는 의례로 굳히고 내실인 직무 집행은 '악폐로 굳히'고 있다고 해도 과장이 아니다. 일은 자기네들끼리 도맡아 하고, 마음에 들지 않는 부교는 뒤에서 공작하여 무너뜨린다. 경우에 따라서는 상대가 로주라도 끌어내릴 수 있다고 사쿠마는 말한다. 아무리 그래도 로주까지는 어렵지 않을까 생각하지만, 막말의 긴박한 정세를 배경으로 마치부교쇼가 조슈번의 가쓰라 고고로桂小五郎(1833~1877, 훗날 기도 다카요시木戸孝允)를 불러냈을 때, 도쿠가와와 모리毛利 사이의 관계가 일촉즉발의 위기에 빠져 이를 사쿠마가 중개해서 무사히 처리했음을 가리키는지도 모른다.

로주는 차치하고, 부교와의 관계에 관한 서술을 보자면 "요리키·도신은 은근히 힘이 있어서 그들의 부교를 꼭두각시처럼 조종하는 지위에 있었다"라고 한다. 다시 말해 부교는 인형이고 인형 조종자가 자신들이라는 것이 사쿠마의 기본적인 관점이다. 구체적으로는 "훌륭한 부교라고 명성이 난 사람도 알고 보면 뒤에서 요리키·도신을 느슨하게 부려서, 요리키도 이 사람이라면 같이 할 만하다라는 생각에 하급 역인인 도신과 함께 잘 일하게 되고, 그 반대로 마음에 들지 않으면 경원敬遠주의를 취해 2~3년 후에는 끝내 몰아내버렸다." 영합하는 부교에게는 공을 세우게끔 해주고, 마음에 들지 않으면 머잖아 내쫓았다는 것이다.

이것이 가능한 이유는, 재임한 지 몇 년 지나면 차례대로 이동하는 마치부교와 달리, 요리키나 도신은 선조 대대로 에도의 유력한 조닌과의 관계도 깊고 "요리키·도신의 불이익은 간접적으로 시장 사람에게도 영향을 미치기 때문에, 음으로 양으로 서로 의지하고 때로는 로주도 실각시킬 정도니, 하물며 부교는 어떻겠는가?"라고 한다. 에도 조닌과의 이해관계가 일치하고 여론의 동향을 좌지우지하는 것이 요리키·도신의 영향력의 기초라는 말일 것이다. 사다노부의 로주 취임에 저항한 오오쿠나 다누마 일파를 물러서게 하는데 있어서 에도 조닌의 우치코와시打ちこわし[20] 폭동이 크게 작용했다고 한다. 만일 요리키·도신이 이 폭동을 뒤에서 선동했다고 한다면 사쿠마의 말도 이해가 가지만, 이때의 폭동에서는 민중의 불신이나 비난은 요리키·도신을 향해 있기도 했으므로 여론의 조종도 그렇게 간단하지는 않았을 것이다. 하지만 세간에서는 동종

---

20) '우치코와시'는 에도시대 도시의 조닌이나 농촌의 햐쿠쇼들이 일으킨 민중 폭동의 한 형태로, 주로 기근이나 자연 재해 등으로 서민들의 삶이 매우 어려워졌을 때 일어났다. 모두가 어려운 시기에 홀로 이익을 올리는 쌀집이나 술 가게, 전당포들은 잘못된 것이라는 발상을 기초로 하며, 그들을 표적으로 삼아 그 가옥을 파괴하고 가재를 약탈해가는 등의 폭력을 행사했다. 우치코와시가 일어나는 것은 위정자의 통치에 대한 불만이기는 하나, 결코 체제 전복과 같은 발본적인 개혁을 요구하는 것이 아닌 당면한 문제에 대한 의사표시로 볼 수 있다.

제3장 메쓰케와 '도노사마'

업계 사람들끼리는 잘 통한다고 보니까.

일상의 사무처리에 관해서 보자면 대개의 안건은 당번인 요리키가, 부교는 물론이고 고참자에게도 의논하지 않고 처리한다. "실무의 처리방법은 200여 년 이래의 선례와 유례에 기초해서 이루어진다 … 요리키는 그 신분상 부교의 지배하에 있지만, 직무는 각각 분담되어 있기 때문에 내 권한 내에서 내 마음대로 행동한다. 실제로 부교도 어떻게 손을 댈 여지가 없어서 … 부교는 경중을 막론하고 조금도 사심이 끼어들게 할 수 없지만, 요리키는 예심豫審 중인 붓끝에 약간의 재량을 발휘할 수 있다. 부교쇼의 실권은 부교보다도 그 지배하에 있는 요리키가 잡고 있었고 소위 만능주의 느낌이 있었다." 설명할 필요도 없겠지만 실무는 장기간에 걸쳐 누적된 선례에 의하므로 거기에 정통한 요리키·도신이 부교 등을 제쳐놓고 독단적으로 전횡하여 재량을 발휘했다는 것이다. 관민官民의 구조적인 유착과 전례의 답습을 기초로 하는 전형적인 하급관리 지배의 세계였던 것이다.

상황이 이렇다 해도 보통 상사에게도 마지막 카드가 있기 마련이다. 인사권이다. 요리키는 요리키, 도신은 도신이라도, 각각 분담하는 직무에 의한 차이가 있어서 그것이 근무의 부담이나 역득役得[p.79]·벌이를 좌우한다. 누구를 어느 자리에 앉힐 것인가, 나아가 수면 아래에서 횡행하는 뇌물수수를 검문하고 처분할 것인가, 적자에게 무사히 자리를 계승시킬 것인가, 이런 넓은 의미에서의 인사권도 상사인 부교의 손에 달렸(을 것이)다.

그런데 그 인사권에 대해서도 "요리키의 역 교체는 부교 혼자만의 판단이 아니다. 연번年番21) 요리키와 상의해서 결정하는 것으로, 연번 요리키의 인선이다.⋯ 부교 주위에 부탁을 한다고 해도 연번 요리키 세 명이 동의하지 않으면 우선 이루어지기 어렵다. 그들이 안 된다고 주장하면 부교라도 어떻게 할 수가 없다"라는 것이 실상이었던 듯하다. 결국 요리키 내부의 유력자나 요리키의 '여론'이 인사를 정하고, 부교의 인사권은 실제로는 막혀있었던 것으로 보인다.

3.12 '평판'과 '살인자'

요리키·도신이 실질적으로 부교의 생사여탈권을 쥐고 있음에도 불구하고, 부교는 하급관리의 인사에 힘을 쓸 수 없다고 한다면 승부는 시작도 하기 전에 정해져 있다. 하급관리가 부교를 괴롭혀서 내쫓아도 이상할 것이 없고, 부교 입장에서는 하급관리의 기분—에도후기에 자주 쓰이게 된 표현으로는 '평판氣受'—을 고려하면서, 결국에는 구조화된 부패나 유착에는 눈을 감고 무사히 임기를 마치거나 하급관리를 치켜세워 화려한 공적을 하나 혹은 둘쯤 세우는 정도의 선택밖에 남지 않는 것이 보통이다.

물론 마치부교로 오래 머물면서 부교쇼 안팎을 불문하고

---

21) 1년씩 교대로 당번이 되는 것을 의미한다.

제3장 메쓰케와 '도노사마'

명부교라고 칭송받을 정도의 인물이 때로 등장했던 것도 사실이다. 간세이 10년에 간조부교에서 마치부교로 옮기고, 분카文化 12년(1815)에 재직 상태로 사망한 네기시 비젠노카미 시즈모리根岸備前守鎭衞는 그 대표격 인물이다. 단, 네기시는 나중에 소개하는 것처럼 150표의 간조에서 출발해 간조부교로 승진한 후에 마치부교가 되었던 인물로, 마치부교로서는 드문 변종이자 메쓰케 경험도 없고 료반이나 도노사마 세계의 주민도 아니었다. 재판 실무 현장에서부터 차근차근 밟고 올라온 능리의 전형이지만, 그 네기시도 다음과 같은 고백을 남길 정도였다고 한다.

『갑자야화』에는 세상 물정에 밝은 승려학자인 다케오 젠치쿠竹尾善筑가 전하는 이야기로 만년의 네기시가 한 술회가 소개되어 있다. 그에 따르면, 자신은 10명의 목을 베었다며 못할 짓을 했다고 고백하자, 옆에서 듣고 있던 사람이 오랜 기간 부교로 재임했으니까 참형에 처한 사람은 그 정도 숫자가 아니지 않냐며 질문했다. 그러자 자신이 말하는 것은 그런 뜻이 아니라, 문초를 할 때 이건 사형에 해당하지 않는다고 내심 생각하면서도 "문초 담당의 요리키나 도신의 의견이 이것은 사형에 해당한다고 주장하는 것을 굳이 말리지 않았던 자"가 10명이었다는 의미라고 설명했다고 한다.(續編)

말하자면 고등재판소 장관이기도 한 마치부교가 스스로는 사형에 해당하지 않는다고 생각하면서도, 실무 하급관리의 주장에 밀려서 사형을 내린 것이 10명에 이른다는 것이다. "조직의 논리"라거나 "여론의 반발"이라거나, 비슷한 사정에 직면한 고등재판소나 최고재판소장관의 사례도 있지 않을까 의심스럽지만,[22] 여기에 대해 파고드는 일은 해당 분야의 전문가에게 맡기겠다. 어쨌든 에도 관계에서 풍파를 견뎌냈으리라 여겨지는 네기시가 이 정도라면, 도노사마나 초짜들은 어떤 지경이었을지 상상해본다(해볼 뿐이다). 조금 더 말해보자면, 정도나 형태는 다양하더라도 메쓰케 경험자가 전전하는 온고쿠부교쇼, 나아가 사쿠지·후신·고부신부교쇼 등 이권이나 뇌물이 횡행하는 곳으로 특히 잘 알려진 관청도 비슷한 사정이었던 듯하다.

간세이 2년 여름, 오랜 기간 메쓰케로 근무한 진보神保[p.105]가 고부신부교로 바뀌었다. 본인은 감사하다며 기뻐했다는 이야기는 앞서 소개했지만, 전출 대상지인 관청이 처치 곤란한 곳으로, "특히 고부신부교쇼는 하급 역인들의 세력이 강해서, 부교조차도 날려버릴 정도라는 소문"이라고 『조시』는 전한다.(하 196) 날려버린다는 것은 부하 역인들이 몰래 책모를 꾸미며 부교의 출세를 방해하거나 실각시켜버리는 일을 가리킬 것이다. 그에 더해 공사 비용의 1할을 떼어먹는다는 평판인 "거대한 마굴"(상 76·145)이지만, 함부로 강기숙정 같은 걸 진행했다가는 업자와 공모한 하급 기술관으로부터 딴죽이 걸릴 수

---

[22] 최고재판소는 일본 사법부의 최고 기관으로, 고등재판소 등의 재판에 대한 불복 신청(상고 등)을 취급하며, 최고재판소장관 1명과 최고재판소 판사 14명으로 구성된다. 고등재판소는 최고재판소를 제외한 모든 하급 재판소 중에서 최상위의 재판소로, 지방재판소, 가정재판소, 간이재판소의 재판에 대한 불복신청(공소 등)을 취급하는 기관이며, 고등재판소 장관과 판사로 구성된 조직이다.

있다. 능력은 그저 그렇지만 정이 두텁고 성실한 인품이라는 평판의 진보 씨 밑에서 '마굴' 청소가 어디까지 가능할지에 대해 관계의 기대가 컸으리라고 생각되지는 않는다.

간세이 개혁을 이끈 사다노부는 다누마 시대를 비판하면서, 뇌물로 출세한 많은 역인이 "열에 여서일곱은 그 직을 당해내지 못했다. 집정(로주)의 평의도 도필刀筆 관리(사무관료)의 마음대로 흘러가게 되어 국체國體의 일이 마음에 걸릴 일이 없었다"라고 개탄하고 있다.(『宇下人言』) 뇌물이나 정에 의해 행정간부가 선임되면 아랫사람이 상사의 약점을 간파하여 마음대로 행동하기 때문에 나랏일 따위에는 신경을 쓰지 않았다는 진단에도 그 나름의 이유는 있다. 사다노부 정권에서 발탁한 유능한 장관이나 간부가, 마치부교부터 시작해 많은 관청에서 실권을 탈환하는 데에 노력하고 때로는 눈에 띄는 성과를 거둔 일은 『조시』의 여기저기에 '도필 관리'의 불만이나 불평이 얼굴을 내밀고 있는 대목에서도 상상할 수 있다. 다만 그 노력도 얼마나 오래가는 구조변화로 연결되었는가라는 지점에서 논의의 여지가 남는다. 그 부근의 사정을 마치부교쇼를 예로 살펴보자.

3.13 개혁과 마치부교쇼

사다노부가 '금곡金穀의 권한', 즉 경제운영의 실권을 조닌이나 부호富豪로부터 정부의 손으로 되찾고 싶다고 염원하여 이를 위해 많은 노력을 기울인 것은 본인도 인정했고, 후세의 역사가도

입을 모아 지적한 바이다. 이를 위해서는 오사카를 중심으로 한 서일본의 경제력과 함께 에도의 조닌과 부호에게도 공세를 취할 필요가 있었다. 그런데 에도를 관할하는 마치부교쇼는, 이미 확인한 바와 같이, 유력한 조닌이나 에도 재계와 '유착'해 정부 수뇌의 정책이나 지령이 순조롭게 말단까지 통하는 체제가 아니다.

예를 들어 덴메이 말년의 에도에서 일어난 쌀소동의 뒤처리와 관련해서 오니와반お庭番이 적은 풍문서에 의하면, 조닌의 집에 여유분의 쌀이 얼마나 있는지 조사하러 갈 때 마치부교쇼의 요리키나 도신과 동행하게 되면, "조닌들이 손을 써두"기도 해서, 즉 평소의 관계를 이용해 뇌물을 써서 정보를 입수해두니 실정을 파악하기 어렵게 되므로, "간조쇼나 혹은 메쓰케 지배 하의" 직원을 파견해야 한다고 보고하고 있다.(深井雅海 『德川將軍政治權力の硏究』) 또한 교토 마치부교로 평판이 훌륭했던 이시카와 도사노카미石河土佐守가 에도의 마치부교로 발탁되었을 때, 본인은 이 나이에 마치부교를 하는 건 성가신 일이라고 주저하며, 취임 조건으로 "요리키·도신 교체"를 제시했다는 소문도 있다.(「天明大政錄」)

정부 수뇌가 마치부교쇼를 불신하는 일은 에도의 유복한 조닌을 간조부교 어용달御用達23)에 임명한다는 조치에도 나타난다. 이 새로운 방침이 당시 관계의 이목을 모은 사정은 『조

---

23) 막부, 다이묘, 하타모토, 구게(公家) 등에 필요한 물품이나 서비스를 제공하는 특권적인 어용상인의 격식 중 하나이며 가장 높다.

제3장 메쓰케와 '도노사마'

시』의 기사로도 알 수 있지만, 에도 토박이인 부호를 일단은 마치부교쇼 지배하에 두면서도 간조쇼의 지휘체계 하에 집어넣어 간조부교 데쓰키手付로 둔 일은, 의도야 어찌되었든 사실상 마치부교쇼의 권능을 약화시키고 마치부교쇼를 거치지 않고 일을 진행하는 결과로 이어졌다. 게다가 어용달 선임에 있어서 마치부교쇼가 추천했던 미곡상은 탈락되었다는 것도 앞서 본 오니와반의 보고와 관련해서 주목할 만하다.(竹內誠,「寬政改革と勘定所御用達再論」)

경제나 재정문제 만이 아니라 마치부교쇼의 또 다른 주요임무인 에도의 치안 유지에 관해서도 사다노부 정권의 평가는 낮았다. 소설이나 드라마에서 유명해진 히쓰케토조쿠아라타메火付盜賊改[24] 하세가와 헤이조長谷川平藏나, 그와 경쟁하던 마쓰다이라 사킨고松平左金吾의 평판은 『조시』에도 종종 등장한다. 다만 『조시』의 정보는 하세가와와 마쓰다이라의 별 것 아닌 다툼을 둘러싼 소문에 치우쳐져 있어서 간과하기 쉽지만, 더욱 중요한 것은 이 두 사람의 활약으로 히쓰케토조쿠아라타메의 평판이 올라가는 한편, 마치부교에 대한 평가가 박해져서 마치부교 관계자에게 경계심이나 초조함이 보인다고 전하는 부분이다.

『조시』에 의하면 두 사람의 활약으로 중요 범죄자가 차례차례 체포되었기 때문에 "이는 마치부교가 잡아야 되는 일이지만, 그렇게 되면 마치부교도 곤란할 것이다.··· 마치부교는

---

24) 에도시대에 중죄로 여겨진 방화(히쓰케), 강도(토조쿠), 도박을 관리하는 역직이다.

입을 열었다.···· 대체로 마치요리키나 도신은 여기에 대해서도 비난조라는 소문이다"라고 한다.(상 358·362) 한편 마쓰다이라 사킨고는 단속하는 모양새가 조닌 사이에서 평판이 좋아, 언젠가 마치부교가 될 것이라거나, 하세가와 헤이조는 헤이조대로 여기서 공을 세워 마치부교가 되기를 노리고 있다는 등의 소문도 있다. 『조시』에 의하면, 사다노부 정권이 메쓰케인 사카베와 이노우에를 특별히 마치카타가카리로 임명했기 때문에, 마치부교인 이케다 지쿠고노카미池田筑後守 등은 로주에게 자신에 관한 어떤 보고가 들어갈지 두려워하며 위축되었다고 한다. 다른 쪽에서는 사카베나 이노우에처럼 "낮은 신분으로 무슨 일을 제대로 할 수 있단 말인가. 조금도 두려워할 필요 없다"라며 질타 격려하는 목소리도 있었다고 전해지지만(하 166), 당사자인 이케다 입장에서는 넘어가서는 안 될 감언이설이었는지도 모른다. 경제면에서도 치안면에서도 마치부교의 지위 저하는 부정할 수 없다.

물론 정부 수뇌가 마치부교쇼를 포기하고 개혁을 방기한 것은 아니다. 메쓰케에게 마치부교쇼를 격려하게끔 하는 한편, 유착의 원흉이라고 여겨진 마치요리키의 일부를 교체하고, 신분은 같은 요리키라도 그때까지 마치부교쇼와는 상관이 없었던 오반大番 등에서 요리키로 보내는 조치도 취했다. 과감한 외과수술로 상당한 충격이 가해졌을 것이다. 다만, 예를 들어 새로운 마치요리키로 보내진 오반요리키들은, 같은 요리키이므로 출세는 아니지만 "근무도 서지 않고, 사람들도 대우해주고, 봉

제3장 메쓰케와 '도노사마'

록도 받고, 여러 다이묘로부터 정식으로 선물도 있고, 거택居宅 건물도 좋고, 이름名보다 실實을 취해야 하는 법이야"라며 크게 기뻐했다고 『조시』는 전한다.(상 402) 관사도 훌륭하고, 조닌들도 존경하고, 역득[p.79]도 생기니 기뻐하는 것은 자연스러운 일이지만, 기를 쓰고 열심히 일하자는 분위기가 결코 아니었던 것도 확실하다. 아무튼 개혁으로 잔뜩 움츠러든 부교 이하의 직원과, 경험이 없는 신입 요리키로 구성된 혼성부대가 어디까지 개혁의 적극적인 추진기관으로 변모했을지는 의문이다.

확실히 지나치게 비싼 이사 인사 비용[25]으로 대표되는 에도의 마치 운영 경비町入用[26]를 절감시켜서, 서민 구제를 위해 그 70%를 적립하는 칠분적금七分積金제와 같은 '간세이 유신' 아니고는 거둘 수 없는 성과를 올린 것은 사실이다. 그리고 그 후에도 제도가 정착은 했지만, 이는 마치부교쇼와 마치카타의 '유착'을 잘라내고 이권의 온상을 없애버리는 작업을 통해, 당초의 목표는 어디로 갔던 결과적으로 마치부교쇼 권력의 원천을 축소하는 결과로 이어졌다. 그뿐만 아니라, 새롭게 설치된 칠분적금회소의 자금 운용을 포함해 그 실무를 담당한 것은 앞서 소개한 간조쇼의 어용달이며 최종 감독권은 간조쇼로 옮겨졌다. 여기서도 개혁은 마치부교쇼의 강화나 충실화보다는 권한

---

25) 새로 이사 온 집에서 이웃들에게 인사를 겸한 선물을 돌리는 행위를 가리키며, 에도시대에는 '소바' 즉 메밀면을 돌렸기 때문에 그 비용을 '이사(引っ越し) 소바 값(そば代)'이라고 쓴다.
26) 조닌들의 구역인 마치를 운영하고 유지하기 위해 필요한 경비로 조닌들이 부담했다.

축소, 바이패스 공사에 기울어져 있었다. 메쓰케 출신자에게는 화려하고 중요한 무대라도, 실무 관청으로서의 마치부교쇼를 신뢰하는 공기가 정권 주류에게 희박했을 것임이 분명하다.

그렇다면 마치부교와 나란히 하타모토 커리어의 정점에 해당하는 간조부교의 경우는 어땠을까. 사다노부 정권은 간조쇼와 간조쇼 수뇌를 어떻게 취급하고 간조쇼 측은 여기에 어떻게 대응했을까. 다음 장에서는 개혁으로 흔들리는 간조쇼의 내막을 들여다본다.

제 4 장

간조쇼 수뇌와 개혁 정치

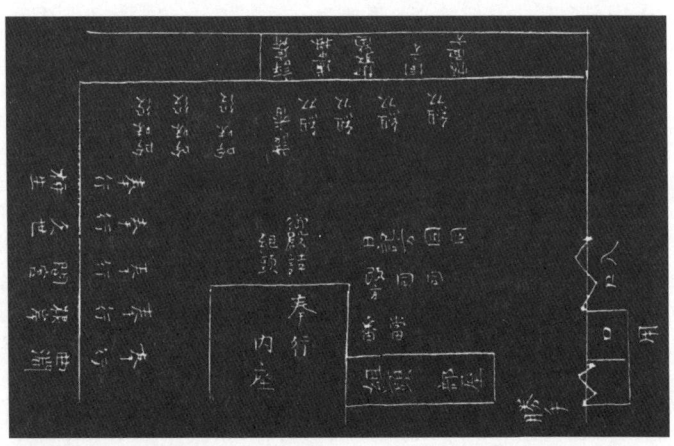

오타 난포(大田南畝)가 그린 「고텐간조쇼(御殿勘定所)」의 직원 배치도. 20세기로 말하자면 대장성 수뇌와 관방, 주계부국(主計部局)만 수상 관저로 이사한 셈이 된다.

4.1 간조쇼라는 관청

간세이 원년 정월, 사다노부 정부가 메쓰케 및 간조부교를 대상으로 한 통의 통지를 보냈다. 그에 의하면, "메쓰케라는 존재는 정사政事의 역으로 절차와 형식이 가장 중요하며", 한편 "재정 쪽을 담당하는 간조부교 등"은 갓테가카리 메쓰케와 '양륜兩輪'을 이루니, "재정 측과 정사 측"의 협조야말로 정무의 주안이라고 통지는 강조한다.(『憲法類集』)

풀어서 말하자면, 메쓰케는 정치의 기본 방향에 관련되었고 강기숙정을 추진하는 기둥이며, 간조쇼는 재정을 소관하는 실무운영의 중심이라는 말이다. 1945년 이전에 관청의 쌍벽을 이뤘던 대장성大藏省과 내무성, 두 성에 관해 "대장은 정책의 중심, 내무는 정부의 중심"이라는 것이 관계의 상식이었던 점을 연상시킨다. 다만 간조부교쇼는 에도의 관계 내부에서도 유달리 큰 규모와 권능을 자랑하였고, 단순한 재무나 세무에 그치지 않고 오늘날 우리가 행정이라는 말로 연상하는 정부 활동의 태반이 이곳에서 집중적으로 관리되었다.

예를 들어, 현대의 외교활동이나 외무성의 직접적인 기원은 막말의 외국外國부교로 거슬러 올라가는데, 그 외국부교쇼 간부나 주요 직원으로는 메쓰케와 함께 간조쇼계 직원이 다수 기용되었다. 에도의 최고재판소이자 상설 정부자문기관이기도 했던 효조쇼評定所는, 보통 지샤부교·마치부교·간조부교의 삼부교[p.296]로, 때에 따라 여기에 오메쓰케와 메쓰케를 더해서

제4장 간조쇼 수뇌와 개혁 정치

구성됐지만, 그 실무를 책임지고 관리한 것은 효조쇼 도메야쿠 留役다. 참고로 도메야쿠의 정규 신분은 도메야쿠간조留役勘定였고 넓은 의미의 간조쇼 직원에 속하며, 인사 교류를 포함해 효조쇼 사무기구는 간조쇼의 통제하에 있었다. 또한 간세이 이후에는 지샤부교에 관해서도 거의 마찬가지의 구조를 취하게 되었다. 이에 더해 전국 각지에 산재하는 영지, 즉 도쿠가와가의 직할령을 지배하는 다이칸代官은, 공식적으로도 실무상으로도 간조부교쇼에 속하며, 여기에서 나오는 수입이 쇼군과 오쿠를 포함한 '내국'[1]이나 정부활동 일반의 재정 기반이 되었다. 그리고 공식적으로는 로주 직속이라 여겨진 온고쿠부교의 다수도 실무 형태나 실무 담당 직원 인사 등의 실무 면에서는 사실상 간조쇼의 통제하에 놓여 있었다. 이것 이외에도 구라부교藏奉行, 가네부교金奉行, 우루시부교漆奉行, 금좌·은좌·동좌 등의 수많은 관청, 공적기관도 간조쇼의 외국外局이거나 외국과 다를 바 없었다.

늦어도 간세이 개혁에서 반세기 정도 뒤인 덴포 10년(1839) 이후,『회계편람會計便覽』이라고 불리는 이른바『대장직원록大藏職員錄』이 민간에서 간행되기에 이른다. 일반 정부 직원록에 해당하는『무감武鑑』과는 달리, 간조쇼 만을 취급하는 상세한 직원록이 해마다 발행된다는 일 자체가 실무 관청으로서의 간

---

[1] 일본 행정기관의 조직을 구분하는 용어로, '내국'과 '외국'이 있다. 전자는 내각부와 성(省)의 내부에 설치한 기본적인 사무를 담당하는 조직인 관방(官房)과 국(局)이고, 후자는 부와 성에 직속되었지만 독립성이 강한 조직으로 위원회나 청(廳)이라는 명칭을 갖는다.

조쇼의 중요성을 말해주지만, 여기에 기초해 에도에 있는 간조가카리 직원의 총수를 계산해보면, 유노미토코로^{湯飲み所}의 사람이라고 불리는 잡역 담당이나, 금·은·동좌 등의 현업 부문의 직원을 제외하고 총 7백 명 가량, 실제 숫자로는 670명 정도에 달했다. 여기에 전국에 퍼져있는 다이칸과 그 휘하의 데쓰키^{手付}·데다이^{手代} 등의 지방 직원을 포함하면 2000명이 된다. 한편, 마치부교쇼는 남북[2])을 합쳐서 요리키 50명, 도신 300명의 350명 체제이므로, 이와 비교했을 때 간조쇼가 거대하고 복잡한 관청이었음을 알 수 있다.

『조시』는 간조쇼에 관해 마치부교 등과는 달리 "천하를 관장하는 대역^{大役}"이며, "다른 곳과 달리 간조쇼 등은 일의 전반을 이해하지 않으면 수행해 낼 수 없는" 관청(상 197·264)이라고 말한다. 간조쇼는 정책 전반에 관련되었고, 면밀하고도 전체 판국에 정통해있지 않으면 감당할 수 없는 관청인 이상 개혁을 진행함에 있어서 마치부교쇼는 넘어갈 수 있어도, 간조쇼는 메쓰케와 마찬가지로 정부의 지휘하에 제압해 두고 잘 다루지 않으면 안 된다. 간조쇼를 어떻게 통제해서 잘 다룰 것인가, 이것이 개혁의 성공 여부를 크게 좌우한다.

---

2) 지역명 없이 '마치부교'라고 하면 에도 마치부교를 가리킨다. 남마치부교와 북마치부교를 설치했으나, 부교쇼의 위치가 두 개일 뿐 권한은 동일했다.

제4장 간조쇼 수뇌와 개혁 정치

4.2 하급 막신의 희망

간조쇼와 메쓰케는 에도 관계의 쌍벽이었는데, 인사 구조상으로는 대조적이었다. 메쓰케가 되려면 정통 계보의 하타모토라는 것이 거의 절대적인 조건으로, 하급 하타모토나 고케닌에게는 닫혀 있는 별세계다. 한편 간조쇼는 이러한 하급 막신에게도 정점인 간조부교까지 올라갈 수 있는 가능성이 있는 인기 관청이었다는 것이 에도 관계의 상식이었다.

예를 들어, 몇 번인가 소개한 『오기나구사翁草』[p.36]는, "간조쇼에서의 근무야말로 약간의 실적도 눈에 띄고, 입신도 빠르다 … 신분이 낮은 자들도 기량만 좋으면 자유롭게 일을 맡을 수 있으므로, 간조의 제사諸士는 모두 열심히며, 평平간조는 구미가시라가 되고자 하고, 구미가시라는 긴미야쿠吟味役를 바라며, 긴미야쿠는 부교를 선망하여" 각자가 출세 경쟁에 몰두하는 실력 위주의 세계라고 설명한다.

간조쇼에서 근무하면 하급 고케닌에게도 입신출세의 길이 열린다는 것은 다이칸야쿠쇼의 데다이, 즉 간조쇼 지방 출장소의 하급 직원 집안에서 태어난 가와지 도시아키라川路聖謨(1801~1868)가 자기 대에서 간조부교가 된 사례로도 알려져 있다. 그 가와지가 간조부교 승격을 목전에 두고 나라奈良부교로 좌천되었던 시기가 있다. 그 당시 나라에서 평생 출세하지 못하고 밑바닥 생활을 하는 현지의 요리키와 도신에 관해, "간조쇼에 배치한다면 꽤나 실력 발휘를 할 수 있을 것으로 보이는 자도 있다. 그럼에도 대대손손 내 부하급 되는 이들에게 머리를 조아리며 살고 있다"고 편지에 적고 있다.(『寧府紀事』) 다시 말해, 지역에 매여있는 하급 직원 중에는 만일 간조쇼에 들어간다면 상당히 출세할 수 있을 법한 인재도 있는데, 자신의 부하와 같은 자들에게까지 머리를 조아리며 대대로 살아야 한다며 가와지는 기회를 얻지 못한 나라 지역의 관리들에게 동정심을 보인다.

간세이 개혁이 한창 진행 중일 때, 사다노부에게 정치 개혁 의견서를 제출한 고부신 우에자키 구하치로^{植崎九八郎}(1756~1807)는, "하급 역인에 이르러서는 재정 및 예산·회계 쪽에서 일한 자를 높이 사야함을 세상 누구나 알고 있고, 무역^{武役}인 오반슈^{御番衆}는 뒤떨어진다고 알고 있다"(「植崎九八郎上書」)고 말했다. 무사 본래의 업무인 무관이나 반카타는 경멸하고, 간조쇼 역인을 중시하는 것이 세간 일반의 풍조라는 말이다. 출세를 위해서 잘 보이려고 열심이었던 우에자키의 뛰어난 언술도 있겠지만, 평시의 출세와 실권이 간조쇼에 있다는 상식은 대체로 옳다. 『조시』에도 메쓰케와 나란히 간조쇼의 인사나 동향을 둘러싼 다량의 정보가 즐비한 것도 이를 방증하며, 메쓰케가 상급 하타모토의 출세를 관망하는 전략적 관전 포인트라면 간조쇼는 '청운의 뜻'이 있는 하급 하타모토나 고케닌을 관찰할 수 있는 곳이다.

4.3 정변과 부교쇼 인사

덴메이 6년(1786)에 다누마는 실각하고, 덴메이 7년 7월에 사다노부가 필두 로주로 취임한다. 정변이었다. 정변에는 주요 포스트의 변동이 동반되며, 개혁 숙청에는 처분자가 나온다. 간조쇼도 물론 예외가 아니다. 당초 적지에 단신 낙하산 강하하는 형태로 고전했던 사다노부의 정권 기반이 굳혀지자, 개혁이 본격화하는 덴메이 8년 여름부터 겨울까지 사이에 네 명의 간조부교 중에서 우선 두 사람이 관계에서 모습을 감췄다. 그 중 하나인 아카이 부젠노카미赤井豊前守(다다아키라忠晶, 1727~1790)는 휘하의 간조쿠미가시라인 쓰치야마 소지로土山宗次郎의 부정에 관여했다는 이유로 '오토가메 요리아이お咎め寄合'[무역]로 떨어졌고 가록도 반으로 삭감되었다. 두 번째인 마쓰모토 이즈노카미松本伊豆守(히데모치秀持, 1730~1797)도 오토가메 고부신이 되고 핍색逼塞처분[3]을 받은 것뿐만 아니라 부교로 승격하여 늘어났던 500석의 가록도 깎이고, 원래대로 100표 5인 후치에 가까운 150석으로 돌아가게 되었다. 구와바라 이요노카미桑原伊豫守(모리카즈盛員, 1721~1800)는 그다지 능력도 없는 대신 일은 청렴하고 무난하게 했다는 평판이 도와서 덴메이 8년 말까지 살아남았다. 다누마 시대부터 부교였고 사다노부 정권하에서도 계속해서 활약한 유일한 예외가 구제 단고노카미久世丹後守(히로타미廣民, 1737~1800)인데, 이 구제에

---

3) 무사나 승려에게 내려지는 형벌의 일종으로, 대문을 닫고 낮 동안 출입을 금지하는 처분이다.

대해서는 뒤에서 다시 소개하겠다.

다누마 시대에 활약했던 간조쇼 간부 중에 가장 엄한 처분을 받은 것은 간조쿠미가시라 쓰치야마로, 직무상의 부정 이외에 유녀를 기적에서 빼내어 첩으로 삼고 이레코[p.39] 의혹에 관계했다는 이유로 사형에 처해졌다. 그 쓰치야마에게 명령을 받아 부정한 쌀 매수를 담당했던 것으로 알려진 간조쇼의 말단 직원인 고부신 역의 이시다 기자에몬石田儀左衞門도 탈주 중에 사망했다. 자살인지 타살인지는 알 수 없다. 쓰치야마의 친동생으로 양자가 되었던 나가타키 시로자에몬長瀧四郞左衞門은 당시 도메야쿠였는데, 형의 이레코 공작에 관여했다는 이유로 오토가메 고부신으로 떨어졌고 핍색 다섯 달의 처분을 받았다.

이 외에도 간조쇼 안팎의 관계자 다수가 조리돌림 후 효수로 시작해, 추방追放,[4] 오시코메押し込め[5] 등의 처분을 받았다. 기록이 적고, 처분 이유나 처분 규모는 불명확하지만, 다누마 몰락 이후 사다노부 정권 확립기의 덴메이 8년 말까지의 기간에 간조·지배간조·후신야쿠 각각에서 수십 명이 면직이나 막신 신분 박탈 등에 처해졌던 듯하다.(『翁草』·『天明大政錄』등) 이 외에도 좌천 등 인사 이동도 많았고, 『오기나구사』에 의하면 천재와 흉작으로 혼란스러웠던 전년까지와는 달리 자연계는

---

4) 형벌의 일종으로 거주 지역으로부터 쫓아내 돌아오지 못하게 하는 처분이다. 경우에 따라서는 재산이나 가옥을 몰수한다. 중추방(重追放), 중추방(中追放), 경추방(輕追放), 에도바라이(江戶拂) 순으로 처분의 강도는 약해진다.
5) 형벌의 일종으로 일정 기간 자택에 감금하고 외출을 금지하는 처분이다.

거의 순조로운 계절을 맞이했지만, 덴메이 8년의 관계는 대소동으로 "인사의 변역變易 면에서는 백 년 이래 미증유의 해"가 되었다.

이 덴메이 8년 여름에 간조쇼 직원은 200명을 한참 밑돌던 터라, 신규로 5~60명을 채용해도 아직 부족한 정도라는 평판이 『조시』에 등장한다. 이는 간조쇼 본체의 간조와 지배간조 만이 아니라, 효조쇼도메야쿠나 전 긴미야쿠데쓰키 등을 포함한 정원과의 차이라고 생각된다. 그 전해인 덴메이 7년 말, 30명을 채용한 것 같다는 이야기가 사실이라고 한다면, 결원의 규모는 일시적으로 100명 가까운 수준이었을 가능성이 있다.(상 76·171·176) 모든 결원이 면직이나 좌천은 아니었다고 하더라도, 사다노부 정권에서 본 간조쇼의 '불량 직원' 도태가 상당히 대규모였다는 점, 그것도 덴메이 8년 가을 정도까지는 일단락했다는 사정도 엿볼 수 있다. 다음은 부교 이하의 신임 인사와 강기숙정이다.

4.4 사다노부의 부교들

덴메이 8년 말, 신임 부교의 면면이 정해졌다. 이듬해 발행된 『대성무감大成武鑑』에는 "마가리부치 가이노카미 가게쓰구 공公 1650석 덴메이 8년 11월부터"를 필두로, 구제 단고노카미·야규 슈젠노카미柳生主膳正·네기시 히젠노카미根岸肥前守·구보타 사토노카미久保田佐渡守, 다섯 명의 이름이 나란히 올랐다.(그림 1, 140쪽)

정변으로 모습을 감춘 아카이와 마쓰모토를 대신해 쓰게 나가토노카미柘植長門守와 아오야마 다지마노카미 두 사람이 일시적으로 간조부교에 발탁되나, 간조쇼의 짐이라는 것이 관계의 평판으로, 한두 해만에 고산케의 가로로 내보내졌다. 단기간의 대행자로 근무한 이 두 사람 모두 명소 순행형이다.[p.150] 더욱이 다누마 시대부터 살아남은 구와바라는 덴메이 8년 11월에 오메쓰케로 추대되었다. 『조시』에는 이러한 일련의 이동으로 구와바라, 아오야마, 쓰게 같은 "쓸모없는 자들은 모두 쫓아내"고 "오래된 노련한 자"가 모였으므로 다섯 부교의 면면에 "불평할 게 없다"라고 하는 목소리도 소개되어 있다.(상 273)

필두인 마가리부치[p.106]는 앞서 "개를 먹어라" 발언으로 마치부교 자리에서 쫓겨났다고 하는 메쓰케 출신의 간조부교로, 그의 명소 순행은 이미 소개한 바 있다. 『무감』에 있는 ㊤은 구지카타公事方 계통의 간조부교를 나타내는 표지로, 주로 도쿠가와 가의 직할령이나 간토關東권에 관련된 소송을 담당하고, 동시에 지샤부교·마치부교와 함께 효조쇼의 한 자리를 담당했다. 간조쇼의 업무 중 임시로 서무의 일부를 담당하기도 했는데, 행정·재정 면에서의 비중은 다음의 갓테가카리에 비해 떨어진다. 그래도 마치부교 시대에 실점이 있는 마가리부치가 왜 덴메이 8년 겨울에 사다노부 정권하의 간조부교로 되돌아올 수 있었는지, 『조시』에 직접적인 단서는 없다. 상상에 지나지 않지만, 실무경험이 풍부하고 다누마 시대에도 비교적 청렴했던 인물이 바닥이 난 것과 소송의 공정함, 신속한 처리를

제4장 간조쇼 수뇌와 개혁 정치

요구하는 정권의 의향에 맞는 인선이기라도 한 것이었을까.

다른 한 사람인 구지카타의 네기시 히젠노카미 구로자에몬 根岸肥前守九郎左衛門(1737~1815)은 사다노부의 로주 취임 직전인 덴메이 7년 7월 1일에 사도佐渡부교로 발탁되었다. 단, 직력은 상급 하타모토이자 메쓰케 출신인 마가리부치와 대조적으로, 28년 전인 호레키寶曆 11년(1761)에 150표의 간조로 시작해, 다누마 전성기를 간조쇼 계의 직장에서 한 길만 걸어 승진해온 토박이이다. 부교 취임 당초는 갓테가카리였지만, 다음으로 소개할 야규가 마치부교에서 간조부교로 착임하는 것과 교대하듯이 구지카타로 보내졌다.

갓테가카리에서 구지카타로의 '좌천'에 관해 불타버린 교토 고쇼御所 재건 업무를 담당했을 때의 미비점이나 다누마 시대의 뇌물수수 의혹을 지적하는 목소리도 있지만, 네기시 본인은 누군가가 사다노부에게 비방중상을 불어 넣었기 때문이라 생각한다고『조시』는 전한다. 진상은 알 수 없지만, 밀정이 횡행하는 세상이기에 모략에 의해 발목을 잡힌다는 설도 가능한 추정이다. 네기시의 출세가 다누마의 전성기와 겹쳐진 일이나 간조부교 취임 시기로 보아 사다노부 정권 본류와는 거리가 있었던 듯하다. 행정과 재정이 본업이라고 자부했지만, 소송을 지휘하는 데에도 수완이 뛰어나, 구지비토公事人(소송관계자) 사이에서 평판이 좋았다고 한다. 그런 가운데 "열 명을 죽였다"는 이야기[p.158]는 앞 장에서 소개했다.

『무감』에서 마가리부치 다음으로 나오는 것이 "구제 단고노카미 히로타미久世丹後守廣民㋕ 3000석 덴메이 4년 3월부터"이다. '㋕'는 갓테가카리를 나타낸다. 갓테가카리의 로주, 와카도시요리, 메쓰케와 직결되며 일상의 정부 중추를 이루고 있다는 사정은 이미 설명했다. 구제의 역인 생활은 가지바미마와리火事場見回り라고 하는, 지출은 크지만 별다른 역득도 없는 직에서 시작되었다. 가록이 높은 상급 하타모토의 다수가 제일 처음에 임명되는 자리 중 하나이다. 이를 별 탈없이 해내면 다음으로 이 역시 상급 고록 하타모토의 단골 코스 중 하나인 쓰카이반使番을 거쳐서 고부신 지배가 되고, 다시 우라가부교浦賀奉行로 나갔다. 우라가에서 2년 정도 근무한 후, 안에이 4년(1775) 말에 나가사키부교로 발탁되어 간조부교로 중앙에 돌아올 때까지 거의 10년간 재임했다. 참고로 나가사키부교의 전임자는 간조부교 동료가 될 구와바라로, 구와바라는 메쓰케에서 직접 나가사키부교가 된 영달한 그룹에 속한다.

구제 이외에 갓테가카리에는 야규 슈젠노카미와 구보타 사도노카미가 있다. 야규는 쇼인반시書院番士에서 고난도小納戶로 옮겼고, 또한 고쇼로 근무하는 등 오쿠奧에서의 근무 경력이 길었다. 이로 인해 간조부교 시대에는, 성을 자기 집처럼 생각하니 남아서 야근하는 일도 힘들지 않을 거라며 빈정대는 소문도 들렸다. 쇼군가의 검술 지도자로 알려진 집안으로, 슈젠도 쇼군의 세자인 이에모토家基의 검술 지도를 겸했던 시기도 있다. 니시노마루메쓰케로 전출되었다가 다시 혼마루메쓰케로 옮긴 후 고부신부교로서 정부 요직의 계단을 올랐으며, 사다노

제4장 간조쇼 수뇌와 개혁 정치

부 정권 발족 직후인 덴메이 7년 9월에 마치부교로 승격했다. '오쿠'에서 메쓰케로 나온 후 출세한 명소 순행형 인물 중 하나이지만, 마치부교로는 1년 정도만 일하고 간조부교로 옮겼다.

간조부교(특히 구지카타)에서 마치부교로 '영전'하는 것이 에도의 룰이고 반대의 경우는 극히 드물다. 간조부교 상좌, 마치부교의 다음이라는 석차도,[6] 마치부교에서의 이동이 감안된 것이리라. 다만, 『조시』에 의하면 마치부교로서의 평판은 좋지 않다. 융통성이 없고 임기응변이 안 된다고 한다. 인기가 있기는 어려운 타입이었던 듯하나, 그만큼 면밀해서 간조부교 쪽이 그나마 낫다고들 말했다. 간조부교 취임 후, 불타버린 교토의 고쇼御所 재건을 담당하는데, 여기서도 평판은 나아지지 않았고, 왜 저런 놈이 와있냐는 목소리가 계속되었다. 오쿠 출신에게 간조부교는 무리라는 목소리가 그즈음 『조시』에도 등장한다. 혹은 야규를 넌지시 가리키는 것인지도 모른다. 그러나 결과적으로는 분카 14년(1817)까지 30년 가까이 간조부교로 근무하여 역대 최장기 근무 간조부교가 되었다. 역인의 인생이란 알 수 없는 법이다.

또 다른 갓테가카리인 구보타는 네기시와 마찬가지로 간조쇼 토박이로, 그 역시 간조에서 시작해 다이칸을 거쳐 안에이 6년(1777)에 간조긴미야쿠로 승진했다. 사도부교를 거쳐서 간조부교로 발탁된 것도 네기시와 같다. 선량하고 독실한 인품이라는 평은 많은 사람의 의견이 일치했던 바였던 듯하며,

---
[6] 석차는 에도성 내에서의 앉는 자리순을 말한다.

낮은 직급에서 시작한 역인은 건방져지기 쉬운데 구보타에게는 그런 점이 하나도 없다며 "제일 좋은 관리"라거나, 정부의 실무 중추가 성안에서 모이는 "후요노마芙蓉之間[p.112]의 멤버"인 역인 중에서도 인품이 최고라는 등『조시』도 칭찬하고 있다. 간조부교의 취임은 덴메이 8년 5월로, 간세이 4년 윤4월까지 4년간 재직했지만 구제나 야규에 비해서『조시』에 소문이나 평판이 나오는 일은 적다. 성격이 좋고 트러블이나 과실이 적은 반면, 거친 일에는 맞지 않는다는 소문도 있다.

『관수보』를 신뢰한다면, 엔쿄延享 원년(1744)에 그는 역인 생활을 시작한 지 약 반세기가 지났다. 간조부교 취임 당시에 이미 70세가 되었기 때문에, 남은 역인 생활을 '대과 없이' 보낼 수 있으면 충분하다는 기분이 있었을지도 모른다. 그래도 60세가 넘어서 첩에게 아이를 낳게 했다는 평판의 구보타이므로 단언할 수는 없다. 참고로 나머지 네 명의 간세이 원년 시점의 관년官年은 야규 45세, 네기시 53세, 구제 57세, 마가리부치 61세다. 최연소인 야규에 관해서는, 2년 전의 마치부교 취임시에 너무 젊다는 점을 걱정하여 늙어 보이기 위해 허리를 굽히고 출근했다는 소문이 돌았다.

또한 간조부교 5인체제에 관해 말하자면, 예를 들어 구제가 간조부교에 취임한 덴메이 4년을 포함해 다누마 시대 후기에 해당하는 덴메이 원년부터 6년까지는 4명의 부교가 2명씩 나뉘는 체제였는데 이것이 보통이다. 갓테가카리가 3명으로 늘어난 데에는, 사다노부 정권이 긴축재정과 강기숙정을 중시했던

제4장 간조쇼 수뇌와 개혁 정치

일 이외에 때마침 불타버린 교토 고쇼 재건사업을 현지에서 지휘할 전임 간조부교를 필요로 했다는 우연도 있다. 야규의 갓테가카리 기용에 관해서 고부신부교 시대에 전 쇼군의 장례 건축[7]이나 사당 중수를 담당하고 실적을 남긴 일이, 교토 고쇼 재건에도 쓸모있다고 판단되었기 때문이라고 한다. 적재적소의 인사라고도, 운도 실력이라고도 말할 수 있다.

이와 같은 간단한 약력 소개를 통해, 정권변동이 있던 1년 반 사이에 간조부교의 구성원이 거의 일신되어 간세이 원년의 간조부교 5명 중 3명이 갓테카타[재정], 남은 2명이 구지公事[재판]였다는 점, 출신으로 보자면 3명은 오쿠 근무나 메쓰케·쓰카이반 등을 거친 상급 하타모토의 명소 순행형으로 마치부교와 같은 타입이라는 점, 간조쇼 토박이는 두 사람으로 구지카타와 갓테가카리에 한 명씩 배치했음을 알 수 있다. 다누마 시대 말기인 덴메이 5년에는, 토박이인 부교는 마쓰모토 이즈노카미 한 사람으로, 나머지 3명은 오쿠 출신이나 메쓰케 경유의 명소 순행형이었다. 나아가 에도 후기 즉 엔쿄 원년(1744)에서 덴포 14년(1843)까지의 한 세기 동안에 간조부교에 취임한 80명 중, 간조쇼 토박이는 1할 정도에 지나지 않았다는 점 등을 생각해보면, 사다노부 정권은 간조쇼의 토박이를 중시했다고 볼 수도 있다. 실제로 그랬는지를 조금 더 생각해보기 위해서도 부교와 함께 간조쇼 수뇌를 구성하는 간조긴미야쿠[p.300]에

---

7) 쇼군이 사망하면 영묘(靈廟) 혹은 어영옥(御靈屋)이라고 부르는 사당을 만드는 일을 가리킨다.

대해 언급해 두고자 한다.

4.5 긴미야쿠와 간조쇼 개혁

간조부교의 역고役高는 3000석으로 따로 연간 300냥의 역료가 지급되는 이른바 간조쇼 라인에서 가장 높은 자리에 있었지만, 이 부교로부터 독립해서 로주 직속으로 간조쇼의 행정과 재정을 감독·감찰하는 것이 간조긴미야쿠로 통상 4명으로 구성된다. 역고는 500석으로 따로 300표의 역료가 붙는다. 간조쇼에 한정된 메쓰케[감찰]라고도 할 수 있는 존재로, 부교 이하 간조쇼 직원에게 부정이나 문제가 있으면 직접 로주에게 고발하거나 상신上申할 수도 있었다. 역할 자체만이 아니라, 한층 더 출세할 수 있는 도약대라는 의미로도 메쓰케와 긴미야쿠에게는 공통점이 있었으나, 그 과반은 간조쇼 토박이인 하급 하타모토에서 영달한 그룹이었다. 막말에 긴미야쿠를 경험한 스즈키 시게네鈴木重嶺(1814~1898)도 그 중 하나였는데, 다른 좋은 역으로 움직이려면 간조긴미야쿠가 되는 것이 제일 빨랐다고 증언하고 있다.(『舊事諮問錄』)

징세나 재무회계의 부정을 예방하고 적발하기 위한 독립기관으로서의 측면을 중시한다면, 현대의 회계검사원[한국의 감사원]과 비교할 수 있겠고, 실제로 그렇게 보는 저작도 있다. 다만, 메쓰케에 관해서 봐온 것처럼, 사전 감사·감찰을 중시하는 에도 체제의 원칙 하에서는 감사·감찰과 일상 속 집행업무와는 불가분의 관계에 있었고, 인사를 포함한 간조쇼의

제4장 간조쇼 수뇌와 개혁 정치

표5 다누마 시대와 간조긴미야쿠의 전직 (출전은 『柳營補任』)

	간조구미가시라	다이칸	오반	마카나이가시라	고난도	고젠부교	기타	계
다누마 이전 元文2~明和2	4	5	6	1	1	0	5	22
다누마 시대 明和3~天明4	6	5	0	2	0	0	2	15

모든 주요 업무는 부교 혼자서 결재할 수 없으며 긴미야쿠의 참가와 승인을 필요로 했다. 그렇기 때문에 직무 실태로 보자면 간조쇼 체제의 일부가 되어있다는 면도 강하다. 간조부교 이하가 실무를 담당하는 라인이라고 한다면, 긴미야쿠의 계통은 스태프와 비슷한 기능을 하는 경우가 있었던 점도 메쓰케와 비슷하다.

재무·징세 체제의 숙정을 주장하고, 폐지되었던 긴미야쿠의 재설치를 제안했던 아라이 하쿠세키新井白石(1657~1725)에 의하면, 긴미야쿠 설치에 의해 다이칸이나 간조쇼 관계자의 부정 경리·중간 착취가 감소하고 납세자인 햐쿠쇼의 부담은 달라지지 않는데 세수는 늘었다고 한다.(『折たく柴の記』) 부교와 함께 긴미야쿠의 인선과 처우가 간조쇼 행정의 숙정에 전략적인 역할을 해낼 수 있음을 보여주는 일화이자, 정변에 공감한 긴미야쿠 4명의 면면이 일신된 일도 이상할 것은 없다.

다누마 말기의 덴메이 5년에는, 전술한 구보타(이후 간조부교)를 포함한 4명의 긴미야쿠가 있었다. 그 중 한 사람은 다누마가 실각한 해인 덴메이 6년에 재직 중 사망했고, 나머지

2명은 간조부교인 마쓰모토나 아카이, 구미가시라인 쓰치야마 등 간조쇼 계통 인물들이 진행한 쌀 매입 '부정'을 충분히 감찰·억지하지 않았다는 직무상의 태만이 문제시되어 '은거장隱居場'으로 좌천되었다. 구보타도 마찬가지로 직무 태만으로 질책당했지만, 이쪽은 사도부교로 전출되었다.

이를 대신해 간세이 원년의 긴미야쿠에는 마쓰무라 주에몬松村十衛門, 오모리 요베에大森與兵衛, 다카오 소쥬로高尾惣十郎, 무라가키 사다유村垣左太夫 등 네 명이 나란히 했다. 이들 네 사람은 모두 다누마 몰락 후에 임명됐을 뿐만 아니라, 다누마 시대의 긴미야쿠와 비교해서 출신이나 직력에도 현저한 차이가 있다. 우선 표5를 보면, 이것은 다누마 시대 이전인 메이와 2년(1765)까지 긴미야쿠로 취임했던 막신의 전직과, 다누마 시대를 포함한 메이와 3년 이후의 그것을 비교한 것이다. 메이와 3년 이후, 간조쇼와 그 파견기관인 다이칸에서 긴미야쿠로 승진한 비율이 4할에서 7할 넘는 정도로 거의 두 배로 증가한 반면, '무관武官'인 오반에서 기용된 케이스는 자취를 감췄다. 다시 말해 간조쇼 계열의 관청에서 임명된 토박이 그룹이 긴미야쿠의 주류가 되어있다.

어쨌든 다누마 시대의 절정기로 여겨지는 메이와 8년(1771) 이후 덴메이 4년(1784)까지에 취임했던 긴미야쿠의 경우, 열 명 중 아홉이 간조쿠미가시라(6명), 다이칸(2명), 구라부교藏奉行(1명)라는 간조쇼 계열 관청의 토박이가 점하고 있었다. 한편 간세이 원년에 재임 중인 4명 중에는 간조쿠미가시라로

제4장 간조쇼 수뇌와 개혁 정치

부터 직접 승진한 예는 없다. 무라가키는 오니와반 출신으로, 전직은 마카나이가시라賄頭라는 식당 회계 사무 책임자였다. 다카오는 무관인 오반 출신으로, 고젠부교御膳奉行에서 긴미야쿠로 발탁되었다. 둘 다 재무회계 쪽에 연은 있지만, 간조쇼 근무 경험은 없다. 세 번째 인물인 마쓰무라 주에몬은, 가치메쓰케에서 호레키 8년(1758)에 간조로 발탁되어, 간조쇼에서 10년간 근무한 후, 사이쿠가시라細工頭에서 히로시키반廣敷番으로 전출된 인물이다. 간조쇼 근무 경험은 있지만 오히려 '오쿠'의 대표로서 긴미야쿠에 보내진 것이라고 보는 편이 타당한데, 간조쇼에 돌아올 때까지 20년간의 공백이 있었다. 네 번째인 오바야시 요베에[p.46]는 오반보다 한 급 아래인 무관 고주닌小十人에서 유히쓰右筆를 거쳐 간조쇼에 들어간 변종으로, 호레키 12년(1762)부터 안에이 3년(1774)까지 12년 동안 간조 및 간조쿠미가시라로서 간조쇼에 근무했다. 그 후 고산쿄御三卿 중 하나인 히토쓰바시 가의 사람으로 전출되고, 다시 니시노마루 우라몬반가시라裏門番頭라고 하는 '노쇠장老衰場'에 틀어박혀 있었다. 그러다 15년 만에 긴미야쿠로 간조쇼에 도로 불려간 사정은 확실하진 않지만, 나중에 볼 인재난과 관련된 것인지도 모른다.

부활 이유는 어찌되었든, 가령 무라마쓰와 오모리를 간조 계열의 내부 승격으로 친다면, 간조쇼 부내 승진자는 2명이고 나머지는 간조쇼의 외부자였다. 이것만 보자면, 실무를 담당하는 라인 수뇌의 간조부교로는 토박이를 기용하고, 그 감시역인

긴미야쿠에는 간조쇼와는 소원한 (준)외부자를 붙여서, 간조쇼의 강화와 숙정을 동시에 진행하고자 하는 사다노부 정권이 고심한 포진이라고 해석하고 싶어진다. 하지만 역사는 그리 간단하게 정리할 수 없는 법인 듯하다.

4.6 긴미야쿠아라타메구미의 이상함

우선 주목할 지점은『조시』에 있는 덴메이 8년 말의 관계 평판이다. 이에 의하면 오노 사다유小野左太夫, 가와이 지로베에川井治郎兵衞, 마쓰모토 주로베에松本十郎兵衞가 긴미야쿠였던 시절에는 간조부교도 긴미야쿠를 두려워해 신경을 썼었지만, 지금은 윗선의 신뢰가 간조부교에 있기 때문에 긴미야쿠의 언동 같은 것에 상관없이 마음껏 일하게 되었다고 한다.(상 282) 비교 대상으로 이름이 오른 세 사람 모두 간세이 개혁이 있기 2~30년 전에 간조쇼 토박이에서 출세하여 긴미야쿠가 되었고, 또한 나중에 간조부교로 승진했던 사람들이다.『조시』가 전하는 바를 부연하자면, 간조쇼 내부 사정에 정통한 능리가 아니라면, 간조부교에 대항할 만한 영향력을 발휘할 수 없고, 지금의 긴미야쿠는 재무행정이나 간조쇼의 사정에 어두운 외부인이라 간조쇼로서는 '손님'에 지나지 않는다는 의미이기도 할 것이다. 실제로 오쿠 출신으로 간조부교가 되긴 무리라거나, 오반 출신의 긴미야쿠인 다카오에 관해 본인은 간조부교를 노리고 있는 듯하지만, 대단히 어려울 것이라는 소문도『조시』에 보인다.

물론 외부인에게는 외부인만의 강점이 있다. 내부 출신의

제4장 간조쇼 수뇌와 개혁 정치

감사·감찰직은 내부 사정에 정통한 반면, 같은 편의 부정이나 문제점을 폭로하기 어려운 것은 예나 지금이나 변함이 없다. 다만 외부에서 기용된 긴미야쿠가 힘을 발휘하기 위해서는 정부 수뇌의 강력한 정치지원과 조직·권한의 뒷받침이 불가결하다. 그런데 개혁이 본격화하는 덴메이 8년 8월, 그때까지 간조긴미야쿠 관할 하에 있던 간조긴미아라타메吟味役改야쿠, 같은 계열 동급자와 그 부하에 해당하는 자리 45개가 해체되었다. 해당 직원은 직위에 응해 간조쇼 라인으로 배치가 전환되었고, 간조부교 지배에 놓이게 되었다. 그런 다음 다시금 이들 직원들은 간조긴미야쿠 '데쓰키'로 발령난다.(『御觸書天保集成』)

다른 용례로부터 미루어 짐작하자면, 지배支配란 귀속 조직·장관과 그 인사권의 소재를 뜻하고, 데쓰키手付란 특정 업무와 관련해 업무 수행에 한해 지휘 명령을 받는 일을 의미하는 것 같다. 그렇다면 이들 전 긴미야쿠 하급관료들은 통상적으로 간조부교 이하 라인에 속하고 그 라인으로 대우받지만, 필요에 따라 긴미야쿠의 지시로 움직인다는 말일 것이다.

구체적인 효과나 영향에 관해서는 불분명한 부분이 남아있지만, 『조시』가 전하는 관계의 반응은 "이것(긴미야쿠 하부 기구)은 없어져도 괜찮을 역이다. 간조쇼로 모두 돌아갔다"(상 177)라거나, "간조긴미야쿠의 데쓰키를 폐지하신 것은 잘한 일이라는 소문이다. 아무짝에도 쓸모가 없고 … 이런 일을 용케 알아차리셨다"(상 239)라는 등, 어쨌든 무용지물이 폐지되었다는 의견이다. 단순히 폐지하는 것만으로 괜찮은지는 의문이지만,

간조긴미야쿠가 직속 부하를 잃었다는 사실은 부정할 수 없다. 그만큼 긴미야쿠의 활동도 제약을 받기 쉬웠던 것은 아닌지 상상하게 되고, 재무 회계 업무의 숙정을 목표로 했던 사다노부 정권의 방침과 역행한다는 의심도 남는다.

하나의 해석은 인원의 합리적 배분이다. 유명무실한 긴미야쿠 하부 기구와 직원을 해체하고 기구를 간소화함과 동시에 직원 배치의 합리화를 꾀한 것이리라. 이즈음에 간조쇼가 대규모 결원 상태에 있어 라인에 심각한 일손 부족이 생겼던 것 같다는 사정은 이미 소개한 바 있다. 『조시』도 "간조쇼로 모두가 돌아갔기 때문에 그만큼 간조쇼도 사람이 많아져서 업무 수행하기가 좋아졌다는 소문이다"라며 이 조치가 일손 부족 완화에 도움이 되었다고 전한다.(상 177) 그렇게 무리하지 말고 신규채용을 진행시키는 것도 좋을 듯 하지만, 신규채용에도 장애물이 많았던 사정은 다음 장에서 설명하겠다.

4.7 공금횡령 사건의 파문

긴미야쿠가 보기에 데쓰키와의 관계는 간접적이 되었고, 데쓰키 자신도 감사 업무 이외에 라인의 업무도 맡았던 것으로 보인다는 점을, 『조시』에 실린 "이번 일로 [긴미야쿠도] 간조와 마찬가지의 일을 하게 되었다고 하며 긴미가타는 바빠져서 화가 났다는 소문"이라는 기사로부터도 추측할 수 있다.(상 182) 데쓰키가 라인 취급을 받게 되어 바빠졌다는 불만인데, 손발이 묶여버린 긴미야쿠 입장에서 보자면 이런 상태로 감사·감

제4장 간조쇼 수뇌와 개혁 정치

찰 업무의 강력한 추진을 기대하기는 어려웠을 것이다. 정부 수뇌로서도 아무리 비상수단이라고 해도 아무런 대체 조치도 취하지 않고 긴미야쿠계 조직·인원을 약체화하는 일에 불안이 없었을리 없다. 실제로 그 불안을 뒷받침하는 듯한 사건이 곧 이어 발생한다. 간세이 원년 3월에 표면화한, 간조 후쿠시마 마타시로福島又四郞에 의한 공금 사취 사건이 그것이다.

후쿠시마는, 사이가 깊어진 유녀를 기적에서 빼내기 위해, 또 도박으로 빌린 돈의 변제를 위해 거래하던 업자에게 가짜 주문을 넣어 간조쇼에서 700냥인지 750냥인지 되는 큰돈을 사취했다. 부교 이하의 모든 간조쇼 수뇌가 골머리를 앓을 정도의 실태失態였다. 물론 공금 지출이므로 담당 구미가시라 외에 간조부교와 간조긴미야쿠의 승인 도장이 있는 지출 지령문서가 없으면 현금 출납 담당자인 가네부교金奉行가 한 푼도 내주지 않는다. 조사해보니 구미가시라의 인감은 위조였지만 부교와 긴미야쿠의 도장은 진짜였다고『조시』는 전한다(이를 부정하는 소문도 있지만). 그리고 간조쇼가 바쁜 시기에 부교한테 제출하는 결재문서는 일시에 2~300장이나 되기 때문에, 부교는 긴미야쿠의 도장만 확인하고 내용은 제대로 보지 않은 채 도장을 찍어서 일이 이렇게 되었다고 한다.(상 352) 기존 체제였다면 이런 불상사는 일어나지 않았을 것이라고 말할 수는 없어도, 긴미야쿠로서도 이만큼의 서류를 부하도 없이 조사해내는 일은 어려웠을 수밖에 없을 것이다.

그런데 장본인인 후쿠시마는, 사건이 발각되기 전해인 덴메이 8년 5월에 긴미야쿠로 막 취임한 오바야시 요베에의 동생으로(오바야시와 후쿠시마의 관계는, 이레코의 소문과 관련해 제1장[p.46]에서 언급했다), 사건 당시는 공금 지출 결제에 관여해 간조쇼 안에서 정부 중추와의 접촉도 많고, 고텐御殿에 있는 갓테카타의 간조로 일하고 있었다. 그러므로 오바야시에게는 직무상 뿐만 아니라 개인으로서도 후쿠시마의 죄업에 책임이 있다는 분석도 당연히 나오게 된다. 교토 출장에서 돌아오는 길에 할복을 했다라거나, 사직은 필지必至라는 소문이 난무했다.

할복 운운은 무책임한 풍문에 지나지 않지만, 사다노부 정권의 강기숙정과 엄벌주의를 생각한다면, 적어도 면직이나 한직으로의 좌천은 피하기 어려울 것이라는 게 대체적인 의견이었다. 그런데 후쿠시마의 사형 처분과 동시에 오바야시에게는 2개월 정도의 자택 근신 처분으로 일이 마무리되었다. 동료 긴미야쿠인 무라카키 사다유에 대한 20일간의 배알 엔료遠慮[8])에 비하면 무겁다고 할 수 있지만, 피해 금액이나 오바야시와 후쿠시마의 관계, 거기에 진위 여부는 확실하지 않지만 오바야시 자신의 이레코 의혹 등을 종합해서 생각해보면, "괘씸하게도 가볍게 끝나버렸다"라며 관계가 놀라워한 점도 이해가 간다.(상388) 왜 그랬을까.

『조시』에는 후쿠시마와 같은 인물을 갓테 간조처럼 중요한 자리에 취임시킨 부교나 긴미야쿠도 잘못했다는 목소리가 있는 것으로 보아, 긴미야쿠만 엄벌에 처하기 어려운 분위기가 있었

---

8) 문을 걸어 잠그고 낮 동안에 외출을 금하는 형벌이다.

제4장 간조쇼 수뇌와 개혁 정치

던 듯하다. 별도의 사건이지만, 다이묘인 미즈노 데와노카미水野出羽守(다다아키라忠成)가로부터 돈을 횡령하고 도망친 '범죄 용의자'를 간조쇼가 그런 사정을 모른 채 직원으로 채용했던 사실이 내부에서 문제가 된 일이 있다. 이때 만일 사실을 파헤쳐서 엄벌에 처하기라도 하면 부교나 메쓰케의 책임 문제로 발전할 것이기 때문에, 사다노부의 뜻으로 '용의자'를 고부신[무역]으로 떨어트리는 것만으로 해결했다는 소문도 『조시』에 있다.(하 408) 긴미야쿠의 오모리에게 엄격한 처분을 내리면, 부교에게도 같은 죄가 있다는 말이 나와도 이상할 게 없는 분위기가 있던 것이리라.

또한 오바야시의 기용 자체가, 부분적으로는 직무에 숙련되었고 간조쇼에 정통한 긴미야쿠 후보의 부족에 기인한 것은 아닌지 의심스럽다. 오바야시는 긴미야쿠 4명 중에서 『조시』가 그 활약에 주목하는 유일한 존재로, 그를 처분하면 후임 문제로 곤란할 것이라는 사정도 있었을 것이다. 가벼운 처분으로 해결이 난 이유는 달리 있을지도 모르지만, 긴미 체제가 약체이고 그 원인의 일부를 정부 수뇌의 탓이라고 한다면, 후쿠시마 사건은 일어나야 할 일이 일어난 것이 되니 담당자에게 엄벌을 부과하는 일에는 의문이 남을 것이다. 그렇다고 해서 단순히 원래 체제로 돌려놓기에는 다누마 시대의 '조령모개朝令暮改'를 비판하는 사다노부 정권으로서는 있을 수 없는 선택이었다.

그렇다면 다른 강기 단속책이 필요하게 된다. 그중 하나가 정부나 간조쇼의 수뇌가 간조쇼 내부 정보를 직접 수집할 수 있게끔 하는 체제의 충실·강화다. 구체적으로는 '스파이'의 활용이나 '밀고' 즉 내부자에 의한 정보 제공이 장려되었다.

4.8 스파이와 밀고

『조시』가 전하는 소문이다. 신슈$^{信州9)}$로 순찰 출장을 간 간조쇼 직원이 소바 가게의 객석에 있던 화분에서 고추를 아무렇지도 않게 땄던 일이 있었다고 한다. 에도에 돌아와서 부교와 면담하던 와중에 고추를 딴 일은 비정상적이라고 지적당해 경악했다는 이야기다.(상 281) 간조쇼는 간조쇼대로 독자적인 '밀정'을 쓰고 있었다는 사실을 추측할 수 있는데, 이와는 별개로 사다노부 직통 스파이가 간조쇼에 파견되었다는 소문도 있다.

간조쇼의 '채용시험'인 필산^{筆算}음미와 연관된 사례로, 수험자 중 한 명이 필수 과목인 산술시험을 거부했는데도 어찌된 일인지 채용된 일이 있었다. 그 직후부터 저 사람은 사다노부의 '염탐꾼 밀정'이다, 방심하면 안 된다며 간조쇼 일동이 경계한다. 최초로 배속된 주조방^{酒造方}에서는, 아무리 시절이 그렇다고 해도 여전히 어두운 구석이 있어서 싫어했다. 소송을 담당하는 도메야쿠의 견습으로 보내려고도 했지만 저 놈은 염탐꾼임이 틀림없다라거나, 스파이일 것이라는 소문이 간조쇼 관계자 사이에 돌고 있었다. 의심이 의심을 낳는다고도 하지만, 간조쇼 내부의 수많은 구체적인 정보가『조시』에 실려있다는

---

9) '신슈'는 율령제 시기의 지역명인 '시나노쿠니(信濃國)'의 별칭이며, 현재의 나가노(長野)현을 가리킨다.

제4장 간조쇼 수뇌와 개혁 정치

점을 봐도 정부나 간조쇼의 수뇌가 간조쇼 내부사정 파악을 위해서 스파이를 활용한 것은 사실인 듯하다.

다른 하나는 내부 고발 장려다. 덴메이 8년 말, 부교인 야규가 간조쇼 직원인 반노 기로쿠로坂野喜六郞를 밤에 불러다가 간조쇼의 내부사정이나 누가 잘하고 못하는지 등에 대해 물어봤다. 하지만 반노는 "몰래 동료들의 품평을 말씀드리는 일은 시키지 말아주셨으면 합니다"라며 거부했다. 몰래 일러바치기는 싫다는 것이다. 계속해서 반노는, 자신은 주어진 직무에 전념해서 평소에도 동료의 좋고 나쁨 등은 눈치채지 못한다, 만일 눈치채더라도 사실인지 아닌지 모르는 일에 대해서 말할 수 없다고 설명했다. 그런데 이를 들은 야규는 "동료는 붕우朋友다. 내게 말하는 것은 윗사람에게 말씀을 올리는 것과 마찬가지이므로, 군신관계인 것이다. 붕우보다는 군신이 중하니 얼른 말하라"라며 몰아세웠다고 한다.(상 291)

다소 의미를 파악하기 어렵지만, 야규의 발언을 오늘날 식으로 설명하자면, 동료끼리의 인의仁義보다 상사와의 지휘 명령 관계가 우선이니 내 질문에 답하라 정도의 의미일까. 재미있는 점은 이 얘기가 화제가 되자, 야규에게 조언을 하는 것은 긴미야쿠의 오바야시大林인 것 같지만, 야규의 논리에는 무리가 있다, 평판이 나쁜 데에는 그럴 만한 이유가 있다며, 관계는 야규에게 비판적이었다는 점이다. 간조쇼는 분과와 분장分掌이 철저해서 서로 남의 일에는 관여하지 않는 것이 관례라고도 하니까 반노의 말도 꼭 핑계라고만 할 수도 없다. 다만 상사보다 동료가 더 두려운, 동료들끼리의 평등한 세계에서 사다노부의 위광을 갖고서도 내통자의 발굴이 어려웠던 사정은 미루어 짐작할 수 있다.

물론 인의도 세상살이를 위한 것이니, 인의를 저버리는 것도 세상살이를 위해 필요해진다. 그 부근의 소식은 간조 직원인 사쿠마 진파치佐久間甚八를 둘러싼 소문에서도 나타난다. 『조시』에 의하면, 사쿠마는 종종 사다노부 저택西下에 불려 가서 그때마다 "간조쇼의 일을 이것저것 얘기하고, 일러바치는 일로 이익을 본다며, 부교들을 비롯해 간조쿠미가시라 등도 좋아하지 않는다"(하 49)라고 한다. 로주 사다노부에게 간조쇼 내부 사정을 일러바치기 때문에 부교들이나 간부 직원은 불쾌해한다고 하지만, 그 안에 부교인 야규는 포함되지 않았을지도 모른다. 그 자신이 보고를 장려했던 일도 있지만, 야규는 사다노부의 신임이 두터웠고 종종 그의 저택을 방문했다는 사실은 『조시』를 통해서도 알 수 있다. 사다노부의 저택은 "야규, 사쿠마가 아니면 일 진행이 안된다"며, 삼자가 일체화되어 있다고 관계는 보고 있었다.(하 121)

이와 같은 '사정 청취'의 배경에는 덴메이 8년 3월부터 4월에 걸쳐서 간조부교·긴미야쿠에게 내려진 로주의 지령이 있다. 그 안에서 개혁에 관한 의견서를 봉서로 갓테가카리 와카도시요리에게 제출하게끔 요구한다거나, 부하의 시비곡직을 감추지 말고 상신하도록 요구하고 있었다.(『日本財政經濟史料』) 물론 "동료를 판다"는 것은 에도 관계에서 가장 큰 '죄'였다. 부교나 로주와 내통해서 설령 일시적으로 위세가 좋아진다고 해도, 동료나 부하의 원한을 사서 장기적으로 봐도 득될 것이 없다는 해석도 있기 때문에, 지령이 기대대로 수행되었을 것이라고도 생각되지 않는다. 관계官界의 '허구'가 유지되는 일면이다.

또한 정부 수뇌로서도 스파이나 밀고에 너무 의지한다면 사기 저하 등의 부작용을 걱정해야 할 필요도 있었다. 적어도 개혁 당초 사다노부 정권의 움직임에 간조쇼 직원은 좋다 나쁘다 어느 쪽으로도 비평을 하지 않고 불안과 경계 속에서 침묵을 지켰다고 『조시』는 전한다. 그리고 간조쇼 외부자 한 사람이 간조쇼의 부정을 둘러싸고 혼다 다다카즈本多忠籌에게 제출한 고발 문서에 관해, 사실무근의 중상이 횡행하면 간조부교에 대한 정부의 신뢰도 떨어지고, 부교의 "근무 태도도 좋지 않고, 하루하루 마음도 멀어지"게 된다는 목소리도 덴메이 8년 봄 4월경에는 들리게 되었다.(상 165) 의심만 강해지고 일에 집중할 의욕도 약해진다는 비판이다. 그러므로 정보 파악이 어디까지 철저하게 이루어졌는지 알 수 없지만, 밀정이나 염탐꾼이 활동 중이다, 내부 고발자도 있다라는 소문이 돌게 된 일 자체가 그 어떤 억지 효과를 높였다는 점은 추측 가능하다.

4.9 진파치 선생의 '삼단 뛰기'

정부 수뇌가 기대를 건 또 하나의 대책은, 간조쇼의 내부 사정에 정통하고 또한 신용할 수 있는 유능한 역인을 긴미야쿠로 발탁해서 솜씨를 발휘해 보게끔 하는 일이었다. 그래서 정부의 눈에 든 인물이 다름 아닌 '삼위일체'의 인물 사쿠마 진파치였다. 사쿠마는 후신야쿠普請役라는 간조쇼의 최하층에서 시작해, 당대에 간조긴미야쿠까지 승진한 간조쇼 토박이 '초천' 그룹의 대표격으로, 현대풍으로 말하자면 학력이 없는 논 커리어 기술직이 차관까지 출세하는 것에 빗댈 수 있다.

사쿠마 가는 많은 토목계 기술 관리와 마찬가지로 요시무네의 쇼군 취임에 따라서 막신으로 옮긴 집안으로, 원래는 기슈紀州[10]에서 하천 수리水利[11]에 종사했다. 진파치는 기슈에서 에도로 옮긴 초대 헤이베에平兵衞의 차남으로, 처음에 다른 집에 양자로 보내졌다가 큰아들이 사망했기 때문에 30표 가록의 가직을 물려받게 되었다. 『조시』에 의하면, 젊었을 때부터 공부를 대단히 좋아했으며, 어머니가 건강을 염려해 주의를 줘도 듣지 않고, 서도書道 연습에 돈을 들였고, 학문도 오규 소라이 계통을 가까이했다고 한다. '간세이 이학異學의 금禁'[12]으로 주자학 이외의 학문이 금지되고 소라이학도 적대시되었다는 견해도 있지만, 『조시』를 믿는다면 사다노부 자신도 소라이학을

---

10) 일본의 율령제 시대의 지역명인 기이노쿠니(紀伊國)를 가리키며, 현재 와카야마(和歌山) 현과 미에(三重) 현에 걸친 지역이다.
11) 논밭의 관개나 식수, 소화용으로 물을 이용하는 일을 뜻한다.
12) 사다노부가 이끈 간세이 개혁의 일환으로, 막부의 직할 유학 교육기관인 창평횡(혹은 창평판학문소[昌平坂學問所])에서 주자학을 '정학(正學)'으로 삼고, 다른 학파의 해석을 금지한다는 명령이다. 그러나 본문에도 나와 있다시피, 이러한 방침의 주도자인 사다노부도 소라이학파의 해석을 가까이했고, 실제로 주자학 이외의 학문이나 학파의 해석을 엄격하게 금지하지 않았다. 다만, 무사 사회의 기강을 다잡기 위해, 학문에 관해서도 중심축의 역할을 하는 특정 학문을 설정한 것으로 보인다.

제4장 간조쇼 수뇌와 개혁 정치

가까이했다고 한다. 그건 어찌되었든 사쿠마의 경우 소라이학 운운하는 소문이 출세를 방해하지 않았다는 점은 사실이다. 참고로 이보다 약간 나중 일이긴 하지만, 간세이의 학문 장려 기운을 타고 지배간조支配勘定에 채용된 오타 난포[13]가 아들을 간조쇼에 넣고자 수험 공부의 일환으로 서도를 배우게 했는데, 이때 그 스승으로 진파치 선생을 선택했다.

후신야쿠에서 한 랭크 위의 지배간조가 근무하는 긴리禁裏[14] 비용 조사 역에 선발된 것이 진파치의 출세의 시작이었다. 이 자리는 비리가 난무하는 교토의 조정朝廷 관련 재무·회계를 소관하기 위해서 18세기 중반에 새롭게 설치된 간조쇼의 출장 기관이었다. 말투는 품위 있지만 이권이나 역득役得[주로 업무 외 소득]에는 에도의 역인들 못지 않은 집념을 불태우는 구게公家·여관女官이나 조정 관계자를 상대로, 비리에 눈을 번뜩이며 감시하는 직무이다. 잘해봤자 본전, 뭔가 문제가 표면화되면 출세에 직접 영향을 준다. 게다가 음습하기로 유명한 교토의 원한도 사게 되니 마음고생이 따르는 자리였음에 틀림없다.

그 보상이라고나 할까, 여기서의 근무는 출세와 인연이 깊다. 앞서 야규의 밀고를 거부하여 이름이 난 반노의 아버지도 교토 전출에 임해 '오메미에 이상'으로 승격했다. 진파치도 안에이 8년(1779) 가을, 에도에 돌아와 오메미에 이상인 하타모

---

13) 오타 난포(大田南畝, 1749~1823)는 18세기 후반을 대표하는 문인으로, 교카(狂歌)를 전문으로 하는 시인이었다. 막부의 역인으로서도, 문인 으로서도 상당한 성공을 거둔 인물이다.
14) 교토에 있는 황실을 가리키는 에도시대의 용어다.

표6 간조구미가시라에서 간조긴미야쿠로 (출전은 『柳營補任』)

		구미가시라 취임	긴미야쿠 취임	구미가시라 기간
1	正木	元文1·11	寬延3·11	14년
2	上遠野	寶曆4·11	寶曆11·11	7년1개월
3	松本	明和3·12	明和9·7	5년8개월
4	根岸	明和5·12	安永5·11	7년11개월
5	倉橋	明和6·8	安永6·4	7년8개월
6	江原	寶曆13·4	安永6·11	13년8개월
7	辻	明和8·1	安永8·5	8년3개월
8	中野	安永3·7	天明4·4	9년9개월
9	大林	明和5·1	天明8·5	20년3개월*
10	佐久間	天明8·12	寬政2·3	1년3개월
11	小笠原	天明8·9	寬政8·11	8년2개월
12	鈴木	天明6·12	寬政11·8	12년8개월**
13	岡松	寬政7·4	寬政12·2	4년10개월
14	金澤	寬政6·12	寬政12·11	5년11개월

* 西丸御裏門番之政 경유 기간 포함
** 郡代 경유 기간 포함

토 축에 들게 되었다. 때는 다누마의 전성시대로, 부교쇼 수뇌 등과도 절친한 관계였다고 전해지지만, 출세의 다음 단계인 구미가시라가 된 것은 사다노부 정권 탄생 후인 덴메이 8년 12월이다. 사다노부 저택 출입이 자주 소문에 오르게 되는 것도 이즈음이다.

관계가 놀란 것은 구미가시라 취임에서 겨우 1년 3개월 만에 간조긴미야쿠로 발탁된 일이다. 이런 일을 가리켜 전전의 관계官界에서는 속된 말로 '삼단 뛰기 출세三段跳び出世'라고 불렀는데, 얼마나 파격적인 발탁이었는지는 표6이 잘 보여준다. 표는 간조쿠미가시라를 거쳐서 긴미야쿠로 나아간 역인 만을 발췌해서 승진 시기나 재임 기간을 정리한 것이다. 원래 자료인『유영보임柳營補任』에는 의문이 남기도 하지만(예를 하나 들자면, 이미 소개했던 마쓰무라 주에몬의 간조긴미야쿠 취임이 빠져있다), 사쿠마의 구미가시라 재임 1년 3개월이 엄청나게 짧았다는 점만은 틀림없다.

4.10 발탁과 불만

원래부터 간조쇼 간부 직원이었던 사람의 입장에서는, 고작 후신야쿠였고 도중에 '공의公儀[p.53]의 사람'이 된 사쿠마에게 삼단 뛰기로 추월당하자 아니꼬웠다. 그 중 한 사람으로, 안에이 4년(1775)부터 구미가시라로 재임 중인 당시 60세가 된 와카바야시 이치자에몬若林市左衛門 등은 "우리는 전혀 쓸모없는 존재로 느껴졌다. 일하는 보람이 없다"라며 될대로 되라는 식이다.(하 121) 미카와三河 시대부터 이에야스를 모신 집안으로서의 자부심이 강한 와카바야시 옹이라면,15) 에도 관계가 신분과 연공서열로 뒤죽박죽 되었다는 얘기 따위를 듣더라도 그저 알아들을 수 없는 잠꼬대에 지나지 않는다고 화를 낼 것이다.

---

15) 초대 쇼군인 도쿠가와 이에야스는 미카와(三河) 출신이므로, 미카와에 있을 때부터 도쿠가와 가를 모셨다는 것은 충성심의 면에서 따라올 자가 없다는 의미이기 때문에 자부심이 강할 수밖에 없다.

불만은 연공에 의지하고 있던 정체된 그룹 만이 아니다. 아버지 때부터 2대에 걸쳐 지배간조支配勘定에 머물러 있던 노구치 다쓰노스케野口辰之助는, 42세가 된 덴메이 8년에 사다노부 정권에 의해 다이칸으로 발탁되었다. 다이칸에는 간조 구미가시라에서 전출된 사람도 드물지 않았고, 못해도 간조 이상이어야 했던 것이 에도 관계의 상식이었지만, 노구치는 지배간조에서 발탁되었으므로 이것도 파격이었다. 그 노구치조차 "사쿠마같이 가식적인 인간은 없다, 너무 싫은 남자다"라며 분개했다고 한다.(하 49) 다누마 시대에는 다누마 시대대로 위세가 좋았고, 마쓰모토나 아카이와 같은 간조부교를 '속였고', 사다노부 정권이 되자 사다노부의 비위를 맞춘다고 사쿠마가 관계에서 꾸민 공작의 비판일 것이다.

이는 물론 '소문'이고, 와카바야시나 노구치가 이런 말을 했을 것이라는 확증은 없다. 또한 사실이라고 해도 노구치 양녀의 재혼 상대가 다름 아닌 와카바야시의 아들 헤이조平藏로, 노구치의 비난도 와카바야시의 대변이었는지도 모른다. 다만, 간조쇼 관계자 다수가 사쿠마 발탁에 당초부터 불온한 기분을 품고 있었다는 점은 확실하며, "모든 관인官人의 마음情이란 누구라도 이와 같을 것이라는 소문"이 있다는 『조시』의 관찰(하 49)을 의심할 이유는 적다.

이처럼 저항이나 사기 저하가 우려되는 인사를 사다노부 정권이 굳이 감행한 것은, 사쿠마의 능력도 그렇지만, 간조긴미야쿠의 강화가 초미의 급선무였다는 사정을 반영한 것이리

제 4 장 간조쇼 수뇌와 개혁 정치

라. 다만 사쿠마가 간조의 저변에서부터 출장 기관이나 간조 중추부까지 샅샅이 알고 있던 노력가라고 해도, 혼자서 2000명으로 이루어진 대규모 조직을 모두 감시하고 있기는 불가능하다. 긴미야쿠데쓰키 폐지로부터 7년 후인 간세이 7년 4월, 기본적으로는 원래 모습 그대로 긴미야쿠 기구를 재설치해야만 했던 것도 그 정황의 결과다. 무리한 조직 개혁이었지만 7년은 버텼다고 해야 할지, 결국 7년 만의 도로아미타불이라고 해야 할지, 평가는 여러 가지겠지만, 다행인지 불행인지 그 2년 전에 사다노부는 로주를 사임하고, 동시에『조시』도 끝나서 관계의 평판이 어땠는지는 알 수 없다. 한편 사쿠마는 관료 기구의 타성을 상대로 분투한 탓인지, 간세이 8년 가을, 긴미야쿠 재직 중에 60세의 나이로 사망했다. 한때는 나가사키부교로 영전한다거나, 간조부교로의 승격 등의 소문이 돌기도 했었다. 다른 긴미야쿠와 비교한다면, 못해도 사도부교로 전출한 다음, 하̄삼부교나 간조부교가 되어 있어도 이상할 게 없었다. 그런 점들을 생각해 볼 때, 사쿠마 개인에게 있어서도 다소 아쉬운 결말이었는지도 모른다.

물론 긴미야쿠 승진과 동시에 가록이 100표 증가된 일, 긴미야쿠로서 포의[p.77]의 격식을 인정받은 결과, 간조였던 아들 헤이베에가 '아버지 덕분'에 격식 있는 료반에 들어갈 수 있었던 것은 고케닌 중에서도 랭크가 낮은 후신야쿠에서 출발했던 사쿠마 가에게는 꿈과 같은 일이었다. 다만, 100표인 료반이 행복한지 여부는 의문이다. 가와지 같은 사람도 "200표의 보

잘 것 없는 오간조는 300석인 료반보다 편하다"라고 말한 바 있다.(「寧府紀事」) 아무튼 사쿠마 가에서 그 후 관계로 웅비한 사람은 두 번 다시 나오지 않았다. '일대 초천' 이후에는 별 볼 일 없다는 것은 사쿠마 외에도 예가 있어서, '초천'의 사후 처리도 역시 어렵다.

4.11 간조쇼 통제의 '성공'

얘기가 너무 앞서 나갔다. 사쿠마의 대두로 인해 사다노부 정권은 야규와 사쿠마라고 하는 강력한 쐐기를 간조쇼에 박을 수 있었다. 간조쇼와는 연고가 없고, 아마 간조쇼 일부에서 '풋내기식 이론'만 말한다고 평판이 나쁜 야규가 간조쇼에 가서 개혁 노선의 가장 강력하고 충실한 추진자인 '미스터 행정개혁'이 된 것이다. 이렇게 되면 다누마 시대부터 유일한 부교로 살아남은 구제 단고노카미라도, 간조쇼의 토박이 부교인 구보타 나네기시라도, 나아가 간조쇼의 일반 직원이라도 복잡한 기분이 들기도 했을 것이다.

　예를 들어 사다노부의 신임을 자랑하며 의기양양한 야규에게 구제가 밀리는 편이었다는 사정을 전하는 소문은『조시』에도 많다. 간세이 원년 여름 즈음의 소문으로는, 간조쇼의 인사채용과 관련해 "처음에는 모두 구제를 승인하지 않았"지만, 사다노부가 편애하는 야규는 기어코 동료들의 반대를 꺾어내고야 말았다고 전한다.(상 437) 또한 이듬해 여름 즈음에는 간조쇼의 출장 기관 중 하나인 재목材木부교의 인선에 관해, 구제와

제4장 간조쇼 수뇌와 개혁 정치

구보타 등이 의논해서 후보로 밀었던 두 사람의 지배간조는 각하되고, "야규 만의 생각"으로 보고한 다른 사람의 임명이 결정되었다. 그로 인해 "야규의 세가 대단히 강하므로 구제 무리는 매우 두려워한다"는 소문도 돌았다.(하 192) 나아가 몇 달 뒤에는, 연공미 보관의 현장 업무 담당인 구라倉데쓰키를 다이칸쇼 직원으로 전출시키는 제안에 관해서 구제는 묵살했는데 야규가 살렸다는 등의 관측도 들렸다.(하 260) 간조쇼 직원의 채용이나 이동·승진 등의 인사를 축으로 간조쇼 내에도 파벌이나 계통화가 일어나고 있었다는 점, 그리고 구제의 계파는 야규 세력에 밀리고 있던 것 같다는 사정을 추측할 수 있다. 결국 사다노부와 삼위일체인 야규와 사쿠마가 간조쇼를 석권했다고 봐도 좋을 것이다.

다만 사다노부가 이것으로 충분히 만족할 수 있었는지에 대해서는 의문이 남는다. 야규만이 눈에 띄는 예외일 뿐, 네기시·구보타·사쿠마 등은 모두 '구적仇敵' 다누마의 시대에 간조쇼에서 활약하거나 혹은 수뇌부가 된 역인이다. 한편으로는 다누마 몰락 후에 간조쇼 외부의 오쿠나 반카타에서 기용된 부교나 긴미야쿠의 다수는 '쓰레기'로 불린다거나, 이렇다 할 활약을 하지 못한 채 끝났다.

일반적으로 정부의 실무 경험이 적은 개혁 정권의 경우, 인재의 선발 등용에 임해서 '청렴·독실'을 중시할 것인지, '숙련·재략才略'에 비중을 둘 것인지의 문제와 같은 대단히 어려운 판단을 내려야 하는 상황에 몰리기 쉽다. 물론 청렴하고 유능한 인재가 있으면 더할 나위 없이 좋을 것이고, 샅샅이 뒤져보면 거기에 가까운 인재가 막신 중에도 적지 않았음에 틀림없다. 다만 발굴을 위해서는 품도 시간도 많이 들고, 임명한다 해도 실무에 익숙해지기까지 더 많은 시간이 필요하게 된다. 또한 아무리 '간세이 유신'이라는 비상시에 발탁하는 것이라고 해도, 발탁 범위에는 신분격식 등의 선례에 의한 제약이 많았다는 사정은 오다기리 도사노카미의 마치부교 발탁[p.145]에 관해서 본 그대로다. 실제 인사를 하게 되면, 선택 범위는 좁고, 그 안에서 고르려면 독실 혹은 재량 둘 중의 하나에 비중을 두지 않으면 안 되는 것이 일반적이다.

이는 다른 직장에서도 공통된 사정이지만, 간조쇼의 경우 청렴·독실만으로는 일을 해낼 수가 없었으며, 직무의 숙련도와 직장에 관한 지식이, 다시 말해 에도에서 말하는 '이재吏才', 오늘날로 치자면 관료 적성이 특히 강력하게 요구되었던 점은 일치된 관계의 의견이었다. 앞 장에서 소개한 바와 같이, 독실하지만 재량이 있는 편은 아닌 메쓰케 진보의 고부신부교 전출을 둘러싸고 고난도 출신에게 추월당해 남은 메쓰케가 분해하는 한 장면[p.137]이 있었다. 그때 간조부교라면 이야기가 달라져서, 가령 사쿠마가 간조부교가 되고, 진보가 그를 우러러보며 추종하더라도 이의는 없다고 메쓰케도 인정했다는 말이 전해진다. 이러한 소문이 돈다는 사실은, 사다노부가 사쿠마를 높이 평가했던 탓이 큰 것이다. 그렇지만, 사쿠마가 간조부교가 되어도 어쩔 수 없다고 메쓰케가 인정하는 일은 간조나 갓테무키勝手向16)에는 숙련과 이재를 특히 필요로 했다는 상식이 에도의 관계에 깊게 뿌리내리고 있었다는 사실을 드러내는 것이기도 하다.

4.12 구제의 생존

다누마 시대부터 살아남은 구제久世의 갓테가카리 간조부교 유임을 둘러싸고도 공통된 사정이 있었음을 지적할 수 있다. '벼락출세자'를 중용했던 다누마와 달리, 사다노부는 집안의 계보가 제대로 된 후다이[p.296]를 중시했다는 설명도 있고, 후다이 중시를 사다노부 정권의 특징으로 꼽는 연구자도 적지 않다. 구제가 출신·집안·직력으로 보아, 정통 상급 하타모토였던 것은 명백하다. 그러나 간조부교만 보더라도 구보타나 네기시는 '벼락출세자'이므로, 몇몇 인사만으로 후다이를 중시했다고는 말하기 어렵다. 아오야마나 쓰게와 같은 정통 후다이 하타모토가 간조부교에서 금세 쫓겨난 사정도 이미 소개했다. 게다가 밀정을 통한 정보나 풍문으로 인사를 움직인다고 얘기되는 사다노부의 수법은, 개인의 자질이나 능력 중시로 경도되어, 가격家格이나 집안을 중심으로 하는 '후다이 주의'와는 정면에서 대립하지는 않더라도 충분히 정합적이라고도 할 수 없다.

구제가 어떻게 살아남았는지를 설명해주는 요소 중 하나는

---

16) '갓테'는 생계를 뜻하므로, '갓테무키'는 재정과 관련된 영역 전반의 역직을 말한다.

구제 개인의 자질이나 집무 태도다. 역인으로서의 구제는 평판이 높고 인기가 많았던 것 같다는 사정은 『조시』에 실린 여러가지 소문이 대변해준다. 예를 들어, 명문 하타모토의 도노사마로서의 태도나 훌륭한 인품에 관해서는, "순진한 3000석 인간"으로 예산이나 경비 절감 등의 검약을 논하게 되어도 구보타나 네기시처럼 "고집부리는 일은 하지 않는다"라고 한다.(상 230) 자기주장을 강경하게 드러내기보다 주위의 변화에 맞춰서 아래 사람에게도 배려를 잊지 않고, 원활한 집무 운영을 마음에 새기고 '산算' 즉 계산에도 밝아 "역인 중에서 제일"이다, "후요노마[p.112]에서는 구제 단고와 무라야마 시나노가 제일"(상 256·259)이라는 평가도 들렸다. 또한 무예에도 열심이라 통근 시에도 말을 탔다. 어느 날 낙마하여 거동이 불편해지자 슬슬 가마를 타는 것이 어떻겠냐는 목소리도 나왔지만, 그럼에도 말을 타고 통근을 계속했다고 한다.[17] 이 부분은 문무장려를 강조한 사다노부의 선호와도 합치한다.

한편으로 구제와 함께 '후요노마에서' 제일이라고 꼽히던 무라야마 시나노村山信濃는, 간조부교에서 전출되어 당시 마치부교 직에 있던 무라야마 시나노노카미村山信濃守를 가리킨다. 『조시』에 나와있는 대로라면, 마치부교로서의 평판이 높았던 것은 아니다. (다만 마치부교 시대의 야규도 그렇듯이, 전임 마치부교이자 재임 중에 돌연 사망해 모두가 안타까워 한 이시카

---

17) 에도시대 무사들은 실제 전투 경험이 없는 상태였으므로, 승마도 무예에 특별히 힘을 쓰는 소수의 무사들 만이 능했다.

와 도사노카미의 평판이 너무 좋았다는 '불운'도 있다.) 게다가 구제와 무라야마는 모두 다누마 시대로부터 살아남은 자들이다. 사다노부에게 불만을 품었으면서도 면종복배를 강요받는 관계의 일부가 비꼬아서 둘을 과도하게 칭찬한 것 아닌가하는 의심도 남는다. 그렇다면 그 구제의 유임과 활약은 사다노부 정권에게 있어 문제가 되지 않았을까.

4.13 나가사키 문제와 '적재적소'

오늘날에도 그렇지만 에도시대에도 정책과제와 인사는 무관하지 않다. 야규의 간조부교 임명이 교토의 고쇼 재건과 관련이 있는 듯하다는 사정은 소개한 바 있지만, 구제의 유임에는 나가사키 무역 문제가 적잖이 관련되어 있었던 것으로 보인다.

우선 쓰게와 구와바라가 떠난 후, 나가사키부교 경험이 있는 간조부교는 구제 한 사람이 되었다. 게다가 10년 가까이의 경험을 가진 베테랑으로, 현지 나가사키에서의 평판도 대단히 높았던 듯하다.(상 186) 나가사키부교의 후임이 문제가 될 때마다 『조시』의 하마평이 높아지는 순서 1위는 구제의 겸임안으로, 이것 외에 적임 인사는 없다는 얘기뿐이었다. 다른 한편, 사다노부가 밀무역을 포함해 나가사키 무역체제의 발본적 쇄신을 가장 중요한 과제 중 하나로 꼽고 있던 점은, 그의 수기를 비롯해 수많은 증거가 있고, 당시 관계 상식의 일부이기도 했다. 사다노부의 신임이 두터운 야규도, 나가사키는 경험해보지 못했을 뿐만 아니라 정권의 중추에도 나가사키 전문가는 없었다.

사다노부가 필두 로주 취임 이전에 전혀 정부 관청의 경험이 없었던 것을 비롯해 역직·실무 경험 부족이 사다노부 정권의 특징이다. 그렇기 때문에 과감한 개혁에 착수할 수 있었지만, 교역 문제와 같이 이권이 복잡하게 얽혀있고 기술적으로도 뒤엉킨 문제에 대응하기 위해서는 구제의 경력과 수완이 분명 소중했을 것이다.

전체적으로 유화한 인품에 아부를 잘한다는 것이 구제에 관한 관계의 공통적인 평판이었지만, 눈에 띄는 예외 지점이 나가사키 문제다. 『조시』가 간세이 2년 2~3월 경의 소문으로 전하는 바에 의하면, 나가사키부교인 미즈노 와카사노카미水野若狹守(다다유키忠通, 1747~1823)와 구제가 사다노부의 면전에서 "나가사키의 일에 관해 크게 다투고 양쪽 모두 서로의 말을 듣지 않는 상태가 되었"고, 사다노부가 어느 한쪽 편을 들게 되면 그냥 넘어가지 않을 정도로 험악한 분위기였다고 한다.(하 125) 사다노부가 당사자 중 한 사람이 된 사건이지만, '허설'이라고도 '실설'이라고도 써놓은 바가 없다. 자세한 설명은 생략할 수밖에 없지만, 나가사키부교 소관 사항을 둘러싸고 양 조직 사이에 갈등이 있었던 것은 사실이며, 『조시』도 간조쇼는 아무튼 나가사키부교를 괴롭히고 싶어한다고 적고 있다.

온후한 인물로 알려진 구제가 나가사키에 관한 건에 한해서 강경했다고 평하는 점은 흥미롭다. 자신의 판단에 대단한 자신감이 있었던 것이 분명하다. 『조시』에 의하면, 문제의 미즈노가 이례적으로 나가사키부교인 채로 간조부교 격을 인정받은 것은 이 '큰 다툼' 이후의 일이라고 하니, 직접적인 담당자였던 미즈노의 주장을 사다노부도 어느 정도 이해했던 것이라고 생각된다. 그럼에도 불구하고 간조부교인 구제에 대해서도 그 주장을 가볍게 각하할 수 없었다고 한다면, 나가사키 문제의 복잡함과 더불어 구제의 발언권이 컸다는 점도 추측할 수 있다. 또한 결과부터 보더라도, 머지않아 나가사키부교쇼에도 간조부교쇼의 권한이 확대되어 현지 관계자는 나가사키부교보다 간조쇼에서 파견된 현지 직원을 중시하게끔 되었다. 그렇다면 구제도 단지 사람 좋은 도노사마가 아니라, 직무 숙달이 생존을 위한 열쇠였던 것이리라.

4.14 도노사마의 '풋내기 논리'와 실무가의 '현상 유지'

하지만 구제가 간조쇼의 직무에 숙련된 '실무가'였다고는 해도, 구보타나 네기시와 같은 간조쇼 "밑바닥에서부터 올라온" 사람과는 다른 세계의 '도노사마'였다는 점도 부정할 수 없다. 구제의 '숙달'도 어디까지나 보통의 상급 하타모토와 비교했을 때의 이야기일 뿐, 세간의 실무 뒷사정까지 되면 역시 도노사마는 도노사마에 지나지 않는다고 『조시』도 말하고 있다.

사건의 발단은 사다노부 정권에 의한 경비절감과 행정숙정에 얽힌 연공미의 회송回送, 이른바 회미回米 수수료의 재검토에 있다. 이 일을 맡은 업자가 어느 날 구제를 정면에서 비판했다고 한다. 『조시』에 의하면 "당신들은 도노사마라서 아무것도 모르십니다. 6만량분의 쌀 회송을, 수수료 3만량으로 하려면 할 수 있지만, 그리하면 3만량 정도[의 쌀]를 배 안에서 도둑맞을 것입니다. 그것보다는 대외적으로 비싼 값에 회송시켜서 사람들이 기뻐하게끔 하는 편이 낫습니다. 그런 세세한 일을 아실 리는 없겠지만요"라고 하며 업자는 "크게 구제를 비웃었다는 소문"이라고 적혀 있다.(하 50) 운송비를 아끼면 그만큼 도중에 도난이 늘어날 뿐이며 절약이 되진 않는다, 같은 금액이라면 당당하게 돈벌이를 인정하고 업자나 관계자를 기쁘게 하는 편이 좋을 것이라는 말이다.

조닌 주제에 어디서 감히라는 논의는 차치하고, 오늘날에도 하청업자가 감독 관청의 장관을 향해서 이렇게까지 노골적으로 말하는 경우는 드물 것이다. 이야기꾼[18]이 마치 자기가 직접 본 것 같은 말투로 늘어놓는 거짓말이거나, 얘기를 재미있게 하기 위한 무문곡필舞文曲筆도 있었으리라 의심하지만, 표면상의 경비 절감이 결과적으로 쓸데없는 비용 발생으로 이어지는 경우는 현재에도 있으며, 교토 고쇼 조영에 관한 업자 입찰이나 건재비용 절감을 둘러싼 유사한 이야기가 야규에 관해서도 전해진 바 있다. 또한 야규의 '풋내기 논리'에는 간조쇼 내부나 간조쇼에 출입하는 관계자 사이에서도 비판이 계속되고 있었다는 점도 사실이다.

훗날 사다노부 자신은, 본인이 지시해서 벌인 연공미 납입

---

18) 에도시대에 군담이나 무용전, 협객전 등을 재미있게 이야기해주는 '고단(講談)'을 전문으로 하는 사람을 '고단시(講談師)'라고 한다.

제4장 간조쇼 수뇌와 개혁 정치

대행 방식의 개혁을 예로 들며, 개혁으로 불이익을 얻게 된 소역인小役人 등으로부터 비판이나 저항은 나온 데다, 신규 시책에 미처 적응하지 못한 동안에는 해악이 많은 것처럼 말하지만, "사실은 그렇지 않았다"며, 이런 종류의 비판을 일축하고 있다.(『宇下人言』) 사다노부의 말처럼 개혁으로 인해 오래 가는 성과가 나온 건지, 아니면 결국은 '도노사마'의 '풋내기 논리'에 지나지 않았는지를 판단할 수 있는 확실한 재료는 없다. 다만, 많은 간조쇼 직원이나 관계자들이 비록 부패·타락하지는 않았다 하더라도, 종래부터의 관행이나 눈앞의 편의·형식에 사로잡혀 장기적이고 전체적인 시야를 결여하고 있다는 비판은 사다노부 한 사람에게만 해당되는 것이 아니며, 간세이의 개혁 때에만 들렸던 것도 아니다. 더 말해보자면, 이것이야말로 관료제와 동시에 탄생해 관료제와 함께 계속되어온 '영원한 비판'이다. 그렇다면 음으로 양으로 개혁에 회의적인 자세를 보였던 간조쇼 직원의 직무 숙달이나 타성은 어떤 식으로 형성되고 수정되는 것인가. 그것이 다음 장의 과제다.

제 5 장

출세와 직능

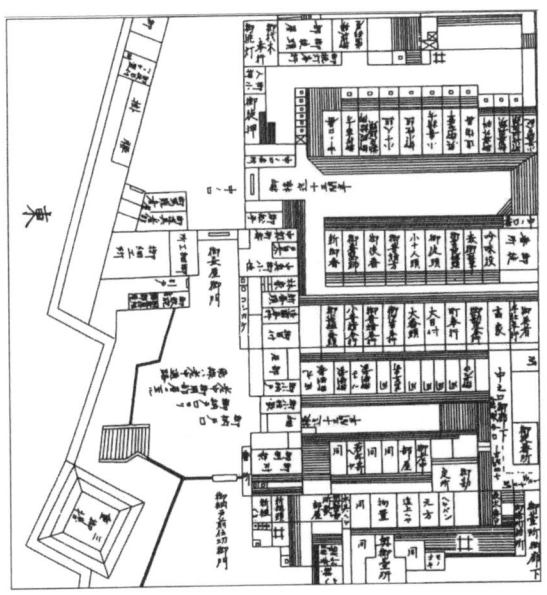

'간조 일가'와 구획된 경쟁. 에도성 혼마루 어전의 그림(『사료 도쿠가와 막부의 제도』, 신인물왕래사, 부분) 혼마루 안은 '오오쿠' '나카오쿠' '오모테'로 나뉘며, 정무의 중심은 '오모테'에 있었다. 위 그림은 그 '오모테'의 동쪽 일각으로, 여기에 실무의 중추가 모여있었다.

제5장 출세와 직능

5.1 '노동'과 '독실'함

간조쇼의 기구와 거기에 축적된 직무 지식은, 사다노부 관점에서 보자면 '간세이 유신'의 개혁을 진행시키고 인정仁政을 펼칠 수단이었지만, 개별 직원들에게 있어 간조쇼는 생활의 장이며 직무에 관한 지식은 자리의 확보와 승진이나 역득役得[p.79]의 수단이다. 사다노부는 말단 역인의 쥐꼬리만한 역득까지 부인할 정도로 융통성이 없지는 않았다고 『우하인언宇下人言』에서 주장하지만, 생계를 지탱하기 위한 변변찮은 역득과 난의포식暖衣飽食을 위한 뇌물과의 경계는 예나 지금이나 미묘하다. 하나를 보면 열을 안다고, 역인 입장에서는 긴 경험과 어쩔 수 없는 사정으로 유지해온 실무의 지혜와 구조도, 사다노부 입장에서는 기득권익과 타성이라는 관료병이 되어 버린다. 실무에 대한 역인의 긍지도 사다노부에게는 특권에 안주하는 오만으로 비춰졌다.

그렇다면 개혁을 철저히 하기 위해서는 간조쇼 인사의 쇄신과 교체가 바람직하다고 할 수 있고, 사실 사다노부 정권은 과거 수십 년간 유례를 찾아볼 수 없을 만큼의 과감하게 '악덕 직원'의 도태를 실행해서 세간을 놀라게 했다. 간조쿠미가시라 쓰치야마 소주로에 대한 사형 선고가 그 단적인 예다. 다만, 악덕·무능한 일부 역인을 솎아냈다고 해서 그것이 그대로 간조쇼 조직, 직원단의 체질이나 구조의 쇄신이 되는 것은 아니다. 잘리더라도 보충은 또 다른 문제다. 말보다는 증거로, 덴메이 9년(간세이 원년 초봄)에 재임했던 13명의 간조쿠미가시라

중, 덴메이 6년의 다누마 몰락 전부터 유임하고 있던 자는 9명에 달했고, 다누마 몰락 후 사다노부 정권이 탄생하기까지의 '이행기'에 구미가시라에 취임한 사람은 3명, 사다노부 정권 성립후에 구미가시라에 취임한 것은 앞서 나온 사쿠마[p.72] 한 사람 밖에 없다.

이제 와서 살아남은 구미가시라들의 능력을 시험해볼 수는 없지만, 그들이 유능했기 때문이었는가라고 한다면 반드시 그렇지는 않았던 것 같다. 『조시』는 간조쿠미가시라에 대해서 사쿠마와 '이행기'의 오가사와라 산쿠로^{小笠原三九郎}를 지명하며 "두 사람은 간고^{艱苦}를 겪은 남자들이기 때문에 만사에 능했던 자"였지만, 나머지는 "아무래도 못 쓰겠다. 모르겠다"라고 말한다.(하 10) 유능한 자가 두 명뿐이라는 것도 극단적으로 들리며, 관계^{官界}의 동료 평가가 늘 믿을 만한 것이 아니라는 점도 사실이지만, 다누마 시대를 살아남은 구미가시라가 '대체불가능'할 정도로 뛰어난 인재였다고 말할 수는 없는 듯하다. 다누마 시대의 간조쿠미가시라에 관해서 직무 능력만으로 말한다면, 쓰치야마가 발군의 유능함을 가졌었기 때문에 결과적으로 여러 가지 나쁜 일이나 불상사에도 언급되는 일이 많았으리라 짐작된다.

역인에게 있어 '일을 잘하'는 것과 '청렴'함이 반드시 일치하는 조건이 아니라는 점은 다누마 시대의 '부패 정치'에 한정지을 수 없다. 예를 들어 간세이 2년 8월 경의 『조시』에는 "오카네부교^{御金奉行}에 임명된 히라이와 로쿠로에몬^{平岩六郎右衛}

제5장 출세와 직능

門이라는 자는 위에서 지명한 사람이라고 하는데, 어째서 저런 자를 마음에 두게 되신 것일까. 일은 잘 하겠지만, 독실하지가 못하다. 납득할 수 없다"라는 소문이 등장한다.(하 196) 혼다 다다카즈가 지명했다고 하지만, 일은 잘해도 성실하고 정직하지 못하다는 히라이와의 승진 인사에 '아주 나쁘다'라고 악평이 돈다는 것이다. 이와는 별개로 "엣추사마[사다노부]가 처음에는 성실하고 정직하지만 일을 못하는 자만 쓰신다"라고 했지만, 최근에는 "다소 문제가 있더라도 재략才略이 있는 자를 쓰신"다며, "과연 기량이 있는 사람이다"라고 하는 평판도 있었다.(상 56)

이들이 제대로 된 비평인지는 차치하더라도, 제아무리 염직廉直을 내건 개혁 정권이라 할지라도 정직함과 성실함 만으로 인사를 진행할 수 없는 사정은 있었을 것이다. 간조쇼 내외를 떠나서 정직하고 성실하면서 일을 잘하는 인재를 다수 발굴해 간조쇼 주류에 넣으면 된다는 말은 정론이며, '이상/이하' 합해서 2만 명이 넘는 막신 중에 조건이 맞는 자도 있었을 것이다. 그러나 실행하려고 하자 여러 가지 장애물이 있었다.

하나는 인건비 문제로, 가록이 적은 하타모토·고케닌을 채용하면 정부의 다시다카足高[p.79]에 대한 부담이 커진다. 원래 사다노부 정권은 녹이 적은 낮은 계급의 막신을 등용하는 데에도 적극적이었기에, 다시다카 지출도 마다하지 않는다며 특히 하급 하타모토와 고케닌 사이에서 평판이 좋았다. 『조시』도 덴메이 8년 가을의 소문(상 204)으로, 고부신 등 39명이

고주닌小十人에 채용되었을 때, 이때까지는 다시다카가 늘어날 것 같은 인사는 이뤄지지 않았지만, 이번에는 "다시다카에 상관없이 내려진 명령이니까 엣추사마께는 감사하다"라는 말이 나왔다고 전한다. 또한 격식은 하타모토라도 가록이 낮은 자를 대상으로 한 '인하 근무引き下げ勤め'라는 새로운 방식을 도입해, 다시다카를 지급하면서 직무 습득을 장려한 것도 '대단하신 신정新政'이라고 '기뻐한다는 소문'이라며 호평을 받았다.(하 364) 다만, 다른 한편으로는 임박한 긴축재정의 요청이 있었기에 다시다카도 한없이 늘릴 수는 없었다.

직원 보충을 더욱 어렵게 한 것은, 사다노부나 혼다 다다카즈 등의 정부 수뇌가 간조쇼 인사의 세부까지 직접 개입해 엄한 주문을 해대는 바람에 간조부교가 제출하는 채용 원안대로 원활하게 정해지지 않는다는 사정이었다. 『조시』에 의하면, "간조쇼 측 사람을 들이는 인선도, 로주분들이 결정하고 간조부교가 생각하는 대로 되지는 않는다고 한다. 차라리 간조부교에게 맡겨주신다면 큰 문제를 일으키지 않을 것이다(간조쇼 직원채용의 인선도 로주 급에서 결정되므로 간조부교의 의사가 충분히 반영되지 않는데, 부교에게 위임해도 크게 잘못될 일은 없을 것이다)"라거나, "간조부교에서 채용자에게 편지를 쓰려고 해도 도중에 받아들이지 않는 분이 계신다면 편지를 쓰지 못한다"라거나, 필산筆算음미라는 경쟁시험을 거친 채용 예정자를 간조부교가 로주에게 보고했더니 "이것도 또 틀어졌다는 소문"이라거나, 로주의 개입으로 간조부교의 직원

제5장 출세와 직능

인사안이 좀처럼 실현되지 않는다는 점에 대해 종종 불만이나 비판의 목소리가 있었다.(상 59·93·152·182)

다누마 시대처럼 뇌물이나 편애로, 즉 권문세가의 입김으로 인사가 정해지던 때에는 품과 시간이 들지 않고, 부교도 "감식을 할 필요도 없이 해결됐"지만, 인물이나 능력을 자세히 조사하게 되면 품도 시간도 들어서 큰일이라는 감상도 『조시』에는 있다.(상 93 등) 사다노부는 뇌물로 인사를 움직이는 따위의 방법을 취하지는 않았지만, 중역이 짧은 시간 동안 개별 면접을 본다고 해도 믿을 만한 방법이 아니고, 아래에서 볼 수 있듯이 시험으로 채용하는 데에도 제약이 많았다. 애초에 필기시험으로 사람 됨됨이를 알 수 없다는 논의는 에도시대 신분사회에서 특히 강했다. 게다가 정탐 등을 사용해서 엄밀한 능력·인물 조사가 필요하다는 것이 사다노부의 신조였던 듯하므로 그만큼 신규 채용에 품과 시간이 드는 일은 피할 수 없었다.

또한 품과 시간을 들여서 채용해 보아도 '즉각적인 전력'으로 동원할 수 있다는 보장은 없다. 관청 각각의 실무 관행이나 직장의 제반 사정을 소화하지 않으면 일은 할 수 없다. 다시 말해 직무 관련 지식이나 직장의 지식을 흡수하고 활용하게 되는 데에는 시간이 걸린다. 『조시』에도, 가령 시험성적은 좋다고 해도 관청에는 저마다의 실무 형식과 관행이 있기 때문에, "간조쇼나 고부신가타御普請方 등은, 다른 데서 느닷없이 사람을 보내오면 크게 잘못되는 일들"이 있다거나, 간조는 '도리카즈케取箇付'(과세 사정)를 할 수 있어야 하는데 초보자에게는 무리

라는 등의 의견이 있었다는 사실도 알려져 있다.(상 75, 하 193 등)

게다가 방금 소개한 '필산(혹은 서산書算) 음미'라고 부르는 간조쇼가 실시한 채용시험에 동반된 문제도 있다. 시험에 의한 능력 채용·승진, 이른바 메리토크라시(meritocracy)야말로 서구풍 '근대 관료제'의 기본 특징이라고 여겨졌고, 중국에도 과거제의 기나긴 역사가 있다. 원래대로라면 시험제도야말로 유능한 인재를 '객관적 기준'에 의거해 간조쇼 내외로부터 채용하거나 승진시키는 결정타가 되었을 텐데, 실은 여기에도 큰 문제가 있었다. 여기서 필산 음미에 관해 조금 상세하게 검토해보도록 하자.

5.2 필산음미와「오노 일기」

필산음미란 간조쇼 근무에 필요한 읽기·쓰기·주판 능력의 검정시험이며, 간조쇼에 대한 설명에는 반드시라고 해도 좋을 정도로 언급이 되고『조시』도 음미를 둘러싼 화제는 빠트리지 않는다. 그러나 그 기원, 시험문제, 시험성적과 채용의 관계 등, 음미의 구체적인 모습까지 알 수 있는 제대로 된 사료는 드물다. 이에 잠시『조시』를 떠나서, 간조쇼에 친척이나 친구가 많았던 전 막신인 오노 나오카타小野直方가 자세하게 적어놓은 일록인『관부어사태약기官府御沙汰略記』(이하「오노 일기」) 등을 바탕으로 음미의 개요를 우선 설명하고자 한다.

「오노 일기」는 8대 쇼군 요시무네가 적남인 이에시게家重

제5장 출세와 직능

에게 쇼군직을 물려준 엔쿄 2년(1745) 9월에 시작해 안에이 2년(1772)까지 약 30년에 걸쳐 계속되었다. 오노의 일가 친척 중에는, 오모테히반表火番에서 가치메쓰케를 거쳐 간조가 되어 간포寬保 2년(1742)에는 다이칸에 발탁되고 나중에는 간조긴미야쿠를 거쳐 간조부교로까지 승진하는, 간조쇼 역사상으로도 한 대 안에 가장 큰 비약을 이룬 오노 사다유小野左太夫(휴가노카미日向守)를 필두로 간조쇼의 유력자 또는 관계자가 많았다. 그렇기 때문에 간조계의 내부 정보나 인사이동에 대해 자세하고, 다른 사료로는 도저히 알 수 없는 내막 정보도 실려 있다(라고 하나, 중요한 기재 누락도 적지 않다). 더군다나 『관수보』, 『도쿠가와 실기』, 『유영보임柳營補任』 등에서는 다루지 않는, 가치메쓰케・가치오사에徒押・히반火番 등, 간조나 지배간조로 가는 승진 루트로도 중요한 하급 역직의 이동에 관한 기록이 있는 것도 특징적이다.

이 일기에 의해 간엔 2년(1749)에는 필산음미가 지극히 당연한 일로 정착되었다는 사정을 우선 알 수 있다. 또한 실시 빈도도, 기재 누락이 없다고는 할 수 없지만 거의 알 수 있다. 일기에 기초해 음미를 실시했던 상황을 정리한 것이 표7로, ◎의 해에는 필산음미 실시로부터 몇 달 안에 채용 발령이 있었던 간조, 지배간조의 사람 수를 적었다. 현대 공무원 시험과 달라서 '음미'는 매년 실시된 것이 아니라, 30년 가까운 기간에 6・7회, 평균해서 4~5년에 한 번씩 실시되었다는 계산이 나온다. 다만, 7년이나 공백이 계속되는 때도 있는가 하면, 연거푸 실시

표7 간조쇼 채용시험·채용현황

년도	실시형태		일반 채용수		내부 채용수	
			간조	지배간조	간조	지배간조
寬延2年 (1749)	◎		29	13		
寬延3年 (1750)	◎		31	28		
寶曆2年 (1752)		○			7	6
寶曆5年 (1755)		○			23	19
寶曆8年 (1758)	◎		30	14		
寶曆9年 (1759)	◎		15	30		
寶曆10年 (1760)		○			9	7
寶曆12年 (1762)	◎	○	51	6	6	19
明和2年 (1765)		△				
明和5年 (1768)	◎	△	18	13	35	12

된 일도 있어 부정기적이며, 그때마다 채용 인원수도 일정하지 않다. 또한 「오노 일기」에 '음미' 기록이 없음에도 불구하고 다수의 직원이 채용된 해(○로 표시함)가 있었다는 점도 알 수 있다. 호레키 2년(1752)의 경우는, 외부에서 간조·지배간조의 신규채용이 있었다는 사실을 확인할 수 있지만, 필산음미에 관해 「오노 일기」에는 언급이 없고(같은 해 실시된 고난도반이리小納戶番入り 음미에 관해서는 언급이 있다), 메이와 2년(1765)에도 외부에서 지배간조가 채용되었음을 확인할 수 있지만, 역시 「오노 일기」에는 '음미' 언급이 없다.(△의 해)

5.3   내부시험과 일반시험

거듭 말하지만, 「오노 일기」에 '필산음미'에 관한 기술이 없다고 해서 아무런 음미도 실시되지 않았다고는 단정지을 수 없다. 예를 들어 표7에서는, 호레키 5년(1755)에 '이리비토入人'(채용)는 있어도 음미의 기재는 없다. 얼핏 보기에 시험 없이 채용한 것 같지만, 여기에 관해서는 같은 해 10월, 간조부교 4명이 연명으로 로주를 상대로 제출한 품의서가 있다. 이에 의하면, 간조·지배간조의 현 인원이 187명으로 감소했고 50명 정도 부족한데, 신규채용을 하고 싶다. 이와 관련해 간조의 적남으로 근무 가능한 연령대의 인물이 22명, 마찬가지로 지배간조의 적남이 21명 있다. 간조 적남들은 평소의 소요리아이惣寄合 때에 대여섯 명씩 필산을 음미하였고, 다들 필산에 능숙함이 인정되었다. 지배간조에 관해 지금까지는 헤야즈미部屋住[p.123]를 채용한 전례는 없었지만, 부자가 함께 하면 그만큼 힘도 날 것이니 10인 후치의 견습으로 채용하고 싶다. 만일 견습으로 인정이 된다면 필산음미를 한 다음에 후보자를 천거하고 싶다. 이렇게 해도 43명밖에 되지 않으므로 부족한 부분은 "전부터 여러 곳에서 이리비토를 하기로 되어있는" 필산 능숙자로, 간조쇼에 잘 맞을 것 같은 사람을 '차인差人'으로 하고 싶다는 내용이다. "전부터 여러 곳에서 이리비토를 하기로 되어있는 … 차인"의 의미를 파악하기 어렵다. 이미 간조에 채용된 여러 구미組나 반番으로부터의 보충 인원이라는 의미인지, 정부 수뇌 등에 의한 개별 지명이라는 말인지 판단할 수 없지만, 간조와 지배간조 모두 음미한 다음에 후보를 정하겠다는 것이 품의의 골자일 것이다.(『일본재정경제사료』)

위 품의서에 대한 로주의 답변은 밝혀지지 않았으나, 「오노일기」에 의하면 호레키 5년(1755) 12월 6일에 간조 23명, 지배간조 견습 19명의 채용 발령이 이루어졌다. 지배간조 견습은 모두 아버지가 현직 지배간조였고, 신규 임명된 간조도 다이칸 후지모토 진스케藤本甚助의 아들인 도요키치豊吉, 우루시부교 야마다 쓰네에몬山田常右衛門의 아들인 헤이시로平四郎를 제외한 나머지 21명은 모두 간조의 적자였다. 다만, 후지모토의 경우는 부친인 진스케가 니시노마루 가치메쓰케에서 엔쿄 원년(1744) 8월 11일에 간조가 된 후, 간엔 2년(1749) 8월 26일에 다이칸에 전출되었으므로, 관할 면에서 보나 직무 경력 면에서 보나 간조 계통에 속한다. 야마다의 부친인 쓰네에몬은 가치메쓰케, 가치메쓰케 구미가시라를 거쳐서 간엔 3년에 우루시부교가 되었으므로 간조쇼와의 관계성은 희박하나 우루시부교도 간조쇼를 감독관청으로 여기는 관청이므로 간조 계통에 들어간다. 그런 의미에서 이때 신규 채용된 간조와 지배간조는 전원이 간조쇼와 간조쇼계 직원의 적남이고, 내부 선발형 시험이었던 것이 된다.

'차인差人'의 의미는 차치하더라도, 간조계 이외의 '여러 곳'(간조쇼 이외의 여러 관청이나 고부신)으로부터의 채용은 후지모토와 야마다를 제외하면 한 건도 없다. 전원이 내부 선발이었을 뿐만 아니라, 연령 요건을 만족시킨 사람 중에 채용

제 5장 출세와 직능

이 안 된 자는 앞의 간조부교 품의서[p.220]가 정확하다. 전원이 수험했다고 한다면, 간조의 적남 1명과 지배간조의 적남 2명까지 3명에 지나지 않으므로, 간조·지배간조의 채용률은 93% 정도로 간조 계통 직원의 적남은 사실상 전원이 채용되었다고 해도 좋은 상태였다.

「오노 일기」에는 간조부교의 품의서에 언급되었던 소요리아이惣寄合 등에서 실시한 일상적 음미에 관해서도, 다시 제대로 이루어질 예정이었던 채용 음미에 관해서도 알 수 있는 실마리가 없다. 둘 다 실시되었을지도 모르지만, 품의와 임용 발령 사이가 겨우 2개월 정도밖에 없다는 점으로 보아, 어디까지 본격적으로 실시된 것인지 의문이 남는다. 또한 채용인원도 당초에 예정되었던 50명이 안 되는데 '여러 곳'으로부터의 외부 채용도 이루어지지 않았다. 이들 사정을 고려하면 간조쇼 관계 직원 적남의 채용을 위해 진행된 호레키 5년의 음미는, 정규로 실행되었다고 치면, 경쟁형 시험이라기보다는 자격 인정형 시험이자 심각한 부적격자만을 떨어뜨리는 시험으로 간조 나카마仲間의 적남 채용시 우대 조치를 취한 것이 아닌가 생각된다. 이를 확인하기 위해서라도 넓은 의미에서의 다누마 시대에 실행되고 「오노 일기」에서는 마지막에 해당하는 메이와 5년(1768)의 음미 경과를 따라가 보자.

그 해에도 간조계 직원의 적남 59명을 대상으로 한 내부 1차 시험이 우선 2월에 실시되었다. 그리고 계속해서 5월 말부터 6월에 걸쳐서 일반 선발의 1·2차 시험이 수험자의 가격家格

표8 간조계 헤야즈미 음미 '합격률' (메이와 5년)

아버지의 현직	다이칸	구라[a] 부교	가네 부교	우루시 부교	하야시 부교	간조	지배간조가 올린 사람	합계
수험	5	2	2	2	1	25[b]	22	59[c]
합격	4	2	2	1	0	16	12	37

a) 사도(佐渡) 구라부교 포함 b) 임시간조역 1인 포함 c) 2명은 응시하지 않음

에 따라, 다시 말해 '이상'과 '이하'에 대응하여 날짜를 구분해 실시되었다. 이것이 끝난 다음인 7월 10일에는 간조계 적남에 대한 2차 시험('재음미')가 실시되었고, 채용 발령은 내부·일반을 합해서 해를 넘긴 메이와 6년 1월에 이뤄졌다. 간조계의 수험자와 합격자(발령을 받은 자)의 비율은 표8과 같다.

간조급에서는 시험 당일에 2명의 결석자가 있었고, 35명의 수험자 중 25명, 7할 정도가 합격해 지배간조로부터 올라온 수험자를 포함하더라도 수험자의 65%가 채용 발령을 받았다. 호레키 5년의 헤야즈미 채용률이 9할을 조금 넘긴 것과 비교하자면 경쟁은 상당히 격해지고 있다. 그러나 같은 해 병행 실시된 간조쇼 외부자 대상의 일반 선발의 경우, 간조 채용이 전제가 되는 '이상'의 수험자가 63명(당일 병결자 5명을 제외)이고 지배간조에 상당하는 '이하'가 250명 정도인데, 간조 발령은 18명이다. 단순하게 보면 간조쇼 외부자의 '합격률'은 3할 정도에 지나지 않는다. 다른 한편, 지배간조의 발령은 13명이기 때문에 합격률은 불과 5%까지 떨어진다. 양자를 통산한 합격률도 1할이 채 안 되고, 간조계 헤야즈미(적남)에 비해

경쟁 배율은 7배나 되는 난관이었다. 예를 들어 간세이 개혁 당시 지배간조 중 한 사람이었던 구스미 로쿠로자에몬久須美六郎左衛門의 아버지는, 사키테요리키先手與力부터 간조쇼 근무로 이동하기를 노려, 전후해서 열다섯 번이나 도전했지만 실패했다는 이야기도 전해진다.(元田侑三,「久須美蘭林父子及その一門」) 외부에서 신규 진입하기가 쉽지 않았던 사정을 알 수 있다.

5.4 수험 공부

간조쇼 관계자를 대상으로 한 내부 시험과 일반 시험의 '합격률' 차이, 이른바 내외 격차를 '실력차'로 설명할 수도 있다. 일반적으로 주판·산술에 친숙하고, 간조쇼의 필요에 적합한 마음가짐이나 기능을 갖추는 데 있어서, 다른 막신에 비해 간조쇼 직원의 자제나 관계자가 유리했으리라는 점은 부정하기 어렵다. 이는 메이지 이후에 관해서도 관료의 자식이 관료가 되는 경향이 지적된다는 점으로도 알 수 있다. 더군다나 에도 정부는 메이지 국가와는 달리, 관료 양성을 위한 학교나 훈련 기관의 설치에 열심이지 않았기에, 가령 '간조쇼에 가기 위한 수험 공부'를 하려고 해도 적당한 교사나 시설도 적었다. 그 점에서도 간조쇼 직원의 자제가 부모나 친척 그리고 직장 동료 등의 지도를 받을 수 있었으므로 큰 이점이었다.

예를 들어 간세이의 학문 음미 합격의 포상 대신에 지배간조에 채용된 오타 난포[p.196]는, 아들을 간조쇼에 넣기 위해 자신의 돈을 들여 산술 학원에 보내는데, 그 스승은 고부신세와야쿠世話役인 요시미 기스케吉見儀助(혹은 기스케儀介)였고 배우는 과목은 관류關流 산술이었다.(『會計私記』『大田南畝全集』) 이 요시미는 오타에게 교카狂歌를 배운 제자이며, 오타가 지배간조였을 때 교섭이 있었던 사실은 오타의 일기로 알 수 있다. 또한 오타 난포와 마찬가지로 요시미도 간세이 9년 창평횡昌平黌의 학문음미에 급제할 정도로 공부에 열심인 사람이었고, 오타와 깊은 교류가 있었던 것 같다.(濱田義一郎『江戶文藝攷』) 더군다나 요시미는 마지막에 간조쿠미가시라까지 출세하는 인물인 만큼, 그에게 산술과 주판 지도를 받은 오타 아들의 '수험 공부'에는 외부인에 비해 무언가 유리한 점이 있었을 것이라고 상상된다.

간조 관계자에 의한 지도와 교육이 음미 수험에 유리하게 작용한 사정은 필산음미에 출제되었다고 생각되는 시험 문제로부터도 추측할 수 있다. 이미 언급한 바와 같이, 필산음미에 관련된 사료는 적으며, 실제로 어떤 문제가 나왔는지 알 수 없다는 점은 안타깝지만, 대략을 상상해보는 데에 도움이 될 만한 자료도 적지만 남아있다. 예를 들어, 「오노 일기」에는 간엔 2년(1749) 3월 17일에 실시되었던 오카치를 대상으로 한 재음미에 관해서 "○(한 글자 불명) 지난 번과 같이 토지 등 계산面付 9건, 서자書字가 큰 미농지에 16행, 두 사람 모두 실수 없이 써냈음"이라는 기술이 있다. 의미를 파악하기는 어렵지만, 두 사람이란 오노의 '문하생'으로 이 해에 수험한 막신인 두 명의 친척을 가리키며, 첫 시험과 마찬가지로 '계산'(농촌 징세기장에 관련된 과세 계산인지, 토지 면적 계산인지는 불분

제5장 출세와 직능

명)이 9문제, 서식과 필적을 검사하는 '서자'가 출제되었다는 취지일 것이다.

산술 문제에 관해서는 다이칸 채용에 임해서 "57만 3000석을 3두 7승 표로 고치면 몇 만 몇 천표가 되는가?"라는 문제가 나왔는데, 이는 해법을 궁리해내야 하는 앞의 문제와는 달리 오로지 주판으로 계산하기만 하면 되고, 자릿수나 우수리 처리가 골치 아픈 것뿐이므로 지난 번보다 쉽다는 이야기가 『조시』에 보인다.(상 286) 다이칸 채용시험도 간조쇼가 담당했을 것이므로, 간조쇼 직원의 음미에도 비슷한 문제가 출제되었을 것이다.(또한 다이칸이나 우루시부교 등에게도 간조부교쇼에 의한 음미가 실시되었음이 「오노 일기」 메이와 2년 12월의 조항으로도 알 수 있으나, 어디까지가 통상적인지는 분명하지 않다.)

그리고 덴포 연간(1831~1845)에 발행되어 압도적인 인기를 자랑했다고 일컬어지는 『산법지방대성山法地方大成』에 게재된 연습문제도 참고가 된다. 그중에서 한두 개의 예를 소개해 보겠다. 하나는 "서일본上方의 본도미本途米 2200석은 구치마이口米로 바꾸면 얼마인가. 답은 구치마이 66석. 해법은, 본도미 2200석에 3을 곱해서 구치마이로 만든다. 단, 서일본에서는 본도미 1석에 대해 구치마이를 3승씩으로 계산해야 한다"라는 식이다. 이 문제를 풀기 위해서는, 서일본에서는 연공미(본도미)에 더해, 줄어든 쌀의 양과 여러 경비를 예상해서 1석마다 '구치마이' 3승씩을 징수한다는 실무 규칙을 수험자가 알고 있는 것이 전제가 된다. 그것만 알고 있으면, 나머지는 주판으로 2200×0.03이라는 간단한 계산을 하면 되는 것이다.

또 하나의 예를 들자면, "연공미 120태駄[1]를 강기슭까지 14리를 운송한다. 1리에 태전駄錢 16문文이라면 운반비용은 얼마인가. 답은 18관貫. 해법은, 총 길이 14리 중에서 규정대로 5리를 빼고 나머지 9리에, 1태의 1리 삯인 16전을 곱하고, 또한 태수 120태를 곱하며, 100문 이상의 경우, 9푼으로 나누어 운송 비용으로 삼는다. 단, 납입하는 무라村에서부터 거리 5리는 무라야쿠村役로 운송한다는 규정임"이라고 되어있다. 이것도 연공미 운송 비용 중, 납입하는 무라에서 5리(2km) 이내의 비용은 해당 무라의 부담이라는 점, 또한 그것보다 먼 거리에 대한 정부 부담금에 관해서는 100문을 넘는 경우, 9분의 10을 할증해서 실시한다는 실무 규칙을 수험자는 미리 알고 있어야 한다. 그런 뒤에 주판을 써서 16×(14-5)×120×10÷9를 계산하면 답이 도출된다는 설명이다.

이들 모두 간조쇼 실무에 관한 기초지식이 전제되어 있다는 점에서 볼 때, 간조쇼가 실제로 출제한 문제와 동공이곡同工異曲이었던 것이 아닐까 추측된다. 그렇다고 한다면, 필산음미는 단순히 주산이라는 전문기능뿐만 아니라, 관청의 실무 관행(의 적어도 기초)에 정통한 사람에게 유리했던 것이 아니었을까. 또한, 비록 직무 관련 지식이 직접적으로 요구되지는

---

[1] 태(駄)는 말 한 마리에 싣는 짐의 양을 가리키며, 1태는 혼마(本馬)가 약 135kg, 가라지리(輕尻)가 약 60kg으로 정해져 있었다.

않았다 하더라도, 간조쇼 관계자가 그렇지 않은 사람에 비해 어떤 문제나 주산 기법을 간조쇼로부터 요구받고 있고, 거기에 어떻게 대응하면 좋은지 등에 관해 실천적인 지식이나 조언을 입수하기 쉬운 입장에 있었던 것은 사실일 것이다. 오타의 아들이 스승인 요시미로부터 배울 수 있었던 것은 습자 교사였던 간조긴미야쿠의 사쿠마 진파치의 경우와 비슷하여, 단순한 기술로서의 산술에만 머물지 않았다는 점은 확실할 것이다.

음미 합격률에 나타난 '내외 격차'는 가업과 직무 지식의 이에 단위의 전수에 의해 어느 정도 설명할 수도 있으나, 그것만으로 외부자의 성공률이 낮은 사정을 모두 설명하기는 어렵다. 또 다른 이유로 생각해 볼 수 있는 '간조 세습직론'이 있다.

간조쇼의 직원은 세습이 기본이었다고 보는 관점이 연구자들 사이에서는 지배적이다. 그 근거로 잘 인용되는 것이, 문화 11년(1814)에 간행된 『명량대록明良帶錄』은 귀중한 사료로, 그 저자인 오다와라번사 야마가타 히코자에몬山縣左衛門은 간조를 '세직世職(세습역직)이나 마찬가지'라고 설명한 바 있다. 그렇다면, 간조쇼 직원의 가독상속예정자惣領에 대한 필산음미가 형식적이었다고 해도 이상하지는 않으리라. 그런데 이 '세습론'에는 의문이 있다.

역인의 승진 루트에 대해 에도 관계의 상식이나 세간의 통념을 알기 위한 사료로서 『명량대록』은 중요하지만, 가령 다이칸의 임용 경로의 설명처럼 명백하게 부적절하고 부정확한 기술도 여기저기 보이기 때문에 곧이곧대로 받아들일 수는 없

표9 간조의 세습율 구성 간세이 11년(1799) 현재

세습대수	총 수	1대	2대째	3대째	4대째	5대째
실제 인원	164	61	53	35	12	3
비율	100.0	37.2	32.3	21.3	7.3	1.8

- 간조쿠미가시라·간조긴미아라타메야쿠·효조쇼도메야쿠評定所留役 등도 간조로 일괄하고, 간조부교와 간조긴미야쿠만 경험한 자를 비롯해 모치카쿠지배간조持格支配勘定·간조쇼데야쿠勘定所出役·간조시하이무야쿠勘定支配無役는 제외했다. 간조부교쇼가 감독 관청('간조부교시하이')인 군다이郡代·다이칸·하야시부교林奉行·가네부교金奉行·우루부교·구라부교藏奉行 등은, (간조와 겸직이 아닌 한) 제외했다.
- 세대 계승의 계산에서 다음의 경우는 일대로 간주하여 포함했다. 지배간조만으로 끝난 조상, 연속 계승뿐 아니라 다른 직이나 고부신 등의 간조직 공백 기간이 있는 경우, 단기간 간조로 근무한 후 다른 직으로 이동한 자나 재직 중에 면직된 자, 적자가 헤야즈미 시절에 간조로 임용된 후, 아버지 등보다 먼저 사망해 당주가 되지 않은 경우(한가지 사례만 제외).

다. 또한 현대의 연구자도 간조에 관해 '거의 세습'이라거나 '세습이나 마찬가지'라고 말하지만, 세습이 어느 정도 이루어졌는지는 확실하지 않다.

그래서 간세이 11년 시점에 간조였던 164명에 대해, 해당인의 간조쇼 근무가 몇 대째에 해당하는지를 『관수보』를 통해 확인하고, 그 분포를 정리한 것이 표9이다. 이에 의하면, 3대에 걸쳐 3명 이상의 간조쇼 직원을 배출한 집안은, 3할 정도에 지나지 않음을 알 수 있다. 같은 반番·직職이 삼대 연속되었을 때 비로소 해당 반·직의 집안이라고 인정하는 것이 엄밀한 의미에서의 에도의 룰이었기 때문에, 2대가 직을 계승했다고 해서 '세직世職'이라거나 '세습'이라고 부르는 것에는 무리가 있다. 그렇다고 하면 간조의 7할은 '세직'이 아니었던 것으로, '거의'

라거나 '다름없음'이라는 표현은 과장이다. 이와는 별개로『관수보』18~22권에서, 한 번이라도 간조쇼 직원으로 근부한 집안에 대해 간세이 11년까지 간조 계승을 몇 대씩 했는지 조사해본 바, 3대 이상은 2할이 조금 넘어, 한층 더 적었다. 더욱이『관수보』는 원칙적으로 간세이 11년까지밖에 취급하지 않으므로, 그 이후도 고려한다면 결과는 달라질 것이라는 의견도 있을 수 있으나, 단편적으로 남아있는 관련자료에 의거하는 한, 눈에 띄게 많아졌을 것이라고 추정할 근거는 얻을 수 없다.

'세습'이라는 설명에 무리가 있음은 사실인 한편, 이와 같은 통념이 유포된 데에도 나름의 이유가 있다. 그 중 하나가 율령제 이후의 관계의 기본 룰인 '온이蔭位'이며, 에도식으로 바꿔 말해보자면, 부친의 재직기간이 20년이라는 원칙이다.

5.5 근속 20년 원칙

조금 전에 소개한 호레키 5년(1755) 10월의 간조부교 연명의 품의 문서는, 그때까지 없었던 지배간조의 적남을 견습으로 채용한다는 제도 개혁의 이유로, 부친이나 해당인의 노력, 즉 부자가 직무에 힘을 다해 부지런히 일할 유인이 된다는 사정을 강조한다. 간조쇼 직원 자제의 채용을 우대함으로써 현직 간조의 사기를 높이는 것이니, 음미에도 마찬가지의 배려가 작동한들 이상할 것이 없다.

이에 관한 것으로「오노 일기」메이와 5년(1768) 7월의 기술이 있다. 이날, 간조계 적남의 2차 시험이 실시되었는데, 「오노 일기」는 "부친의 근무 기간이 이십 년 이상인 자식들만 호출되었고, 나머지는 필산과 인품으로 □(판독 불능)하라는 풍문"이 있었다고 한다. 우선 부친의 간조에서의 근속 기간이 20년 이상이 되는 적남의 채용을 우선시하고, 만일 여유가 있으면 수험자 본인의 능력이나 인품을 고려해서 채용한다라는 풍문이 있었다는 말일 것이다.

이 소문을 확인하기 위해서, 『관수보』에 의해 이때 채용되었던 헤야즈미인 간조의 부친들이 간조쇼에서 일한 근무 경력을 조사했다. 하지만 부친이 지배간조에서 간조로 승진한 경우, 지배간조 취임 시기가 기재되어 있지 않다는 점, 더군다나 부친이 다른 직에서 간조로 취임한 경우, 전직의 경력이 "근무 20년 이상"에 합산될지 어떨지 불분명하므로, 결정적인 증거는 얻을 수 없었다. 그러나 간조 적남부터 헤야즈미 간조에 채용되었던 자의 부친으로, 음미 20년 전인 간엔 2년에 간조였던 사실이 확인되는 자가 7명에 달했고, 취임 시기가 불분명한 지배간조 시대를 합산하자면 20년을 충족시킬 것으로 보이는 사례가 조금 더 있다. 채용자의 반 이상이 20년 이상의 근속에 이르렀으니 장기 근속자 적남의 우대는 틀림없을 것이다.

「오노 일기」는 안에이 2년(1773)으로 끝나지만, 그 사이의 사정이 지배간조로 근무한 오타 난포의「반일한화半日閑話」에 나온다. 같은 달 19일, 모든 역인 적남 헤야즈미가 여러 반야쿠番役로 불려가 녹직을 받았고, 그 일환으로 12명(『도쿠가와 실기』에 의하면 13명)의 헤야즈미 간조도 발령을 받았다. 그 중 4명에 관해서는 '필산 능통자이기' 때문이라는 이유가 적혀 있다. 남은 8명(『도쿠가와 실기』에는 9명이라고 한다)에 관해서는 "아버지들이 다년간 근무했기 때문에"라는 별도의 채용이유 설명이 적혀 있다. 같은 간조의 적남이라도, 본인의 필산 능력이 우수한 경우와 그저 그런 정도일 경우 사이에는 차이가 있었으며, 후자에 대해 부친의 근속을 가산해서 헤야즈미 채용의 은전恩典을 인정하는 우대조치가 취해지고 있었음을 알 수 있다.

표10은 이때 채용되었던 12명에 관해 『관수보』에 기초해 본인이 몇 대째의 간조인지, 부친의 간조 근무 개시 시점과 근속년수를 정리한 것이다. 부친의 근속년수를 가산했던 헤야즈미 채용의 경우, 부친의 간조 근속년수는 예외없이 20년을 넘었고, 거꾸로 '필산 능통자'에게는 20년 근속의 예가 전혀 없다는 사실로부터, 적어도 안에이 5년(1776)에는 20년 근속이 은전의 필요조건(충분조건인지 어떤지는 차치하고)으로 여겨졌던 것 같다는 사정을 추측해 볼 수 있다.

이러한 헤야즈미 채용은 간조에 한정되지 않는다. 반카타番方나 유히쓰右筆 등의 다른 직무에 관해서도 같은 날 동일한 구분 방법에 입각한 헤야즈미 채용이 실시되고 있었다. 예를 들어, 료반兩番이나 오반大番 같은 곳으로 가기 위해서는 "여러 기술을 제대로 익혀야 한다는 것을 들으셨다"와 "부친도 오래 근속함으로 인해"가 구별되고, 유히쓰에 관해서는 "필적이 훌

표10 안에이 5년(1776)의 간조 헤야즈미 채용

본인 이름	대수	아버지 간조 취임 시점	겹치는 기간	기타
필산 능통자			
高野文之丞	3	明和5	8년	寶曆10年 이후 지배간조
藤井長之助	2	寶曆9	17년	
根岸吉五郎	2	明和2	11년	이전에는 지배간조
羽田熊藏	2	明和6	7년	이전에는 지배간조
다년 근속자의 자식				
安食勝五郎	4	元文3	38년	증조부 正德5年부터
村松左次郎	2*	元文5	25년	
重田猪十郎	2	延享1	22년	
村上百之助	4	寬延2	27년	증조부 享保15年부터
竹尾與十郎	2	寬延3	26년	
西野嘉內	3	寬延2	27년	
西川仙之介	2	寬延3	26년	
勝屋豊三郎	3	寶曆5	21년	

* 사정이 복잡해서 4대째라고도 볼 수 있다.

륭한 자이기 때문에"와 "부친도 오래 근무했고, 아들도 필적이 어느 정도 수준이 되기 때문에"가 구별되었다. 바꾸어 말하자면, 재무계통이나 서기 등의 실무 관료의 경우에는 부친이나 조부 등의 근무 기간이 효력을 발휘하는 사례가 적지 않았던 것으로, 부친은 자신의 직책을 아들이 잇게 하기 위해 설령 출세할 전망이 희박하더라도 근무에 힘씀으로써 자리에 상응하는 직무 능력을 갈고 닦았을 것이다. 자식은 자식대로, 필산으로 어느 정도 성적을 낼 수 있으면 간조쇼에 들어갈 수 있으리란 기대가 가능했고, 여기에 힘입어 어느 정도의 공부는 했다는 얘기가 된다.

다만, '무관武官'인 반카타에서는 부친의 근속년수만을 이유로 우선 채용('반이리番入')시키는 일이 드물지 않은데 비해, 행정실무에 종사하는 유히쓰나 간조의 경우는 부친의 근속과는 별도로 본인이 자리에 '상응'하는 능력 증명을 요구받는다는 차이가 있다는 점은 주목된다. 전쟁이 있을 수 없으니 반카타는 무능해도 지장이 없지만, 행정실무는 조금도 유예할 수 없으니 완전히 무능해서는 곤란했을 것이다. 즉, 20년 룰이 '간조 세습'의 결정적인 근거가 되지는 않는다는 것이다.

5.6 상급 하타모토 불참 규칙

'세직'을 생각해볼 때 주목할 만한 다른 하나의 사정은, 필산 음미의 수험 자격이다. 간조쇼와는 직접 관계가 없는 막신을 대상으로 하는 일반 선발이라고 해도, 모든 반番·역직자(의 적남)나 역이 없는 고부신이 수험 자격자가 될 수 있는 것은 아니다. 예를 들어 료반兩番 등 격식이 높은 하타모토는, 설령 가록이 2~300석밖에 안 되더라도 고난도小納戶 등 포의布衣 이상의 격식이 높은 직책을 목표로 하므로, 간조쇼의 일반 직원을 희망하는 예는 극히 드물었다고 생각된다.

시대는 이보다 더 내려가지만, 갓테가카리 로주인 미즈노

데와노카미의 승인을 거쳐 분세이 12년(1829)에 나온 포고를 보면, 이때까지 료반 집안의 사람은 기껏해야 고젠부교와 다이칸 이외에는 포의 이하의 직으로 후보자 추천을 한 전례는 없으나, 향후 직책의 영역을 한층 더 아래로 확장할 것을 인정하겠다고 한다. 간조는 역고 150표의 포의 이하 직무이며, 무사의 명분상으로는 '겁쟁이 역'이자 '천한 일'이므로, 그런 간조가 되는 일 따위는 료반 집안 하타모토에게는 논외로 여겨졌던 것이다.

게다가 이 포고문으로부터 10년 이상 지난 덴포 12년(1841)에는, 료반 계통으로 300표 이하(미만의 뜻), 료반보다도 격식이 아래인 반카타의 오반大番으로 200표 이하의 자에 관해서는, 본인이 희망한다면 "신분을 떨어뜨려서 유히쓰도 간조와 같은 급으로 명령하실 수 있"으므로 "사람을 들일 때"에는 써내라고 통보하고 있다. 유히쓰도 간조와 같은 신분·관위의 직종이므로, 이제부터는 급이 떨어지는 직책에도 후보를 내도록 하라는 의미가 된다.

이들 두 포고를 뒤집어 보자면, 덴포 말년까지 료반은 물론 오반 등 비교적 신분·격식이나 가록이 낮은 반카타조차도, 간조 등에는 추천하지 않는 것이 통례였다고 이해할 수 있다.(이상의 통보는 「誠齋雜記」에 의함) 사정은 방금 문제시 된 엔코延享 연간(1744~1748)도 같았을 것으로 보인다. 다만, 같은 반카타라도 고주닌小十人은 다르지만, 이는 고주닌의 지위가 한 단계 더 아래며 적은 가록을 받는 자도 많았던 것에 더해, 간조나 다이칸

제5장 출세와 직능

표11 간세이 11년 간조의 가록 분포 / 표12 하타모토의 가록 분포

구분	가(家)	비율(%)
200표 이상	13	8.5
150표	24	15.7
100표	45	29.4
75표	6	3.9
50표	39	25.5
30표	20	13.1
30표 미만	6	3.9
합계	153	100.0

구분	가	비율(%)
3000석 이상	251	5.0
2000석	160	3.1
1000석	421	8.3
500석	839	16.5
100석	3073	60.3
100석 미만	353	6.9
합계	5097	100.0

출전:『幕府旗本人名辭典』 출전:鈴木壽『近世知行制の硏究』

등을 경험했던 집안의 자손이 고주닌구미에 편입되는 경향이 있었던 점도 관련된 것 같다.

다시 돌아와서, 일반 시험이라고 해도 수험자의 범위는 역고 150표의 간조나, 오메미에 이하인 100표의 지배간조에 상응하는, 신분·가록이 낮은 하급 하타모토나 고케닌에 거의 한정되어 있었다. 에도 후기에, '오메미에 이상'인 간조의 다수가 돈이 모자라 '울면서 생활'한다고 말하는 100표에도 못 미치는 격이 낮은 신분이었다. 이들이 하타모토 중에서도 가장 밑바닥에 있었다는 사정은 표11과 12를 비교해보면 한눈에 알 수 있다.

5.7 친인척 네트워크

다시 말해 상급 하타모토 불참의 규칙에 의해, 간조를 채용할 때 낮은 지위에 낮은 봉록의 하타모토나 고케닌은, 높은 지위에 높은 봉록의 하타모토(의 자제 등)로부터의 경쟁 압력을 피할 수 있게 됨으로써 직장을 '보호받는' 결과로 이어졌음을 알 수 있다. 그뿐만 아니라, 낮은 지위에 낮은 봉록의 하타모토·고케닌 중에서도 간조쇼 직원의 적자 등 관계자에 대해서는, 실질적으로나 제도적으로나 취직 우대 조치가 취해졌기 때문에, 간조역을 맡는 집안에 의해 간조쇼의 행정과 재정에 관한 노하우가 독점되기 쉬운 구조도 생겼다.

게다가 간조쇼 직원은 결혼이나 양자 입양의 상대로 간조쇼 동료를 선택하는 경향이 현저해서, 직장은 동시에 몇 중으로 겹쳐진 인척 네트워크의 집적이기도 했다. 사다노부 정권에 의해 간조긴미야쿠에 발탁된 마쓰야마 소에몬의 동생 후쿠시마나, 거꾸로 다누마와 함께 실각해 결국엔 사형에 처해진 쓰치야마 소지로土山宗次郎의 실제 동생인 나가타키 도시로長瀧藤四郎가, 각각 갓테카타 간조勝手方勘定나 도메야쿠 간조留役勘定였다. 또한 간조긴미야쿠를 진파치 선생에게 빼앗기고 분해했던 구미가시라의 와카바야시와, 진파치를 비판했던 지배간조 출신의 노구치가 친인척 관계였다[p.199]는 점은 소개했다. 여기에 쓰치야마의 여동생도 도메야쿠의 야나기타 지로자에몬柳田次郎左衛門에게 시집갔다는 사정을 덧붙일 필요도 있다.

제5장 출세와 직능

 덴메이 8년(1788) 8월 18일, 사다노부 정권에 의해 간조에 임명되고, 효조쇼 도메야쿠가 된 요시오카 도라지로吉岡虎次郎는, 겐분元文 4년(1739)에 간조쇼 근무를 시작한 요시오카 가로서는 4대째 간조 근무를 하게 된 경우로, 명실상부 '세습' 간조의 대표다. 게다가 도라지로는 양자로, 본가인 우라노浦野 가도 간조쇼와의 연이 깊다. 하타모토 우라노 가에는 세 계통이 있는데, 도라지로를 배출한 우라노 가는 간세이 8년(1796)에 모치카쿠持格 지배간조(직무는 지배간조지만, 격식은 간조와 같은 하타모토 취급)가 된 도라지로의 형인 히코타로彦太郎까지 3대의 간조쇼 직원을 배출했다. 즉, 우라노 가의 입장에서도 도라지로는 3대째(세는 방법에 따라서는 4대째) 간조쇼 직원이 되어, 친형제가 함께 간조쇼에 근무하고 있는 셈이었던 것이다. 사태를 한층 복잡하게 만드는 것이, 2대 쇼군 히데타다 시대인 간에이 2년(1625)에 덴슈반天守番으로 도쿠가와 가를 섬기던 우라노 시게유키浦野重行가 공통의 조상인 또 다른 우라노 가의 존재다. 이 우라노 가도 겐분 5년에 처음으로 간조를 배출시킨 이후, 간세이 4년에는 3대째 간조가 된 도라노조虎之丞가 간조쇼 직원이 되었다. 이 도라노조는 불행하게도 간세이 8년 33세의 젊은 나이에 죽었지만, 간세이기 간조쇼에는 우라노·요시오카의 확실한 네트워크가 있었던 사실을 알 수 있다.

 이 요시오카 도라지로와 같은 날 간조가 되고 훗날 구미가시라에 승진하는 세키가와 쇼에몬關川庄右衞門은 아버지 뒤를 이어 2대째 간조였고, 그 여동생은 간조쇼 토박이로 간조부교까지 출세한 네기시 히젠노카미肥前守의 아들인 구로베에게, 그 동생 중 하나는 다이칸인 리키이시 하기노신力石萩之進한테 시집을 갔다. 더군다나 네기시 히젠노카미 자신도 양자로 들어왔고, 친부인 안조 다자에몬安生太左衛門은 다이칸, 친형은 도메야쿠로 근무하고 있다. 또한 네기시의 친누나가 시집간 하네다羽田 가도 간조긴미야쿠에 승진하는 하네다 후지에몬을 선두로 간조의 집안이며, 덴메이 8년에 후사가 없던 안조 가에 서양자婿養子를 보낸 것도 이 하네다 가였다. 또한 하네다 후지에몬의 딸이 시집간 핫토리 가도 간조를 연임하고, 남편 핫토리 미키지로服部造酒郎는 간조쿠미가시라에, (서양자였던) 적자 센조專藏는 간조긴미야쿠로 승진했다.

출장기관인 다이칸을 포함한 친인척 네트워크의 사례를 들기 시작하면, 끝이 없다. 마치부교인 요리키와 도신을 자세히 조사하면 조사할수록 전원이 친척이었다는 회고담도 있는데, 간조쇼의 내부에도 짙은 친인척 네트워크가 몇 개씩이나 존재했다. 간조쇼 직원의 대부분이 어떤 식으로든 친인척 네트워크에 들어가 있었던 이상, 주판으로 대표되는 전문 지식, 업무 수행에 필요한 직무 지식, 나아가서는 출세를 초점으로 한 인사·직장 정보, 이른바 직장 지식의 많은 부분이 이 네트워크 안에서 전달되고 교환되었던 것도 자연스럽다. 개별 직원이 이 네트워크에서 벗어나 간조쇼 근무를 계속하는 일은 경제적이지 않았고, 간조의 누군가를 적으로 돌리는 일은 종종 네트워크 전체를 적으로 돌리는 결과가 된다.

그러므로 간조쇼에는 조직 일반에서 보이는 '내부인 의식', '일가一家 의식'에 뿌리를 둔 현상 유지의 경향에 더해, 간조쇼 내부의 친인척 네트워크를 유지·확충·재생산하고자 하는 경향이 있을 수밖에 없다. 그 힘이 어느 정도로 강한지는 간조쇼 근무는 2대째이지만, 『관수보』에 의하는 한 간조쇼 내부에 이렇다 할 인척 네트워크를 얻지 못하고 독립독보하는 '이인異人'이라는 평판의 반노 기로쿠로坂野喜六郎조차, 야규의 '내통요청內通要請'을 거부했다는 소문[p.192]에도 나타난다. 그 반노와 비슷한 경우와 성격이었다고 생각되는 사쿠마[p.72]는, 반노와는 다르게 야규나 정권 중추에 밀착하는 길을 선택한 듯하지만, 이미 본 바와 같이 그 자손은 잘 풀리지 않았다. 어쩌면 여기에도 공통의 원인이 그림자를 드리우고 있는 것인지도 모른다.

5.8 '유능한' 남자들과 '구획된' 경쟁

이렇게 보면, 객관적인 능력 시험으로 보이는 필산음미도, 구조상으로나 실제 운용 상으로나 간조쇼 직원이나 간조쇼에 연이 깊은, 즉 간조를 역으로 맡고 있는 일부 하급 막신에게 유리한 일이 많았다. 그 결과 직무·직장 지식은 물론 전문 지식이나 기능까지도 '간조 일가'의 권내에 있는 막신의 독점(에 가까운) 상태에 있었다는 사정을 추측할 수 있다. 그렇다고 해서 간조 일가가 모두 사이가 좋으며 아무런 풍파도 없고 무능한 상태였다고 할 수도 없다. 물론 "피는 물보다 진하다"고 하지만, 친인척 네트워크라도 그 친인척 관계가 반드시 상호부조나 연대 행동을 낳는 것은 아니다. 한편으로는 친인척 네트워크가 전문이나 직무 기능의 전수처럼, 정부·간조쇼의 조직으로서의 부족한 점을 보완하는 경우도 생각할 수 있기 때문에 양자의 관계는 복잡하다. 『조시』에 의하면 다누마 시대엔 필산음미도 형식적인 절차일 뿐 실제로는 권문세가에 건넨 뇌물 액수로 취직이 정해졌다고 하지만, 그래도 마쓰모토나 쓰치야마처럼 청렴하다고 할 수는 없지만 일은 잘 하는 역인이 간조쇼에서 활약했다. 반카타 출신으로 다누마와도 깊은 사이였던 이시가야 히고노카미石谷肥後守는 사도佐渡부교로 지방·광산 경영에 큰 공적을 남겨 간조부교로 발탁되어서도 유능한 실력파 부교로서 야규에 이어 장기간 간조쇼에 군림했다. 간조쇼 토박이 출신의 능리能吏로 알려진 가와지 도시아키라도, 이시가야 같은 유능한 부교를 중용했었던 것으로 보아 다누마도 초반에는 괜찮은 관료였을 것이라고 평가했었다.(「寧府紀事」)

일을 잘하면 출세한다고도, 출세한 자가 유능하다고만도 할 수 없는 것은 예나 지금이나 다를 바 없다. 그야말로 "바람이 어느 쪽으로 부는지"가 중요하다고 말할 수 있는데, 일을 잘 하는 쪽이 못하는 역인보다 출세할 기회가 커지는 것은 에도시대나 현대나 변함이 없다. 설령 간조쇼 근무가 2대째, 3대째가 되고, 충분한 인척 네트워크를 갖고 있다하더라도 무능한 상태로 출세만을 획책하는 것보다 '실적'을 쌓고 '수완'을 보이는 노력에는 나름의 보상도 기대해 볼 수 있다. 간조쇼 내외에 깔려 있는 네트워크를 근본부터 뒤흔들 수는 없다는 제한 속에서,

제5장 출세와 직능

즉 '간조 일가'라는 기존의 틀 안에서 출세를 둘러싼 '구획된 경쟁'이 실행되었던 것이 에도의 간조 세계다.

경쟁은 간조 일가 내부에 한정되지 않는다. 필산음미나 위에서 지명한 사람이 들어오는 방법을 통해서 '간조 일가'의 외부로부터 유능한 경쟁 상대가 신규 참가하는 길이 열리고, 시대나 상황에 따라서 신규 유입자의 규모나 형식에 변화는 있었지만, 그전에는 간조쇼에 연고가 없던 하급 하타모토·고케닌 중에서 새로운 경합 상대가 늘 참가했던 사정도 「오노 일기」를 토대로 소개한 바 있다. 물론 이러한 '외부자'는 기존의 간조 네트워크에 의해 '괴롭힘'을 받아 음으로 양으로 끌어내려지는 등 여러모로 고생을 겪는 일이 많았음은 사실이다. 그럼에도 불구하고 본인에게 능력과 의욕이 있고, 부교나 긴미야쿠 등 간조쇼의 수뇌나 로주·와카도시요리의 강력한 후원이라는 혜택을 받거나 하면, 히노반火の番에서 간조쇼에 입성한 마쓰모토 이즈노카미松本伊豆守나 간조쇼 최하층의 후신普請역에서 승진한 사쿠마 진파치가 그랬던 것처럼, 혹은 지방의 간조쇼 지부의 일개 하급 관리에 지나지 않았던 나이토內藤 가에 태어난 가와지가 그런 것처럼, 간조쇼의 출세 계단을 올라가는 일이 가능했다.

정부·관청 수뇌로서도 자신의 평판을 높이고 또한 입신영달을 꾀하기 위해서는 '일 잘 하는' 유능한 부하를 써서 눈에 보이는 실적을 남길 필요가 있었고, 세습 요리키·도신同心으로 채워진 마치부교와는 달라서 인사·승진을 지렛대로 삼아 간조의 세계로 깊숙이 파고 들어갈 여지도 있었다. 특히 개혁이

외쳐지거나, 위기에 직면하거나, 심각한 정치적 균열이 생기는 때에는, 친인척 네트워크를 중심으로 한 간조 일가의 동료가 아니라는 사실이, 과거의 정이나 주고 받을 계산 등으로부터 자유롭게 행동할 수 있는 여지를 직원에게 부여했고, 상사·수뇌의 기대에 응해서 움직일 수 있다는 이점이 되기도 했다. 지샤부교寺社奉行 도메야쿠로 근무하던 시절의 가와지가, 명문 후다이에게만 허용되는 로주의 지위를 노리는 도자마 다이묘인 와키쓰카 나카쓰카사다이후脇坂中務大輔를 도와 쇼군이 주목하는 소송에서 정치적 역전극을 실현시킨 일이, 그를 관계에서 더욱 비약하는 결과로 이어졌다는 점은 가장 극적이고 잘 알려진 일례일 뿐이다.(가와지 간도(川路寛堂)『川路聖謨之生涯』) 그리고 가와지와 같은 외부자의 도전과 성공이 기존의 간조 일가 내에서의 '구획된 경쟁'을 더욱 자극하여 경쟁의 수준을 올리는 일로도 이어졌다.

5.9 '피를 토하는' 노력

'간조 일가'의 인습과 견제 속에서 상사나 권력가의 평가를 얻을 만큼의 '실적'을 남기기 위해서는 문자 그대로 "피를 토하는 것 같은" 노력이 필요하게 된다는 것도 사실이다. 예를 들어, 나가타 요자에몬永田與左衞門(1752~1819)이라는 간조쇼 근무 3대째인 남성의 경우가 있다. 이 나가타는 사다노부 정권 성립 직전인 덴메이 7년 4월에 간조에서 간조쿠미가시라로 승진했지만, 재임한 지 겨우 1년 정도인 덴메이 8년 8월에 고산쿄

제5장 출세와 직능

중 하나인 시미즈淸水가의 요닌用人으로 '영전'했다. 그 직후에 『조시』에는, 저런 게 입신을 할 수 있다면 "수마水馬 따위의 고생을 할 필요가 없다"라는 말이 들렸다고 한다. '수마'란 말에 탄 채로 물을 건너는 훈련을 일컫는 것으로, 이런 질투의 출처는 격식이 높고 자존심이 강한 료반 언저리이리라.

이와 비슷한 시기에 다른 풍평에서는, 나가타는 "10년 전에는 간조로 근무하고, 그 뒤에 도메야쿠가 되더니, 지난 여름 즈음에는 간조쿠미가시라가 되고 이번에는 시미즈의 요닌"이 된 인물로 '똑똑하긴'하지만, 다른 사람을 깔보는 태도가 결점이라고 한다. 전해지는 경력은 『관수보』와 대조했을 때 거의 정확하므로, 인품에 관한 부분도 간조부교로 크게 출세했던 구보타처럼 드문 예외를 빼면, 자고로 '벼락출세자'는 아무튼 기고만장하다는 세간의 평가를 뒷받침하는 것인지도 모른다. 다만, 그런 그의 자부심에는 '똑똑'했다는 사실에 더해 "도메야쿠 시절에는 재판 업무에 정성을 쏟았고, 종종 피를 토할 정도로 마음을 썼다고 한다"라고 할 정도로 직무에 열심이었다는 근거도 있었을 것이다.(상 178)

덧붙이자면 효조쇼 도메야쿠는 사실상의 재판관으로, 정치적으로 복잡하고 위험한 사건도 취급한다. 판례에 정통하고, 관계자의 뒷사정까지 훤하지 않으면 안 되었던 자리로, 마음고생도 심했던 듯하다. 내각 서기관이라고 볼 수 있는 유히쓰右筆 중 한 사람이, 역인으로서의 등급이나 업무 그리고 출신 신분 등은 거의 같은데, 자신들은 다이묘로부터 받는 것도 많고 풍요로운 데 비해 "도메야쿠는 아침부터 밤까지 매일 고생만 하고, 청렴결백하게 지내면 한 푼도 취할 수 없으니, 과연 비참하구나"라고 동정했다는 이야기도 있다.(하 112) 그렇기 때문에 때로 소송을 좌지우지하는 도메야쿠가 뇌물을 받아서 적발되는 일도 있었던 것이지만, 그만큼 개별 인물의 실력이나 일에 쏟는 정성도 눈에 띄었다. 야규의 대두로 갓테가가리에서 구지카타의 간조부교로 배치된 네기시도 젊어서는 다이칸 지망이었지만, 친척이자 출세한 부교 오노 사다유小野左太夫가 다이칸은 갈 만한 자리가 아니니 자신이 적당히 골라주겠다고 하며 도메야쿠로 가라고 추천해준 것이 출세의 시작이었다고 한다.(상 438)

비단 도메야쿠만의 이야기가 아니라, 간조쇼에서 펼쳐진 '구획된 경쟁'이 일종의 실력주의 혹은 실적주의를 키웠다는 사정은 야베 스루가노카미矢部駿河守도 인정하는 바였다. 야베는 유능하고 강직한 역인으로 알려졌으며, 마치부교까지 올라갔지만 그 강직함이 탈이 되어 마지막에는 실각하고 심지어는 이에 단절 처분이라는 쓰라린 경험을 한 인물이다. 그 야베가, 오메미에 이하에서 시작해 간조쇼에 들어가고 마지막에는 간조부교가 되었던 가와지나 오카모토 가테이岡本花亭(1767~1850)를 예로 들면서 다음과 같이 말했다고 한다. 간조쇼는 자신의 재능이나 역량으로 출세하는 자리이기 때문에 두 사람 모두 업적이 훌륭하지만, 나는 뇌물로 300표급의 반시番士에서 입신한 것에 지나지 않으므로 세상 사람들은 비웃고 있을 것이라고. 이를 남긴 것은 야베나 가와지와도 친분이 있고, 학식과 행정 능력을 겸비한 것으로 잘 알려진(혹은 양쪽 다 어중간했던) 미토번사 후지타 도코[2]였다.(「見聞偶筆」) 야베의 겸손이나 당시의 막신 일반의 무능함이나 나태함을 감안하더라도, 간조쇼에 유능한 인간이 모이고 재능을 겨뤘던 사정은 추측할 수 있을 것이다.

5.10 연줄과 실력

애초에 이 '실력주의'도 사다노부의 입을 빌리자면 천하국가를 위한다기보다는 한 개인의 입신영달에 힘입어 생겨난 부산물로, 그저 보신의 배다른 형제에 지나지 않을지도 모른다. 혹은 근대일본의 관료제 연구에 족적을 남겼던 이토 다이치伊藤大一가 이론경제사가인 우치다 요시히코內田義彦에 의거해 지적했듯이, "능력을 속에 품은 채 연줄의 논리에 따르는 이른바 파리아 역작力作형"[3] 자본주의의 병원病源은 에도에 있다고 말할 수도

---

2) 후지타 도코(藤田東湖, 1806~1855). 미토번의 헌옷 판매상 집안 출신이었으나 뛰어난 학문적 역량으로 창고관(彰考館, 『대일본사』편찬 수사국)의 관원으로 발탁되어 두각을 나타낸 후지타 유코쿠(藤田幽谷, 1774~1826)의 아들로 태어났다. 본문에 나오는, "학식과 행정 능력을 겸비"했다는 이야기는, 막부 말기 '존왕양이' 운동의 사상적 기초인 미토학의 대가로서의 높은 명성과 번주 도쿠가와 나리아키(德川齊昭)를 보좌하며 번정(藩政) 개혁을 지휘한 측근 정치가로서의 측면을 가리킨다.

3) 우치다는 역수 분석을 통해 '경제인'을 유형화했다. 하나는 자신의 능력에 의거한 '역작형 경제인'이고 다른 하나는 자신의 능력이 아니라 인맥에 의존하는 '인맥형 경제인'이다. 그는 일본의 '경제인'을 '순수 역작형'과 '인맥형'을 섞어놓은 '파리아(pariah, 천민적) 역작형'으로 표현했고, 후자에 대해 "인맥을 통해 능력이 전개되며, 능력에 의해 인맥의 범위가 유지·재편성된다"고 설명했다. 內田義彦「日本思想史における『市

있을 것이다.(『現代日本官僚制の分析』)

다만, 관계에 연줄이 횡행하는 것은 '후진국'인 일본에서만 두드러지는 것은 아니다. 혁명 속 중국의 '인치人治의 폐해'[4]처럼 잘 알려진 경우는 차치하고, 일설에는 '부르주아 혁명'을 겪고 순수 공화제를 수립했다고 일컬어지는 19세기 프랑스 관계에서도 연고가 맹위를 떨쳤던 일은 정문일침頂門一鍼일 것이다. 예를 들어, "회계검사원에서의 직무는 사실상 부모로부터 자식에게로 대대로 이어지는 경우가 매우 많았고, 그곳에서 성원 보충을 할 경우 정치적, 혈연적 관계가 거의 결정적인 의미를 가졌다. 대신이나 유력 정치가를 지인으로 둔다는 것, 부모나 혈연자가 회계검사원의 멤버라는 점, 이러한 관계가 이 거대 관료단에 들어가기에 가장 중요한 조건이었다"라고 한다. 일본에서는 막말인 1856년이 되어서야 겨우 시험 채용제가 도입되었는데, 이는 경쟁시험이 아니라 '적성 심사'이며 종종 "공평함을 가장한 친인척 봐주기나 정실情實의 가면"이 되었을 뿐이다.(나가이 요시카즈(永井良和)『フランス官僚エリートの源流』)

애초에 '순수 능력기반 자본주의' 같은 것은 '자본주의의

民社會』の問題」, 1965.
[4] 중화인민공화국은 1949년의 정부 수립부터 1977년 8월에 문화대혁명이 끝나기까지 '프롤레타리아 독재'의 이념에 기초해 "중국 공산당의 국가에 대한 우위"가 강조되어 법질서보다 중국공산당의 정책을 우선시했다. 그러나 1978년에 세 번째 헌법이 제정된 후, 중국공산당의 '인치(人治)'가 아닌 법치의 필요성이 강조되며 법제도의 정비를 다시 진전시켰고, 1982년 헌법 제정 및 1999년의 헌법개정을 거치면서 사회주의적 법치국가의 건설을 선언했다.

제5장 출세와 직능

모국'인 영국을 포함해 어디에도 존재하지 않으며, 에도와 동시대인 18·19세기는 물론이고 20세기 영국에서조차 "능력을 속에 품은 채 연줄의 논리에 따르는" 예는 질릴 정도로 많이 있었다. 결국 관계官界란, 고유명사로 시작해 고유명사로 끝나는 세계인 것이다.

한편, 사다노부의 정치적 동료인 혼다 다다카즈조차 다누마 시대의 권문세가와 마찬가지로 뇌물도 받고 인맥으로 무리한 인사도 통과시킨다고 『조시』의 여기저기서 비판을 받게 되었다. 사다노부가 연줄이나 청탁을 일관되게 거부하고, 취직이나 승진을 바라며 문전에 몰려든 '청운의 뜻'이 넘쳐나는 막신과도 거리를 유지했다는 것은 사실이다. 그것이 밀정에 의지한 숨막히는 세계를 초래하는 요인이 되었다는 비판도 있고, 본인이 사직할 때 이에의 명예를 위해 '소장少將[5]'의 지위를 강하게 요구했다는 이야기도 전한다.

쇼군 요시무네의 핏줄을 이어 받았고, 사실상의 '구보사마'라고 불렸던 사다노부에게 평범한 의미로서의 출세욕이 없었다고 해도 이상할 것은 없다. 그럼에도 여전히 소장을 바랐다고

---

5) 7세기에서 10세기 경까지 일본에서는 중국의 율령제를 참고로 한 통치 시스템이 확립되었으나, 이후 무가 사회의 지배가 장기화됨에 따라 그 기본 원리는 형해화되어 갔다. 에도시대에는 형식상 천황이 율령제에 입각한 관위(官位)를 쇼군 및 무사들에게 부여했는데, 이는 무사 조직의 상하 질서를 상징적으로 보여주는 역할을 했다. '시종(侍從)'이었던 사다노부가 한 단계 위의 관위인 '소장'을 강하게 요구했다는 사실은, 그의 출신과 배경이 아무리 훌륭하더라도 명예의 영역인 관위를 올리는 데에 연연했다는 점을 보여준다. 저자는 이 점이 그가 철저하게 '실력주의'를 신봉하지 않았음을 암시하는 근거라고 보고 있다.

한다면, 조금 우스운 이야기지만 결국에는 그것이 영국과 같은 귀족 신분의 논리였는지도 모른다. 그렇다면 사다노부에게도 "능력을 속에 품은 채 연줄의 논리에 따르는" 막신 일반을 비난했을 까닭은 희박할 것이며, '간세이 유신'이 간조 일가의 틀을 크게 깨부수려고 했을 리도 없을 것이다.

간세이의 흑선, 막말의 흑선 — 라인과 스태프

고카(弘化) 2년(1845), 표류민을 호송해서 우라가(浦賀)에 내항했던 미국 배. 페리 내항 이전부터 이국선(異國船)의 그림자가 당시 정국에 여러 가지 반향을 불러 일으켰다. (요코하마시 중앙도서관 소장)

1. 간세이의 흑선

흑선黑船 하면 막말기 페리 내항이 떠오르는 것이 세간의 일반적인 상식이지만, 흑선 소동은 막말에 처음 있던 일이 아니다. 사다노부 정권하인 간세이 4년 가을, 일본 정부는 남하 정책을 전개하는 러시아로 인해 대외적인 긴장 상태에 들어간다. 구체적으로는, 표류민이 된 다이코쿠야大黑屋[6)]의 송환을 돌파구 삼아 일본과의 통상을 요구한 락스만[7)] 일행이 네무로根室에 내항해 에도에서 표류민 인도를 하려는 움직임을 시작한 일로 인한 것이다.

『조시』에도 재빨리 그 반향이 나타나, '적인赤人'(러시아인)이 구보사마에게 알현하고 싶다고 주장하고 있다는 풍평을 전한다. 일본에게 있어 외국과의 무역은 국내 경제와 사회 도의道義의 악화를 가져오는 질병 같은 것이라고 사다노부는 믿었다. 그렇지만 러시아의 요구를 단박에 거절하여 전쟁의 구실을 주거나 완전히 무방비 상태인 에도만에 침입이라도 해오면 큰

---

6) 다이코쿠야 고다유(大黑屋光太夫, 1751~1828)는 원래 이세(伊勢)지방에서 배를 타는 사람이었으나, 1782년 표류하여 러시아에 머물다가 예카테리나 2세를 알현한 뒤 1792년 일본으로 송환되었다. 사다노부가 그를 이용해 러시아와의 교섭을 시도하려 했지만, 로주에서 물러나게 되면서 물거품이 되었다. 다이코쿠야는 이후 에도에 저택을 제공받아 당대 최고의 난학자들과 교류하며 서양에 대한 지식을 전파하는 데에 힘썼다.

7) 아담 락스만(Adam Laxman, 1766~1806)은 다이코쿠야를 시베리아의 이르쿠츠크에서 만나 예카테리나 2세에게 알현하게 하고 송환에 동행한 인물로, 러시아의 통상요구를 전달하기 위해 일본에 파견된 최초의 러시아 사절이다.

일이라는 것도 알고 있었다. 에도 정부는 머리를 싸매면서도 결국은 나가사키에서라면 대화할 수 있다는 점, 그리고 통상도 전혀 고려하고 있지 않은 것은 아니라는 점을 넌지시 비추면서 일단은 난국이 지나가게끔 하기로 마음을 굳혔다.

러시아의 남하와 통상요구에 어떻게 대응할 것인가를 둘러싼 정부 내부의 방침 결정과정이나, 에도만 연안의 방위시설 구상, 서양식 군함 제조구상 등은 거의 대부분 막말 대외정책의 드레스 리허설[총연습]이었던 것처럼 보인다. 모든 일의 발단인 '흑선'이라는 말도 『조시』는 알고 있었다. 간세이 4년 11월 경에는 "미토 해변 및 조시銚子 근방에 흑주黑舟가 보였다고 하는 소문이 있었으므로, 그 근방에 조치를 취하는 등의 소란이 있었다고 함"이라는 기사가 있다.(하 455) 교호·간세이·덴포와 나란히 일반적으로 에도의 삼대 개혁이라고 일컬어지고, 간세이의 개혁이 스스로를 교호의 개혁에 빗대고, 덴포의 개혁이 교호와 간세이의 개혁을 참조했던 것도 사실이지만, 교호와 간세이·덴포 사이에는 국제환경에 커다란 차이가 있었다. 결국은 에도 정부를 무너뜨리는 국제환경의 중압은 교호 때는 없었고, 간세이에는 이미 가까이에 닥쳐있었다. 사다노부 정권이 취한 개개의 대응에 관해서는 이미 연구도 많고 반복할 필요도 없으나, 락스만 회항 이전부터 러시아의 팽창 정책이 정부나 관계뿐만 아니라 민간에도 적지 않은 불안과 동요를 가져왔다는 배경에 대해서는 언급해 두고자 한다.

『조시』가 간세이 3년 8월 경의 소문으로 전하는 바에 따

르면, 러시아('무스코비아むすこびあ')가 조선까지 쳐들어왔으며 머지않아 일본도 공격해 올 것이라는 소문이 확 퍼졌다고 한다. 그로 인해 조선과의 외교를 담당하는 쓰시마對馬번에는 여기저기서 문의가 쇄도했다. 전쟁은 '심한 헛소문'이지만 "모두가 이 얘기를 하고 있다"는 부분, 즉 사람마다 수군거리고 있다는 것은 사실이었다. 그 발화점은 규슈九州의 고쿠라小倉에 표류했다가 쫓겨난 샴[태국]의 배가 조선에 나타난 데에 있는 듯하다거나, 거기에 물도 제공하지 않고 쫓아내버린 것은 일본의 수치이자 장차 일본 배가 샴에 표류했을 때에도 곤란하다는 목소리도 있다거나, 『해국병담海國兵談』에도 '마고비아孫ビア'가 공격해오지 않는다고 단정지을 수 없다고 적혀있다는 등, 『조시』의 소문은 다채롭다.(하 342)

간세이 3년 여름, 세간이 "러시아 침략의 위협"으로 떠들썩해진 경위는 마쓰라 세이잔松浦靜山(1760~1841) 만년의 회상으로도 알 수 있다. 그에 따르면, 그해 번에서 에도로 참근교대를 위해 이동하던 중, 아카마세키赤間關(현 시모노세키) 부근에서 처음으로 이 소문을 접했다. 중간에 통과했던 교토나 오사카에서도, 에도 도착 이후에도 같은 소문이 자자했다고 한다. 마쓰라는 친절하게도 8월 자 「대주상서對州上書」8)라는 문서가 유포됐다고 내용까지 소개한다. 로주 마쓰다이라 이즈노카미伊豆守(노부아키라信明, 1763~1817)와 만난 김에 진위를 물었더니,

---

8) '대주'는 쓰시마를 가리키므로 쓰시마가 막부에 올린 상서를 뜻하는 것으로 보인다.

간세이의 흑선, 막말의 흑선 — 라인과 스태프

정부도 듣긴 했지만 발생원은 어딘지 모른다고 답변했다. 헛소문이라고는 하지만 신경이 쓰이니 이키壹岐의 조다이城代9)에게 명해 확인해본 바로는, 쓰시마번으로부터는 사실무근이라는 회답이 있었다고 한다.(『甲子夜話』三篇)

이런 공연한 소동이 겨우 진정된 지 반년 정도만에, 이번에는 락스만의 내항 소동이 일어났다. 에도 조민町民들의 우치코와시 소동으로 성립됐다는 평판이 있는 사다노부 정권으로서는,10) 인심의 소요에 특히 더 신경질적이 되지 않을 수 없었다. 에도만에 흑선이라도 나타난다면 그냥 넘어가지는 않을 것이라고 느낀 것도 분명했을 것이다. 이제 와서 "쇄국의 대법大法"을 내걸고, 나라 안쪽을 향한 대책만으로 시종일관한 에도 정부의 인순고식因循姑息을 비판하는 일은 쉽지만, 상대의 요구를 완전히 거부하지도 않은 채 명확한 언질도 주지 않고, 온건 제일주의인 뒤로 미루기 방책, 막말에 외교를 담당한 가와지의 입을 빌리자면 '부라카시ぶらかし'11) 정책으로 일관한 에도 정부 당국자를 비웃을 자격이 현대인에게 있는지 어떤지는 별개의

---

9) '이키'는 현재 나가사키 현에 속한 섬으로, 규슈와 쓰시마 섬 사이에 위치한다. 이곳은 마쓰라의 영지로 가메오카(龜丘)성이 있으며, 영주 대신 그곳을 지키고 관리하는 직책을 '조다이'라고 부른다.

10) 덴메이 2년(1783) 경부터 이어진 쌀값 상승과 뒤이은 대기근 등으로 인해 민심의 동요가 심각해졌고, 특히 에도에서는 조닌을 중심으로 한 민중 폭동인 우치코와시가 격해져갔다. 이로 인해 다누마 정권과 사다노부의 후다이(譜代)파의 정쟁에 결착이 났다.

11) '부라카시'는 막말기 일본 정부가 서양에 대해 '양이(攘夷)'를 할 것인지, '개국(開國)'을 할 것인지 정하지 못하고, 문제 처리를 모호하게 하며 계속 조금씩 연기시키는 태도를 가리키는 역사 용어이다.

문제일 것이다.

후세의 평가는 어찌되었든 방침이 굳혀질 때까지 정부 부서 내에서도 여러 의견이 있었던 듯하다. 후지타 사토루藤田覺의 『마쓰다이라 사다노부松平定信』에 의하면, 다누마 시대부터 대러시아의 최전선인 에조蝦夷(홋카이도)의 문제를 담당했던 혼다 다다카즈나 구제 그리고 마가리부치 등의 "간조부교를 시작해 에조 문제에 관여해 발언한 사람들은 직할 개발론 일색이었다"고 한다. 한편 사다노부는 소극적인 입장으로, 에조는 종래와 같이 마쓰마에松前번12)에 위임하여 아오모리 이남에 방위선을 긋는 구상을 주장했다. 고산케나 히토쓰바시의 동조를 배경으로 에조 문제의 담당이 되었던 사다노부의 의견이 정부의 대세를 점하고, 큰 줄기로는 소극론으로 정리되었다. 그러나 "간조쇼를 중심으로 직할 개발론이 주류"를 차지하고 있었기 때문에 사다노부 사임 후인 간세이 11년, 에조 직할 지배론으로 다시 방침 전환이 실현되었다고 한다.

2. '젖비린내 나는 어린애'

이러한 설명으로는 간조부교쇼는 일관되게 적극 경영론이었던 것처럼 보이지만, 『조시』에는 다소 다른 느낌을 전하는 소문이 얼굴을 드러내고 있다. 락스만 내방의 첫 소식이 에도에 도착

---

12) 에도시대에 에조와의 무역을 전담하는 역할을 맡은 번으로, 홋카이도의 남서쪽 끝에 위치했다. 후기로 갈수록 에조 정벌을 통해 영지를 넓혀갔다.

한 것은 간세이 4년(1792) 9월이고, "러시아의 조선 침략"의 소문이 거의 일본 전국을 휩쓸었던 것이 그 전해인 간세이 3년 여름 경이었다. 그런데 그보다 반년 정도 전인 간세이 3년 정월 경의 소문으로, 간조쇼 하급직원인 후신야쿠^{普請役}와 메쓰케 소속의 고비토^{小人} 메쓰케를 에조^{蝦夷}에 파견하는 건에 대해 정부 부서 내에서 비판의 목소리가 높아지고 있다는 이야기다.

『조시』가 전하는 바로는, 이러한 파견을 제안한 장본인은 메쓰케인 히라가 시키부^{平賀式部}였다. 간조부교인 구제 단고노카미는 민폐라고 생각하면서도 담당자이기 때문에 어쩔 수 없이 얘기에 응했지만, 도저히 잘될 기미가 보이지 않는다고 말하고 있다. 구제는 히라가에 대해 "이런 시기에 쓸모가 있도록 여러 가지 궁리를 해대긴" 했지만 도저히 실행은 할 수 없다거나, "젖비린내나는 어린 애가 뭘 생각해낸 거냐"라며 "비웃는 자도 있습니다"라고 말했하는 것이다.(하 247)

직원 파견 결정에 다다른 발단은 간세이 원년(1789)에 일어난 "에조의 구나시리^{國後} 소요"[13]『宇下人言』)에 있었다. 여기에 더해 '적인^{赤人}'(러시아인)이 배후에서 조종하고 있는 것은 아니

---

13) '구나시리'는 현재 홋카이도(北海道) 본도의 동북쪽에 위치한 작은 섬이다. 에도시대의 홋카이도, 즉 에조(蝦夷)는 마쓰마에(松前)번이 남서쪽 끝에 영지를 점한 상태에서 원주민인 아이누 족과 교역을 독점하는 형태로 존재했다. 1754년에 마쓰마에번은 구나시리까지 가신의 봉록지로 삼았고, 그곳에 교역의 거점이자 번의 출장기관인 바쇼(場所)를 설치했다. 그 후, 1773년에는 화인(和人, 혼슈 출신인) 상인이 구나시리 바쇼에서의 교역을 청부받아 담당하게 되었는데, 이곳에서의 상거래 및 노동환경에 불만을 품은 아이누 사람들이 봉기해 화인들을 습격한 사건이 바로 '구나시리 소요'이며, 현재는 '구나시리의 전투'라고 일컬어진다.

냐는 의혹도 정부 부서 내에 있었고, 반란의 원인 규명과 대책이 사다노부 정권의 중요과제로 부상했다. 아이누 인의 불만을 완화하기 위해 마쓰마에번이나 관련 상인의 부정을 방지하는 '구제 무역御救貿易' 구상이 부상해, 후신야쿠나 고비토메쓰케 파견이 이뤄졌다. 소문에 의하면 이러한 결정의 추진자는, 사다노부 정권에 의해 발탁되어 곧바로 두각을 나타낸 사다노부의 '첩자' 혹은 "메쓰케 사천왕"의 한 사람이라고 불리며 활약하던 히라가라고 한다.

간세이 3년의 「무감武鑑」에 히라가는 갓테가카리였으므로, 완전히 사실무근의 이야기라고 생각되지는 않지만, 히라가를 "젖비린내 나는 어린애"로 조소한 것이 누구인지는 알 수 없다. 그런데 그로부터 1년 반 정도 지나 락스만 소동이 일어나 "에조 일로 또 시끄러워"졌다. 한창 시끄럽던 이때, 『조시』에는 다음과 같은 소문이 등장한다. 이렇게 소란이 일어난 것도 원인을 따져보면 몇 해 전 후신야쿠 등을 에조에 파견해 나가사키에서만 하던 무역을 에조에서도 하려고 했기 때문이다. 간조부교인 야규 슈젠노카미가 메쓰케인 히라가와 짜고 이런 쓸데없는 말을 해댔기 때문이며, 그때 네기시 등은 반대하면서 "히라가 등 젊은 애들이 돌이킬 수 없는 짓을 해댔을 것이라며 비웃었다고 한다"라는 내용이다.(하 450)

그렇다고 한다면 히라가를 "젖비린내 나는 어린애"라고 비웃은 소문의 주인공도 간조부교인 네기시 히젠노카미였던 것이 되고, 구제도 본심은 소극적이었지만 동료인 야규나 메쓰케인 히라가에 떠밀려서 그렇게 되었다는 얘기가 된다. 물론 어디까지나 '라고 함'에 지나지 않는데다, 『조시』에 드러난 것만으로 사건의 경과를 이해하려고 해도 의문은 남으며, 에조 정책에 대한 비판의 근거도 부정확하다. 구제의 본심은 지금 와서 알 길도 없지만, 남겨진 공식 기록에 의하는 한 간조부교인 구제와 마가리부치가 직할 개발론을 주장했던 것은 확실한 듯하다. 어차피 아무런 근거 없는 헛소문이라고 정리해버릴 수도 있지만, 그 전에 조금 더 생각해보고 싶은 정황들이 있다.

3. 실무파와 정략파

'비웃었'다는 네기시가 평간조에서 커리어를 쌓아 간조부교까지 승진한 '잔다리밟아' 출세한 인물이며, 사다노부 정권에 의해 재무·행정과는 연이 별로 없는 구지카타公事方(재판·소송담당)의 간조부교에 보내졌었다는 정황이다. 현장에서 잔다리밟아 올라간 케이스이자, 정권 주류로부터도 약간의 거리가 있는 네기시 입장에서는, 야규나 히라가와 같은 메쓰케(출신자)는 실무의 어려움을 모르고 시류나 정권 주류에 아부하며 현실과 동떨어진 서생론에 치우쳤다고 보았을 가능성을 생각해 볼 수 있다.

또한 에조 개발 문제로 사다노부와 대립했던 혼다 다다카즈에 관해서 로주 격 갓테가카리 취임 이후, 간조쇼 인사는 혼다가 정하고 있는 듯하다는 풍평이 『조시』에 종종 등장하는 등, 간조쇼에 대한 혼다의 영향력이 현저해진 것 같다. 그렇다면 간조쇼의 '적극론'에는 혼다의 압력이 더해졌다고도 생각할 수 있다. 이와는 별개로 에도 정부 직원파견의 제창자라고 여겨지는 메쓰케인 히라가는, 락스만 내항 당시 러일교섭의 무대가 될 예정인 나가사키부교에 전출되었다. 그리고 에조 직할로의 방침 전환이 실현되는 간세이 11년 당시, 야규는 여전히 간조부교의 지위에 있었지만 노령의 구제는 물론이고 소극파였던 네기시도 간조부교 자리에서 물러났다는 사실이 있다.

그래서 같은 간조부교라도 야규와 네기시 사이에 에조 정책에 대한 견해 차이가 있고, 야규는 메쓰케인 히라가 등과 적극론을 추진하고, 네기시는 이를 서생론이나 '초짜의 논리'라고 불신의 눈으로 보고 있던 것은 아닐까 상상해 볼 수도 있다. 억측을 조금 더 해보자면, 간조쇼 실무관료 사이에도 야규 식의 적극론을 지지하고 동조하는 무리가 있는가 하면, 거기에 회의적인 '구제 일동' 아닌 '네기시 일동'이 있었는지도 모른다. 이러한 간조쇼 내외에 걸친 대립, 더 따져보자면 메쓰케로 대표되는 상급 하타모토의 '정략론·적극론'과, 간조쇼 밑바닥에서부터 올라온 하급 하타모토의 '실무론·신중론'과의 노선 대립이 때때로 정치 상황과 연동되면서 장기적으로 보아 에조 정책의 혼선에도 크게 일조한 것은 아닐까. 적어도 네기시에 의한 히라가 비판의 소문에는 뭔가 사실의 핵심이 있었던 것처럼 느껴진다.

4. 막말의 대립

『조시』의 기사 조각들이 이러한 상상을 불러일으키는 것은 막말의 흑선 내항에 임해 간조쇼 바닥부터 올라와 출세한 실무파와, 메쓰케 중심의 해방海方가카리와의 사이에서 비슷한 대립의 구도가 부상했기 때문이다. 막말 아베 마사히로 내각기의 대외정책에 관해, 메쓰케인 이와세 다다나리와 나가이 이와노조를 중심으로 한 '적극 개국開國파'나 간조쇼 내부에서 올라와 간조부교, 외국부교로 근무한 가와지 도시아키라로 대표되는 간조쇼 실무를 중심으로 한 '부라카시 파'와의 대립이 있었던 일은 잘 알려져 있다.

예를 들어, 유신사 연구에 많은 업적이 있는 이시이 타카시石井孝는 이와세 다다나리와 가와지 도시아키라를 비교한 결과, 두 사람의 국제인식이나 외교 전략의 통찰력에는 '커다란 차이'가 있다고 보았다. 정말로 총명하고 '개명적'이었던 것은 이와세를 선두로 한 메쓰케 등 극히 소수에 지나지 않았던 반면, 가와지나 미즈노 지쿠고노카미로 대표되는 역인은 '부라카시'를 취하며 종래의 노선에서 크게 일탈하는 일을 두려워 했던 노련한 실무형으로, 굳이 말하자면 창조적인 면이 결여된 관리에 지나지 않았다는 평가에 가깝다.(『幕末悲運の人びと』)

적극적으로 개국론을 주장했던 메쓰케 이와세나 나가이가 막말 관계의 걸출했던 준재였다는 사실에 대해서는 동시대인들의 증언이 많다. 특히 이와세에 관해서는 일찍이 개국론을 주장해 개국에 대응할 수 있는 국내 체제의 대담한 재편성을 구상했던 하시모토 사나이橋本左內나, 메쓰케로서는 이와세의 후배에 해당하며 에도 정부 최후의 간조부교이기도 했던 기무라 가이슈[p.59], 마찬가지로 메쓰케로 두각을 나타내 외교에서 활약했던 구리모토 조운栗本鋤雲같은 메쓰케 출신이지만 외교 노선에서는 대립하는 일이 많았던 미즈노 지쿠고노카미水野筑後守, 실무의 중추로서 막말 외교를 지탱한 다나베 다이치田邊太一 등, 이와세를 가까이에서 알고 있던 관계 사람들 대부분이 그의 준민俊敏한 재능과 개명적이고 적극적인 대외관을 힘주어 칭찬하고 있다.

여기에 뜻을 이루지 못한 채 급서한 이와세를 애석하게 여겨 미화한 부분이 없다고는 할 수 없지만, 외교 교섭의 상대이자 일본의 '야코닌ヤコニン'14)에 관해 일반적으로는 엄격한 평가를 내리기 쉬운 구미인들 사이에서도 이와세에 대한 평가는 높았다. 예를 들어, 안세이 5년(1858) 여름, 영일수호조약 체결을 위해 방일한 엘긴 경(James Bruce, 8th Earl of Elgin, 1811~1863)의 일행과 함께한 로렌스 올리펀트(Laurence Oliphant, 1829~1888)의 인상으로는, 소탈하고 익살스러운 언동으로 영국과 일본 양측을 웃기는 건 언제나 이와세였다. 하지만 일단 실무 얘기가 시작되면 그 견해는 "늘 빈틈이 없고 적확했다"라고 한다. 또한 나가이에 대해서도 "교섭단 안에서

---

14) '야코닌'은 역인(役人)의 일본어 발음인 '야쿠닌'을 서양인들이 잘못 알아들은 것이다.

가장 지성이 풍부하고 활발했다. 그리고 이 사람과 전 나가사키부교(미즈노 지쿠고노카미)가 납득하면 다른 사람들은 거의 항상 그 의견에 따랐다"라고 말다.

올리펀트는 예외적으로 일본을 편애한 인물로 알려졌지만, 열정·성의와 동시에 야심과 만용도 타고난 타운젠드 해리스(Townsend Harris, 1804~1878)와 같은 전형적인 미국인도 마찬가지의 의견을 피력한 바 있다. 해리스는 교섭 상대였던 이노우에 시나노카미와 이와세에 대해, 이 두 사람은 조약안 초안을 철저하게 토의하고 종종 자신들을 궁지에 몰리게 만들었으며, 문면을 일본에 유리하게 변경하는 일도 많았고 일본의 국익에 지대한 공헌을 한 인물이라고 유신 이후인 메이지 4년(1871)에 방미한 구막신 후쿠치 오치福地櫻癡에게 극구 칭찬했다고 한다.(『懷往事談·幕末の政治家』) 또한 마찬가지로 해리스를 방문했던 이노우에 기요나오井上淸直의 질손인 가와지 간도川路寬堂에게도 "두 사람은 주도면밀하고 국가의 이익을 도모하는 데 있어서는 당시 내가 감복했던 바이다"라고 칭송했다고 전한다.(『川路聖謨之生涯』) 싸움이 끝나고 나서 서로에게 보내는 성원이자 립 서비스적인 느낌도 있지만, 내외를 불문하고 이와세를 발군의 준재 관료였다고 인정한 것은 사실일 것이다.

한편, 가와지나 간조쇼 주류가 그 이와세와 나가이 등의 즉시 개국·개방노선에 난색을 표하고, 뭔가 일만 있으면 반론하고 저항했던 것도 또한 분명하다. 인상적인 예를 하나 들자면, 안세이 4년 4월 9일, 나가이가 가쓰 가이슈에게 보낸 서간이 있다. 그에 의하면, 지난 번 "호시互市 그 외 일" 즉 통상문제 등에 대해서 로주 홋타 마사요시堀田正睦(1810~1864)가 관계자를 불러서 의견 청취를 한 결과, "사농司農 쥐새끼들은 실로 놀라울 정도로 입만 살아 무익한 논의만 계속하고 있으며, 민부民部와 이와세도 자주 고생을 하고 있지만" 좀처럼 건백이 받아들여지지 않아 곤란해하고 있으며, 자신도 오늘은 크게 분투할 예정이라고 한다.(『勝海舟全集』別卷) 나가이가 말하는 '사농 쥐새끼들'이란 눈앞의 일만 생각하며 개항 연기나 소극론을 막힘없이 주장하고, 해방가카리의 메쓰케였던 우도노鵜殿 민부노쇼民部少輔나 이와세와 대립하고 있던 간조쇼(사농부) 수뇌부를 뜻하는 것이다.

역인으로서의 가와지에 대해, 좋게 말하자면 '노련'하고, 나쁘게 말하자면 '노회'했다고 보는 동시대인은 적지 않다. 예를 들어 가쓰 가이슈는 가와지를 '발탁된 사람', 즉 막부 각료 중추에서 뽑은 인물로 미미한 자리에서 출세한 인간이기 때문에 "교활하고, 간사했지"라고 평한 바 있다.(『海舟座談』) 중견 하타모토의 집에 태어나, 유시마湯島의 학문소에서 학식을 닦은 오야기 쇼노스케大谷木勝之助도 "간사함을 상당히 잘 숨기며 올곧지 못하고 긴장의 끈을 늦출 수 없는 인물이다"라며 가차 없다.(『燈前一睡夢』) 막말의 '개명파' 다이묘로 하시모토 사나이를 자유롭게 활용하던(혹은 사나이에게 휘둘리던?) 후쿠이福井 번주 마쓰다이라 슌가쿠松平春嶽도, 가와지는 거의 속마음을 드러내지 않는 '음험한 구석'이 있는 인물이라고 비평했다.(『昨夢紀

事』) 이와세의 천성과 재능을 아끼고, 그의 급사를 마음으로부터 슬퍼했으며, 죽은 후에도 세세한 배려를 잊지 않았던 기무라 가이슈[p.59]의 일기에 도쿠가와 체제를 따라 자살한 가와지에 대한 언급이 일체 없는 것도 우연은 아닐 것이다.(『木村攝津守喜毅日記』) 종합해보면, 자유롭고 활달한 성격에 세세한 것에 연연하지 않고 마음껏 천성을 발휘한 인상이 강한 이와세에 비해, 가와지를 고집불통의 보신가라고까지 말하지는 않아도 그에게 노회하고 굴절된 그늘이 느껴지는 것은 사실일 것이다.

다만, 관해官海의 파도에 시달리며 과감하게 상승해 간 많은 역인들이―모두는 아니지만― '노회'나 '간사함'과 무관할 수 없었던 사정은, 신분에 속박되었던 에도에 한정되는 이야기가 아닐 것이다. 가와지의 경우는 아직 출세 도중에 있던 때에 와타나베 가잔渡邊華山 등의 정부 보수파가 싫어할 개명론자와 교제하던 일이 원인이 되어 나라부교로 좌천되었던 일을 깊이 후회하며 스스로 경계했다. 그렇기 때문에 개국론에는 특히 더 신중하고 겁을 내기 쉬운 사정이 있었던지도 모른다. 게다가 가이슈 자신도, 막말의 영재 무코야마 고손向山黃村(1826~1897)이 정부 중추에 중용된 것을 질투한 유력자가 내뱉은 "뭐야 저 건방진 놈은, 신참 주제에" 따위의 '독언'으로 인해 끝내 근신처분이 되었던 일을 언급하며, "어느 시대에나 자주 있는 일이지만, 구 막부시대에는 특히 이런 폐해가 심했다"라고 지적한 부분도 간과할 수 없다.(『氷川淸話』)

비천한 집안에서 간조부교·외국부교까지 올라간 가와지

에게 무코야마 이상의 질투가 집중되었을 것은 쉽게 상상이 되므로, 자신의 언동에 세심한 주의를 기울일 필요가 있고 더욱 '노련'하고 '노회'하게 행동하지 않으면 안 되는 일이 적지 않았음에 틀림없다. 더군다나 이와세는 당시 아직 중년으로 남자로서 한창때였던 반면, 가와지는 이미 노경에 들어간 시점이었다는 차이도 있다. 결국 '간사'함과 '노회'함이 결함이라고 한다면, 그것은 비단 가와지나 에도의 역인들에게 한정된 일이 아니라, 우수하다는 평을 받은 메이지 이후의 관료들 다수에게도 해당될 것이다.

가와지의 '결함'은 그렇다손 치고, 가와지와 이와세를 비교해서 이와세가 월등히 더 '개명적'이고 통찰력이 뛰어났다고 단언할 수 있을까에 대해서는 더 생각해봐야 할 문제도 남아있다. 국제 정세에 관한 해리스의 해설이나 권고를 순순히 받아들이고, 그에 따라 대담한 정책 전환을 제창해 정부의 정책에 가장 큰 영향을 주었다는 점에서 이와세의 개명성을 보는 것이 이시이 논의의 골자다.

다른 한편 막말 일본에 영국해군으로 주재한 디킨즈는 해리스에 대해서, 개인적인 야심과 공명심에 사로잡혀 "무분별하고 이기적인 정책"을 추구하였고, 그로 인해 막말의 정치·무력 분쟁의 많은 부분이 발생했다고 평가하기도 했다.(Frederick Victor Dickens, *The Life of Sir Harry Parkes*) 이러한 문장으로 판단해 보건대 디킨즈는 일본이나 미국에 대한 일종의 영국인 특유의 우월감이나 좁은 도량의 편견이 농후한 인물로, 그다지 호감이나

간세이의 흑선, 막말의 흑선 – 라인과 스태프

신뢰를 품기에는 어려운 인품이었던 듯하다. 다만, 해리스가 소위 '포함砲艦 외교'의 가능성을 시사하면서 영국과 프랑스 등의 자세나 의도의 위험성을 필요 이상으로 강조했던 일, 당시의 일본정세에 대한 자신의 무지나 몰이해를 아랑곳하지 않고 (영어의 Ignorance is bliss[모르는게 약]이리라) 무리한 자세를 관철시킨 일, 그리고 그것이 에도 정부에게 있어서 필요 이상의 정치적 곤란을 낳은 원인이 되었다는 일 등은 부정하기 힘들다. 물론 해리스의 방식에 대한 비판의 옳고 그름이나 외교 교섭의 미묘한 사정에 관한 판단은 외교사가에게 맡겨야 하겠지만, 만약 디킨즈와 같은 관점에도 일리가 있다고 한다면, 그러한 '공갈'에 감쪽같이 속은 이와세를 가와지와는 비교할 수 없을 만큼 총명하고 개명적이라고만 말하는 것은 주저하게 된다.

해리스와의 관계는 차치하더라도, 일반적으로 정치에는 절차나 타이밍, 파급효과의 측정도 중요하다. 그러므로 이와세와 같은 단도직입적인 개국론이 역사의 대국적인 차원에서 보더라도, 혹은 '세계의 대세'에 비추어 결과적으로 이긴 것이라고 치더라도, 해리스와의 교섭 시점에 그것이 최선이자 선견지명이 있었던 판단이었다고 말할 수 있는지도 논의의 여지가 있다. 예를 들어, 조약 체결문제에 관한 구게公家 무리의 동향을 읽지 못한 것이 계기가 되어 개국파 로주인 홋타는 실각하지만,[15] 그

---

15) 막말기 정치사에서 가장 큰 사건 중 하나라고 할 수 있는 '조약 칙허(勅許) 문제'의 초반 상황을 가리킨다. 미일수호통상조약의 조인에 반대하는 국내 세력들을 잠재우기 위해, 홋타 마사요시는 1857년에 막부 관리들을 교토로 보내 천황의 칙허를 받아올 것을 명했다. 그러나 예상과 달리 양이(攘夷)파 구게들의 맹렬한 반대 운동이 펼쳐졌고, 홋타 자신이

홋타에게 교토를 설득하라는 계획을 제공한 것은 이와세였다. 개국·통상을 불가피한 조치라고 말한다면 모를까, 자랑스러워할 '미사美事'라고 단언한 홋타의 한 마디가 구게를 미쳐 날뛰게 만들었다는 관측까지 존재한다. 위계와 격식에 편집증적인 교토의 관습 등은 무시하고, 눌변인 홋타를 대신해 이와세 자신이 설득에 나섰다면 어땠을까라는 한탄도 있다. 하지만 그런 반응에 대해, 에도 정부도 어제까지 그랬었고, 마지막 쇼군인 도쿠가와 요시노부德川慶喜조차, 도쿠가와 누대의 격식과 선례에 제약을 받아 마음대로 인재 발탁을 하는 일은 거의 꿈에 불과했다고 말하고 있다.(『昔夢會筆記』)

다시 말해 교토 조정의 인순고식은 에도 막부와 오십보백보였고, 그것을 알면서 가난한 재정을 갖고 어떻게든 변통을 내어 구게를 상대로 현찰 공작을 하느라 고생한 가와지 입장에서는, 정치는 평론과는 다르다, 아무리 통찰력이 있고 개명적이라고 해도 구체적으로 절차를 밟아서 조약칙허條約勅許라는 결과를 내지 못한다면 의미가 없다라는 감상이 있었을지 모른다. 이와세의 인격과 식견을 칭송했던 하시모토 사나이조차도 이 부분에서 이와세는 세부에 관한 마무리가 허술하다고 평했다는 사실이 참고가 될지도 모르겠다(물론 하시모토는 그것마저도

교토에 상경해도 이들을 꺾을 수 없었다. 이 문제로 홋타는 로주에서 물러나고, 이듬해인 1858년에 막부는 다이로(大老) 이이 나오스케의 결단으로 칙허를 받지 못한 상태로 조약을 체결하게 된다. 일련의 사태로 인해 막부의 위신은 급격히 떨어졌고, 10년 뒤인 1868년에 끝내 도쿠가와의 지배는 막을 내리게 된다.

이와세의 좋은 성품이 드러난 것이라며 심한 비판을 자제하긴 하지만). 마찬가지로 하시모토는 '관료적'이고 보신을 고려해 신중한 언동으로 일관한 가와지가 성에 차지 않았던 반면, 막말 개국에 즉각 대응한 새로운 체제의 중핵으로 이와세뿐만 아니라 가와지와 나가이를 대등하게 나란히 언급한다. 이는 에도의 체제 내 개혁 급진파에게 있어서도 가와지가 이와세와 같이 불가결한 존재였다는 사실을 이야기한다.(『橋本景嶽全集』)

만약을 위해 덧붙이자면, 가와지에 대한 외국 측 교섭 상대의 평가도 늘 나쁘지만은 않았다. 가와지는 나가사키에 나가서 러시아의 푸챠틴 제독 일행과의 외교 교섭에 고생하지만, 문호로 널리 알려진 푸챠틴의 특별비서로 수행하던 곤챠로프(I. Goncharov)에 의하면, "우리는 모두 가와지를 마음에 들어했다. … 가와지는 대단히 총명했다. 우리들의 논의를 반박하는 교묘한 변론으로 지성을 번뜩였지만, 여전히 이 인물을 존경하지 않을 수 없었다. 그의 한마디 한마디, 눈길 한 번, 그리고 사람을 대하는 태도, 이 모든 것이 양식과 기지와 혜안과 숙달을 나타내고 있었다. … 민족·복장·언어·종교를 달리하고, 인생관까지 다르더라도 총명한 사람들 사이에는 공통의 특징이 있다."(『일본항해기』)

어려운 교섭 상대지만 인간적으로는 호감을 갖고 존경할 수 있었다는 말일 것이다. 게다가 이 호감과 존경은 일방적인 것이 아니었다. 가와지는 가와지대로, 교섭 상대였던 푸챠틴에 대해 그의 한자 이름인 포념정布恬廷을 바꿔서 평소에는 '후테이야쓰

(뻔뻔한 놈)'[16])라고 흉을 보기도 했다. 하지만 국익을 위해 과감하게 온갖 고난에 맞서왔다는 점을 생각하면 "사에몬노조左衛門尉(가와지 자신)의 고생에 비하면 [푸챠틴의 고생은] 10배, 100배는 될 것이다. 실로 사에몬노조 따위에 비하자면 진정한 호걸이다. … 라고 대단히 놀라며 스스로를 경계하였다"라고 평가하기도 했다.(『下田日記』) 물론 집안 사람에게 한 훈계이자, 이 또한 싸움이 끝난 후에 보내는 인사의 의미도 있을 듯하지만, 그럼에도 여전히 "민족·복장·언어·종교를 달리하고, 인생관까지도 다르더라도" 서로가 서로를 인정하는 일이 있을 수 있음을 보여주는 것이리라.

5. 에도의 라인과 스태프

확실히 가와지로 대표되는 '실무적 점진주의'와 이와세로 대표되는 '급진적 개국주의'를 비교해보면, '앞서가다–뒤처지다'라거나, '개명–수구'와 같은 종류의 말을 쓰고 싶은 유혹에 시달리게 될 것이다. 그러나 막말의 '잃어버린 가능성'의 추억에서 한 발짝 떨어져 에도 후기 전체의 흐름 속에서, 혹은 사다노부 정권 시대에 유포된 네기시와 히라가의 관계를 떠올리면서, 가와지로 대표되는 간조쇼系 실무파와, 이와세가 대표하는 메쓰케系 이론파의 차이를 생각해 볼 수도 있다. 그렇게 하면 진보·개명의 도식과는 별개로, 라인·스태프의 분업과 경합의

---

16) 일본어의 '후테이(不逞)'는 '뻔뻔하다'는 뜻. '야쓰'는 '놈'. 푸챠틴의 한자 이름인 포념정(布恬廷)의 일본어 독음인 '후텐테이'의 말장난이다.

구도라는 유사성이 떠오르게 되지 않을까.

라인과 스태프의 구별은 너무 많이 쓰였고 진부한 대비이기는 하지만, "진보·개명 대 인순·보수"라고 하는 다소 감상적이면서 정치주의적인 성향을 풍기는 대비에는 없는 이점도 갖고 있다. 정책 결정을 내리는 최고 수뇌부에 가까이 있으면서 아이디어를 내고 정세를 분석하며, 제대로 된 '전략'으로 키워내는 것이 스태프의 주요한 역할이라면, 막말의 이와세는 그 과제를 충분히 해낸 한 사람이었다고 평가해도 좋다고 생각한다. 한편, 라인은 결정된 전략에 따라서 단순히 집행하는 것에 그치지 않고, 실행가능하고 실시 효과가 높은 전략을 요구하며, 실현을 위해 노력한다. 전략 그 자체로서 아무리 훌륭하더라도, 현장에 있는 부대에 그것을 실시할 능력이 없다면 그림의 떡에 지나지 않는다. 전략 이론 상으로는 아무리 멋지더라도, 교전 상대, 예를 들어 교토의 구게들의 반응을 오해하거나 그들의 대응 방식을 잘못 읽어내버리면 어떻게 할 도리가 없다. 그러한 의미에서 가와지는 훌륭한 라인의 통괄자였다고 말해도 문제가 되지 않을 것이다.

그렇다고 하면, 양자의 대립과 경합은 라인과 스태프의 관계 일반과도 공통되므로 각각이 자신의 역할을 다한 결과가 막말의 대외정책이었다는 얘기가 된다. 영사재판권이나 관세권 등을 포함한 '불평등조약'이라는 마이너스의 유산이 에도 관료의 '한계'를 나타내는 것이라고 하더라도, 일본의 교섭단이 엘긴 경으로 하여금 "그들의 지식 한도 내에서 이것 이상이성적으로 보이는 사람들과 교섭한 적은 없다고 말하지 않을 수 없다"라고 적게 만들었던 사실은 남는다. 단순한 외교적 인사치레라고 일축해 버릴 수도 있지만, 현대 일본의 관료가 동일한 수준의 외교적 인사치레를 늘 획득할 수 있을지는 의문일 것이다.

6. 역사의 교훈

역사에서 교훈을 찾는 것은 나 같은 일요역사가[17])에게는 거부하기 힘든 유혹이므로, 어딘가에서 약간 빼먹은 게 있는 편이 오히려 안전할지도 모른다. 이를 구실삼아 메이지 이후의 관료기구와 에도의 역인 세계의 구조를 비교함으로써 뭔가 말할 만한 바가 있다면, 그 중 하나로 스태프 기능의 쇠퇴를 들 수 있지 않을까.

메이지 이후의 일본은 에도 후기에 간조쇼를 중심으로 발달해 온 '이도吏道'의 많은 부분을 계승해 더욱 발전시켰다. 예를 들어 메이지 초기의 재무·외교를 실무 면에서 지탱해 온 것도 구막신舊幕臣계 관료였다. 유능하고 근면한 중간관리직의 전통은 많은 부분 에도에서 이어받은 것이었으며, 그런 사실을 자랑스럽게 생각해도 좋을 것이다. 다만 그 근저에는 신분제의

---

17) 필리프 아리에스의 자서전 제목인 *Un historien du dimanche*에서 따온 표현으로, 이는 전문 역사가로서 대학에 자리를 잡지 못했던 아리에스 자신을 가리킨다. 저자는 이른바 문학부 출신이고 정통 일본사 전공자가 아니므로 이런 표현을 쓴 것이다. 이은진 역『일요일의 역사가』이마, 2017.

간세이의 흑선, 막말의 흑선 — 라인과 스태프

문제가 가로놓여 있었다는 점은 부정할 수 없다.

간조계 실무관료와 메쓰케와의 경합적인 분업의 뿌리에는, 가격家格에 의한 차별과 가계·가업에 대한 긍지와 체념이 있으며, 양자의 대립과 경합에도 기능적인 요청과는 별개로 신분적인 선망과 원한이 그늘을 드리우고 있었다는 점은 틀림없다. 오히려 각 신분 별로 구분되어 따로 있었다는 점이 결과적으로 기능의 분업을 낳고 지탱했다고 고쳐 말하는 편이 역사의 설명으로서는 타당할 것이다. 그러한 한도 내에서 '하급사족의 반란' 혹은 '하급무사의 혁명'에 의해 탄생한 메이지 정부가 '사민평등'을 주장하고 '문명개화'를 진행하게 되자, 메쓰케 제도 그 자체가 후퇴하고 부정되어버린 일은 피할 수 없었을 것이다.

그러나 이와 다른 가능성이 전혀 없었던 것은 아니다. 막말도 거의 끝날 무렵, 메쓰케에 관한 신분적 임용 자격은 완화되게 되었고, 가격이나 집안보다도 본인의 능력·자질을 중시하는 메쓰케의 기용이 눈에 띄게 되었다. 만일 에도 체제가 조금 더 오래 계속되었다고 한다면, 이러한 '능력주의'는 더욱 퍼져서 정착하게 되었을지도 모른다. 그 결과 메쓰케의 역할과 영향력도 강화되어, 스태프로서의 메쓰케에 새로운 형식과 생명력이 불어넣어졌을지도 모른다. 만일 그렇게 되었다고 한다면, 다음에 올 정부가 메쓰케의 스태프 기능을 정면으로 받아들이고 발전시켰을 여지도 컸을 것이다.

한편으로는 '능력주의'란 단지 부풀려진 다른 이름에 지나지 않으며, 메쓰케의 지위나 영향력은 거꾸로 저하했을 가능성도 있다. 예를 들어, 자신도 메쓰케로 근무한 적이 있는 구리모토 조운은, 막말기에 나타나는 메쓰케 정원수 증가를 언급하면서 이와세나 나가이 이후에 주목할 만한 메쓰케는 등장하지 않았다고 지적하고 있다. 구리모토의 관찰이 타당하다고 보는 한, 회의론도 강해지게 된다.

실제 역사 경과에 반하는 억측이므로, 어느 한쪽이 옳았다고 단정하기도 어렵다. 다만 에도 정부에게 실험을 계속하고 결과를 봐줄 만한 시간이 남겨져있지 않았으며, 메이지 정부에는 에도의 유산을 천천히 음미하고 선별할 여유도 의욕도 없었다. 그것이 스태프와 감찰을 경시하고, 중간 관리측에 의존하는 라인 편중 체제로 이어졌다는 생각이 든다.

후기와 참고문헌

저자 후기

『요시노조시』는 애독서 중 하나다.

두 권 합쳐서 천 페이지 가까이 되고 상하 이단 편집판에 작은 활자로 기사가 한가득 들어차있다. 상당한 정도의 독후감이 있는 이 책과 처음으로 격투하기 시작한 것은 15년 정도 전의 일이다. 그로부터 지금까지 몇 번인가 통독했고, 때때로 기분이나 필요로 인해 여기저기 골라서 읽는 일도 많았다. 줄을 긋거나 메모를 하고, 붙여넣은 메모 등으로 책은 만신창이가 되었다.

읽을 때마다 새로운 발견이 있고 지견을 얻을 수 있다고 한다면 공부가 부족하고 건망증이 있다는 자백을 하는 꼴이 되지만, 따로 적어놓거나 주석을 더한 노트나 메모는 양만 보자면 책 몇 권 분량은 될 것이다. 그렇게 된 데에는, 뜻을 모르는 기술이나 의문이 남는 곳이 많았기 때문이며, 처음부터 끝까지 전부 이해했다고는 농담으로라도 말할 수 없다. 첫머리에 소개한 와카와 나가우타를 잘못 이해한 첩자[p.23]와 마찬가지로, 소양 부족으로 인해 틀림없이 웃을 수밖에 없는 오해나 잘못을 범했을 것이다. 알아차린 점을 알려주신다면 감사하겠다. 또한 본문에서 인용할 때 성함의 경칭을 생략했다. 실례를 사죄드리며 너그러이 이해해주시길 부탁드린다.

원칙대로라면 명확하지 않은 부분이나 의문에 대해 모조리 해결한 다음에 써야 했지만, 그날을 기다리기에는 내 수명에 자신이 없다. 짧은 인생의 한때를 할애해 치부를 드러내고, 문외불식門外不識의 해설자 역을 굳이 도맡은 것은, 내가 이해하는 한에서 이 책의 재미를 세상 사람들과 나누고 싶다는 생각이 있었기 때문이다. 이 작은 책이 하나의 계기가 되어, 지금은 절판이 되어 헌책방에서도 찾아보기 힘든 『요시노조시』가 가능하면 상세한 색인과 주석이 딸린 형태로 다시금 세상에 나와 한 사람이라도 더 많은 독자의 웃음과 공감을 얻을 수 있기를 바란다.

또 하나, 졸저 『에도는 꿈인가江戶は夢か』(지쿠마라이브러리, 1992) 이래의 숙제도 있었다. 에도의, 적어도 중기 이후, 일본 사회는 '근대'에 들어갔다는 것이 내가 받은 인상으로, 『에도는 꿈인가』는 주로 근대사회로서 본 에도의 사회 구조, 그 사회와 정부의 관계를 취급했다. 그러나 정부·통치체제를 정면에서

후기와 참고문헌

설명하는 작업은 쌓아둔 채로 있었다. 그리고 '근대'의 정치나 통치의 설명이 나로서는 더 큰 과제였기 때문에, 언제까지나 에도의 정치나 행정을 미뤄둘 수는 없었다. 이 책은 메이지에 일어나게 되는 '근대국가'나 '근대적 통치체제'와 비교해 에도 체제에는 어떤 특징이 있는지, 메이지 이후의 국가나 정치는 에도로부터 어떤 영향 내지는 유산 등을 이어받았는지를 생각하는 작업의 작은 부분이기도 하다.

어쩌면 기이하게 여기는 독자도 있을 것이라 생각되지만, 이 책에는 '에도 막부'나 '막번 체제'라는 말은 (인용을 제외하고) 전혀 등장하지 않는다. 왜 '에도 막부'를 피하고 '에도 정부'라는 말을 관철시켰는지 설명하자면 길어지지만, 에도시대의 통치체제를 가리키기 위해서 종래에 널리 사용된 '막번 체제'라는 말이 이점보다도 폐해가 크다고 생각하고 있다. '막번 체제'를 대신해 '에도 체제'라고 부른 것도 종래에 지배적이었던 에도시대의 정치나 통치에 관한 관점이나 해석을 재점검할 시기에 도달했다는 판단이 근저에 있기 때문이다. 그런 의미에서 이 책은 『에도는 꿈인가』의 속편이라고나 할까, 연장선상에 있다.

마지막으로 지쿠마쇼보의 유하라 노리후미湯原法史, 고야마 준이치小山淳一 두 분에게 감사 인사를 드리고 싶다. 유하라 씨와는 졸저『에도는 꿈인가』이래의 사이로, 그 후『영국 왕실과 미디어イギリス王室とメディア』때에도 신세를 졌고, 이번 책도 처음에는 유하라 씨로부터 제안을 받았다. 중간에 메이지 이

후의 관료를 다루는 일이 들어와서 약속한 탈고 예정이 대폭 늦어졌지만, 여기에 대해서도 언제나처럼 관대한 배려를 해주어서 감사하기 그지없다. 『에도는 꿈인가』의 이른바 속편이 지쿠마쇼보를 통해서 세상에 나오게 된 것도 감사한 인연이다. 또한 유하라 씨로부터 작업을 이어받은 고야마 씨에게는 초교 단계부터 신세를 졌다. 고야마 씨에게는 이것이 편집자로서 첫 일이었다고 들었다. 그 축하라 하기에는 빈약하지만, 면밀하고 구석구석까지 빈틈없는 일솜씨에는 마음으로부터 감사의 인사를 전하고 싶다.

2000년 4월
미즈타니 미쓰히로

후기와 참고문헌

역자 후기

에도시대 일본 사회는 철저한 세습신분제 사회였다. 같은 시기(17~19세기 중반)의 청조 중국 사회에서는 신분 세습이 사라진 지 오래였고, 조선에서는 실질적으로 신분제 구조가 성립된 상태였다. 하지만 조선과 일본의 세습신분제 사회가 가진 가장 큰 차이점으로, 일본은 무사·조닌町人·햐쿠쇼百姓의 신분이 세습되는 것은 물론이고, 통치자 신분인 무사 사회 내부의 지위까지도 세습된다는 점이었다. 조선 사회의 양반은, 과거科擧라는 시험의 존재가 양반 계층 내부의 지위를 결정하는 중요한 요소였다는 점에서 일본의 통치자 신분과 상황이 달랐다. 구체적인 예를 들어보자면, (다소 극단적이지만) 초대 쇼군將軍인 도쿠가와 이에야스의 말을 모는 직책을 맡았던 무사의 후손은 대대로 같은 역할을 맡아야만 했다. 피치자층인 조닌이나 햐쿠쇼가 본인의 노력에 따라 같은 신분 내에서 성공을 거둬 사회적 지위를 상승시킬 여지가 있었던 데 비해, 무사는 훨씬 경직된 상하 질서 속에서 살았다.

그렇다면 무사 사회는 어떻게 고정된 지위를 그대로 세습시키는 형태를 유지하며 250년 이상의 안정을 지속할 수 있었을까? 군사조직을 기반으로 시작한 도쿠가와 정부 및 각 다이묘의 지방 정부는 관할 지역의 통치를 온전히 도맡았다. 저자의 한국어판 서문에서 밝히고 있듯이, 전투를 위한 군사조직이 평화의 도래로 인해 실무 행정을 담당하는 관리官吏 조직으로 변화하면서 무사 사회는 질적으로 달라졌다. 필연적으로 무

사들에게 요구되는 능력도 바뀌어 갔던 것이다. 유능한 실무 관리로서의 자질이 중시되면서 무사들은 자신이 세습한 지위가 요구하는 특정 기능(특히 재정 분야)을 익혀야 하는 경우도 있었다(본서 4장과 5장). 부계 혈통의 존속이 세습의 기본 원칙이긴 했지만, 에도시대 일본에서 세습, 즉 '이에家'의 승계는 부계 혈통을 절대적인 조건으로 삼지는 않았다. 그러므로 합법적인 승계 방식인 양자養子 들이기를 통하거나, 편법인 이레코入れ子 등의 방법을 통해 가업으로서의 관리직을 잇기도 했다.

이 책에서는 위와 같은 상황을 에도시대 일본에서 가장 큰 가신家臣단을 이끄는 도쿠가와 쇼군 가의 조직, 즉 흔히 말하는 도쿠가와 막부幕府의 내부 사정에 초점을 맞추어 설명한다. 군사조직으로 시작한 조직의 원칙들이 관리 조직으로 변질된 후 어떤 방식으로 운영되었는지를 보여주는데, 흥미로운 점은 그 근거자료로 사용된 사료가 18세기 말 에도의 각종 소문을 수집한 책자라는 데에 있다. 에도시대 3대 개혁 중 하나인 '간세이寬政의 개혁'을 주도한 로주老中인 마쓰다이라 사다노부松平定信(1759~1829)의 측근이, 사다노부를 위해 막부 관리들 사이의 소문이나 관련된 세간의 소문들을 수집해 보고한 내용의 책자가 바로 이 『요시노조시よしの冊子』이다.

『요시노조시』는 소문을 수집한 자료인 만큼 역사적 사실을 전달하는 사료로서의 가치가 의문시됐고, 그러한 이유로 인해 연구자들 사이에서 제대로 활용되지 못했다는 사정이 있다. 미즈타니 미쓰히로는 『요시노조시』의 애독자로서 이와 같은

후기와 참고문헌

사정을 안타깝게 여겼고, 그 결과 이 책을 집필했다. 저자의 주전공은 일본사가 아니지만, 그는 17세기에서 19세기 영국의 신분제와 행정 문제를 주전공으로 하면서, 같은 시기 영국과 일본의 정치사를 비교 분석해 왔다. 대표적인 연구 성과로는, 이 책에서도 종종 등장하는 전작 『에도는 꿈인가江戸は夢か』(2004)가 있다. 영국과 일본의 근대화라는 문제를 비교 분석한 책으로, 출간된 지 30년이 지난 지금도 연구자들에게 유용한 시사점을 제공하고 있다. 『에도가 꿈인가』는 영국의 역사와 정치를 전공으로 한 저자가 에도시대의 사료 및 관련 연구를 바탕으로 비교와 분석을 진행했다는 점이 커다란 특징이었다. 『요시노조시』를 주제로 한 이 책도, 일본사 전공자라면 진행하기 어려운 과제에 과감하게 도전해, 에도시대의 관리들을 현대 일본의 관료 사회 및 정치 전반과 비교 분석한다는 기본 관점을 가진 독창적인 작품이다.

에도시대 일본의 역사에 익숙하지 않은 독자가 이 책을 처음 접한다면 관직명이나 인물명 등의 용어로 인해 독해에 시간이 걸릴 수 있을 것이다. 도쿠가와 정부의 구조를 이해하기 위해서는 방대한 지식이 필요하지만, 아래에 정리한 내용만 알고 있어도, 이 책의 내용을 이해하는 데에는 도움이 될 것이다.

* * *

1. 도쿠가와 쇼군의 가신단 구조

도쿠가와 쇼군의 직속 가신을 직신直臣이라고 부른다(현대 연구자들 사이에서는 '막부의 신하'라는 의미로 막신幕臣이라는 표현이 사용되기도 한다). 직신에는 다이묘大名, 하타모토旗本, 고케닌御家人 등 세 종류가 있다. 에도시대 후기의 다이묘는 약 260명, 하타모토는 약 5200명, 고케닌은 약 1만 5000~1만 8000명이 있었다고 한다.

다이묘

1만석 이상의 영지를 받은 다이묘의 경우, 다이묘라는 신분집단 내에서의 서열을 정하는 요소로, 1. 영지의 석고石高, 2. 관위·관직, 3. 에도성 안에서의 자리 배치殿席, 4. 도쿠가와 가와의 관계 정도에 의한 구분이 있다.

신판親藩 다이묘는 도쿠가와 이에야스의 후손들, 후다이譜代 다이묘는 세키가하라 전투關ヶ原の戰い 전부터 이에야스를 모신 충신들, 도자마外樣 다이묘는 세키가하라 전투에서 패배해 도쿠가와의 지배하에 들어온 가문이다.

하타모토와 고케닌의 구분

어떤 막신이 하타모토인지 고케닌인지 판단하는 기준에는 몇 가지 설이 있으나, 가장 타당성이 높다고 여겨지는 설은 "오메미에御目見(쇼군 알현) 이상의 격식을 가진 이에家인가 아닌가"

후기와 참고문헌

로 볼 수 있다. 이는 '이에'로서의 격, 즉 '가격家格'이 오메미에 이상 여부를 의미하므로, 설령 오메미에 이하 출신의 개인이 크게 출세하여 오메미에 이상의 역직을 맡았다고 하더라도 하타모토가 되었다고는 말할 수 없다. 하타모토의 서열을 정하는 요소로는, 1. 봉록, 2. 관위·관직, 3. 봉록의 급부 방식(영지를 받는가, 구라마이藏米를 받는가)를 꼽을 수 있다.

고케닌이 승진을 거듭해 하타모토가 맡는 역직役職에 취임하는 경우, 그 역직에 따라 쇼군에게 오메미에가 가능해져 오메미에 이상이 될 수도 있다. 에도시대 전기에는 이런 경우 자동적으로 해당 고케닌의 가격을 하타모토로 승격시켰고, 중기 정도에는 그런 케이스가 축적되어 하타모토 숫자가 지나치게 늘었다. 어지간한 일이 아니면 다시 강등되는 일은 없었으므로 하타모토 이에의 숫자가 늘어났지만, 하타모토가 맡는 역직의 숫자에는 한도가 있었기 때문에 역직에서 밀려나는 사례도 증가했다. 이것이 바로 무역無役, 즉 '고부신구미小普請組'의 운명이다. 그래서 이 책의 배경이 된 간세이기에는 규정이 바뀌어, 하타모토 역에 승진한 인물을 포함해서 3대가 계속 하타모토 역에 취임하지 못하면 고케닌 신분으로 돌려보내졌다. 3대 연속으로 하타모토 역에 취임하면 영구 오메미에 가격을 유지할 수 있었다.

고부신구미

진정한 무역無役의 그룹. 막부를 위해 아무런 역직을 맡지 않는 대신, 이들은 원칙적으로 고부신금小普請金을 막부에 상납해야 했다.

고부신구미를 자세하게 나누어 보면, 아래와 같은 이유로 배속된 사람들이다. ① 단순히 갈 수 있는 자리가 없어서 무역인 경우 ② 나이가 들어서 퇴역한 후에 들어가는 경우 ③ 어린 나이에 가독을 상속하여 아직 역을 담당할 수 없는 경우 ④ 역직에 취임했지만 13개월 이상 병으로 결근인 경우 ⑤ 근무 중에 처벌을 받아 고부신에 편입되는 경우

2. 관위와 관직

관위나 관직은, 막부 측에서 교토의 조정(즉, 황실)에 신청하면 부여되는 것으로, 다이묘라면 미성년의 경우를 제외하고 전원에게 관위·관직이 부여되었다.

① 관위: 2위二位~5위(각각 정正·종從으로 나뉜다) 사이에서 3위 이상은 고산케御三家, 그 외에 마에다前田가 정도의 큰 다이묘가 아니면 거의 없었다. 일반적으로 다이묘는 4위에서 5위가 일반적이다. 5위는 제대부諸大夫로, 10만 석 이하의 중소 다이묘가 대체로 여기 해당한다.

② 관직: 천황의 조정이 실제로 통치하던 고대 율령제의 규정에 맞춰 결정되었다. 하지만 이는 이름뿐인 것으로, 다이

묘가 실제로 조정의 관직에 취임하는 것이 아니라 명칭만을 사용하는 것이다. 대략 설명하자면, 5위의 경우, 수도의 중앙관리면 '○○카미頭', '○○스케亮', '○○쇼少輔' 등의 관직에 해당한다. 각국, 즉 율령제 시대의 구니國에 해당하는 지방의 단위를 다스리는 지방관이라면 '○○카미守'가 관위 상당의 관직이 된다. 본서에서 가장 많이 등장하는 마쓰다이라 사다노부의 관직명은 엣추노카미越中守이다. 엣추국을 다스리는 관리라는 의미이다. 하지만 모두가 이렇게 실제로 다스리는 구니명과 관직명이 일치하지 않았고, ○○에 들어가는 구니 명은 관례적으로 정해졌다.

3. 다시타카 제도

다시타카足高 제도는 적은 봉록의 하타모토나 고케닌이라도 유능하다면 각자 가록의 기준보다 높은 역직에 취임할 수 있는 제도이다. 가록보다 역직의 역고役高가 높을 경우에 그 차액만큼을 역직 취임 중에 막부가 보전한다는 것이었다. 역직을 그만두면 원래의 가록만 받게 되며, 가록보다 낮은 역고의 경우에는 아무 수당도 제공되지 않았다.

8대 쇼군 요시무네吉宗 때 이 제도가 생기면서, 입신立身하고 싶은 직신은 반카타番方(무관 업무)보다는 야쿠카타役方(문관 업무)를 지망하게 되었다. 야쿠카타쪽이 반카타에 비해 다시타카를 받을 가능성이 높았기 때문이다.

4. 메쓰케

메쓰케^{目付}는 에도성 안팎에 있는 막부의 제반 시설과 그곳에서 근무하는 역인들을 감독⋅관리하는 역할을 맡았다. 정원은 10명이다. 간조쇼와 더불어 메쓰케 소속의 역직은 낮은 신분이라도 능력에 따라 승진할 수 있는 길이 열려 있는 편이었다(메쓰케에 관해서는 본서 2장과 3장 참조). 메쓰케는, 에도성의 제반 시설을 관리하고, 에도 시내 무가지^{武家地}의 관리 및 막신의 감독 등 다양한 직무를 담당하고 있었다. 그런 메쓰케의 손과 발이 되어 움직인 것이 가치메쓰케^{徒目付}나 고비토메쓰케^{小人目付}였다. 정보 수집 능력이나 임기응변 능력이 필요하여, 재정을 담당한 간조쇼와는 다른 이유로 개인의 능력이 발휘될 여지가 있었다.

더불어 고부신가타^{小普請方}나 히로시키고요베야카키야쿠^{廣敷御用部屋書役}와 같은 오오쿠의 일을 담당하는 역직도, 다른 여러 부서와의 조정이나 교섭 능력이 요구되었기 때문에 능리^{能吏}가 취임해 하타모토로 승격되는 디딤돌이 되었다.

5. 간조쇼

간조쇼^{勘定所}는 막부의 재정과 직할령의 행정을 관할하는 기관으로 간조부교^{勘定奉行}를 정점으로 한 관료조직이다. 행정직 중에서도 중요한 위치였기 때문에, 명문가 출신의 하타모토보다는 실력으로 승진한 하타모토가 취임하는 경향이 있었다(그러나 이 책에서 확인할 수 있듯이, 세습을 통한 파벌 형성이 조직 내에서 횡행한 것도 사실이다). 간조부교 아래에 간조쿠미가시라勘定組頭가 있고, 각각의 세부 과에 해당하는 가카리掛에서 일하는 평직원급 중에서 '간조勘定'(약 200명 전후)라는 역직에 취임하는 것이 하타모토이다. 그 아래의 역직(시하이간조支配勘定는 정원 약 50~60명 정도. 그리고 정원이 일정하지 않은 고부신야쿠御普請役)에는 고케닌이 취임한다.

간조쇼는 재정 부문뿐만 아니라 재판도 담당했다. 재정 및 막부 직할령 행정을 관할하는 간조부교를 '갓테가타勝手方' 간조부교, 재판을 관할하는 것은 '구지카타公事方' 간조부교라고 부른다. 각각 두 명씩으로, 갓테가타 간조부교 쪽이 약간 더 높은 지위로 취급되었다. 양측은 서로의 업무에 거의 관여하지 않았다. 이처럼 간조부교가 두 부문으로 나뉘게 된 것도 에도 시대 중기의 일이다.

참고로 출세를 원하는 고케닌은 하타모토로 올라서기를 제일의 목표로 삼기 때문에, 하타모토로 승격하기 위한 디딤돌이 되는 시하이간조가 되기를 원했다.

6. 간세이 3년의 '가격령'

이 책에서 다루는 시대는 주로 간세이寬政 시기(1789~1801)로, 전술한 간세이의 개혁이 진행 중이었다. 그리고 개혁 내용 중 하나가, 간세이 3년(1791)에 내려진 '가격령家格令'이었다. 오메미에 이하(~고케닌)와 오메미에 이상(~하타모토) 사이의 경계에 새로운 기준을 설정했다는 의의를 갖는다.

① 영구 오메미에 이상(즉 하타모토)인 경우를 제외하고, 고케닌이 하타모토가 취임하는 역직까지 승진했다고 해도 3대째에는 다시 고케닌으로 돌아간다.

② 이때까지는 가록이나 가격에 따라 취임할 수 있는 역직이 제한되어 있었으나, 이후 본인이 희망하면 가격보다 낮은 역직에 취임할 수 있게 되었다. 특히 하타모토가 고케닌이 취임하는 역직으로 갈 수 있게 되었다. 에도시대의 대원칙은 가격家格과 역직을 대응시키는 것이었으나, 교호享保(1716~1736)기의 다시타카 제도로 일부 수정이 되고, 간세이기에 들어와 다시금 개정되었다. 그러나 간세이기 이후에는 하타모토와 고케닌 경계선 부근 사람들의 이동 기준이 느슨해졌다.

③ 이 조치의 배경에는 두 가지 이유가 있었다. 첫째, 하타모토 숫자가 너무 늘어서 그들에게 지급할 영지도 쌀도 부족했기 때문이다. 가령 고케닌이 하타모토가 취임하는 역직을 맡는다고 해도, '영구 오메미에'로서 가격을 인정받지 않는 한 하타모토 취급을 받지 못하므로, 막부가 지급해야 할 가록의 증가를 고민하지 않아도 되었다. 둘째, 역직을 맡지 못하는 하타모토가 증가하고 있었다는 문제다. 하타모토가 취임할 수 있는 역직의 숫자나 정원은 고정되어 있었는데, 하타모토가 늘어나면서, 에도 후기에는 하타모토의 약 40%가 '무역無役'이었다. '무역'=고부신小普請인 하타모토는 역직이 없는 대신 고부신금小普請金을 매년 납부해야 했다. 하지만 이는 하타모

토들이 받는 가록에 비하면 미미한 액수였고, 막부는 역직도 없는 '로닌浪人'을 몇천 명씩 데리고 있다는 평을 듣기도 했다. (무역의 3천 석 이하 하타모토는 고부신, 3천 석 이상은 요리아이寄合로 구분하는데, 요리아이는 실제로 여러 역을 맡으므로 고부신과는 별개)

④ 고케닌에서 하타모토로 승진을 한 당사자의 다음 세대 중에는 '무역'이 된 경우가 많다. 역직을 맡지 않는 하타모토가 많은 것은 막부 입장에서 좋지 않으므로, 사다노부 때 '인하근무引き下げ勤め' 즉 가록보다 낮은 역고의 역직을 담당하는 제도를 시행했다. 자신의 가격보다 떨어진다고는 해도, 역직을 맡는 것을 우선한다는 취지이다. 시하이간조·가치메쓰케·덴슈반天守番 등의 역직으로 인하 근무가 이루어진 사례가 많은데, 이런 자리들은 대체로 일솜씨에 따라 출세할 가능성이 있는 역직이었기 때문에 기대를 품고 인하 근무를 하는 자들이 있었다. 그러므로 간세이기 이후에는 고케닌 역의 취임자 신분이 반드시 고케닌이라고 한정 지을 수 없다.

⑤ 가격령을 토대로 하타모토와 고케닌의 신분 질서를 통제하게 되긴 했지만, 결국 직무 능력을 발휘해 고케닌에서 하타모토로 승격한 사람들은 끊임없이 존재했다.

7. 시험의 종류

① 학문음미學問吟味 : 마쓰다이라 사다노부가 실시한 하급 하타모토 및 고케닌 정책으로 1792년에 도입되었다. 3~5년에

한 번 실시되며, 1868년까지 총 19회 실시되었다.

시험의 본래 목적은 성적 우수자에게 포상을 하고, 막신들에 대해 학문을 장려하는 분위기를 만드는 것에 있었다고 한다. 그런데 학문음미에 급제하면 무역의 고부신이었던 자도 역직에 채용이 되기 때문에, 학문음미가 입신의 실마리가 된다는 인식이 막신들 사이에 확산되었다. 특히 신분이 낮았지만 총령惣領(이에의 상속자)이었던 자가 학문음미로 갑/을과에 급제하면 거의 확실하게 '반이리番入り', 즉 신분을 넘어 막부 역직을 맡는 것이 가능했으므로 이를 노리는 사람들이 있었다.

② 소독음미素讀吟味 : 소독음미는 1793년부터 실시된 주로 17~19세를 대상으로 한 사서오경의 음독音讀 시험이다. 책의 지정된 부분을 시험관 앞에서 음독하는 형식으로, 학문에 대한 동기부여와 기초 교양을 확인하고 인정하는 정도의 의미를 가졌다.

③ 필산음미筆算吟味 : 필산음미는 고케닌을 주요 대상으로 간조쇼에서 실시하는 시험으로, 문서 집필 능력과 산술 지식이 요구되었다(본서 5장). 1797년 7월의 필산음미에 관한 정보를 보면, 수험자 54명, 연령은 17세부터 41세까지였다. 초기 정착기라 41세의 수험생도 있었지만, 이후에는 젊은이들만의 시험이 되었다. 이 시험에는 메쓰케나 간조긴미야쿠도 동석했다. 필산음미에 합격하면 간조쇼의 하급 역인으로 채용되는 길이 열렸다고 일컬어진다. 본서에도 등장하는 막부 말기의 입지전적 인물인 가와지 도시아키라川路聖謨(1801~1868)도 필산음미

수험자로, 무역인 고부신의 고케닌에서 간조부교까지 승진한 바 있다.

8. 『무감』

『무감武鑑』은 막부의 역인에 관한 정보를 실은 책으로 매년 로주부터 말단의 역인들까지, 역직에 취임한 인물들의 정보를 일람 형식으로 정리해 출판되었다. 이는 정부의 인가를 받은 민간 출판사가 출판하는 것으로, 정보의 오류가 그렇게 많지는 않다. 기본적으로 매년 개정판을 내기 때문에 1년이 안 되어 파면된 사례 등은 게재되지 않기도 했다. 누구나 구입할 수 있었던 책으로, 하타모토나 고케닌은 물론, 다이묘의 가신도 막부의 인사정보를 알아두지 않으면 지장이 있는 사람들이 참고했다. 조닌 중 다이묘나 하타모토에게 상품을 납품하는 상인도 이런 정보가 필요했다. 그리고 지방에서 용무를 보기 위해 에도에 올라온 햐쿠쇼들이 즐기던 관광 컨텐츠 중 하나가 다이묘의 등성 행렬 구경이었는데, 이때 안내 책자 역할을 하기도 했다 (『무감』에는 다이묘나 하타모토의 가문家紋이나 가마의 형식 등의 정보가 게재되었다).

* * *

이 책은, 군사조직에 기반을 둔 통치자인 세습 무사들이, 행정 능력이 필요한 관료제를 유지하기 위해 어떻게 대응했는가를 설명한 것이 주된 내용이다. 세습신분제 사회에서 어떻게 관료제를 운용할 수 있었을까를 이해하기 위해서는, 위와 같은 조직의 기본 구조 및 개념들을 알아둠으로써 조금 쉽게 읽어나갈 수 있을 것이다. 언뜻 보기에는 낯설지만, 에도시대 무사들이 구축한 관료제의 여러 특징은 근대를 지나 현대 일본에 이르기까지 이어져 오고 있다. 아마도 현대 일본 정치를 어느 정도 이해하고 있는 독자들에게는, 이 책이 그 기원에 관한 정보를 제공하는 역할을 할 수도 있을 것이다.

다만, 소문을 수집한 자료집을 토대로 전개되는 이 책의 흐름은 아주 체계적이라고 할 수 없을지도 모른다. 낯선 관직명이나 다양한 인물의 고유명사가 많아 첫인상이 다소 어려울 수도 있겠지만, 읽다 보면 무사들의 조직 생활에서 의외로 현재 한국의 조직 생활과의 공통점도 다수 찾을 수 있을 것이다. 번역 작업을 진행하면서 조직 생활의 보편적인 특징을 여기저기서 발견할 수 있어 홀로 웃음 짓곤 했는데, 독자 여러분에게도 그와 같은 재미를 제공하는 책이 되길 바란다.

이 책은 대학원생 시절 존경하던 선배에게 추천받아 알게 되었다. 에도시대 무사들이 문관으로 살아가는 일상의 구조를 재미있게 읽은 기억이 남은 있었는데, 그 후 저자의 책을 더 읽게 되면서 그의 영국과 일본의 비교사적 관점에 깊은 흥미를 느껴왔다. 저자인 미즈타니 선생님께서는 이번 번역서 출간을 계기로 한국어판 서문을 부탁드리면서 처음으로 연락을 주고받았다. 선생님은 건강이 좋지 않으신데도 흔쾌히 한국 독자들을 위해 글을 써주셨다. 이 자리를 빌려 다시 한번 감사의 말씀을 드린다.

후기와 참고문헌

 마지막으로 한국어판 책 제목에 대한 설명을 덧붙이도록 하겠다. 한국에서 원서의 제목인 『에도의 역인 사정江戶の役人事情—「요시노조시よしの冊子」의 세계』를 그대로 옮길 수는 없었다. 특히 '역인'이라는 말이 현대 일본어에서도 공무원이나 관리직을 뜻하는 개념으로 사용되고 있는 반면, 한국어에서는 상대적으로 훨씬 낯선 어휘라고 생각해서였다. 그 대신 '관리官吏'를 넣어보기도 했지만, 저자의 기존 연구의 연장선상에서 이 책의 의도를 생각했을 때, 관료제라는 보편적인 개념 속에서 에도시대 일본의 사례를 보여주는 데에 있다고 판단했기에 '관료사회'와 '관료조직'을 사용했다.

 본 번역 프로젝트를 기획하고 참여의 기회를 주신 박훈 선생님, 그리고 함께 프로젝트를 진행해 온 김선희 선생님, 이은경 선생님, 조국 선생님께 감사의 말씀을 올린다. 아울러 오랜 번역 작업과 교정 작업을 기다려준 빈서재의 정철 대표님께도 감사를 전한다. 이 책이 에도시대 일본 사회를 이해하는 좋은 길잡이가 되기를 바란다.

2025년 10월
이새봄

참고문헌

水野爲長『よしの冊子』『隨筆百花苑』第八・九卷所收、中央公論社
舊東京帝國大學史談會『舊事諮問錄』靑蛙房・岩波書店(岩波文庫)
松崎慊堂『慊堂日曆』平凡社(東洋文庫)
小野直方(直賢)『官府御沙汰略記』內閣文庫所藏文獻出版(影印版)
圖書刊行會編集『柳營婦女傳雙』名著刊行會
「森山孝盛日記」『日本都市生活史料集成』二所收、學習研究社
神澤杜春「翁草」『日本隨筆大成』第三期所收、吉川弘文館
杉浦七郎右衛門「歷代留」『杉浦讓全集』第一卷所收、杉浦讓全集刊行會
松浦靜山『甲子夜話』平凡社(東洋文庫)
湯淺明善「天明大政錄」『日本經濟大典』第二十二卷所收、明治文獻
『水戶藩史料』上編乾 吉川弘文館
木村芥舟「舊幕監察の動向」『舊幕府』一號所收、富山房
木村芥舟「翁自書履歷略記」『江戶』五卷所收、立體社(復刻版)
木村芥舟「燭籥記」『江戶』五卷所收
木村芥舟『木村攝津守喜毅日記』慶應義塾大學圖書館編 塙書房
幸田成友『凡人の半生』共立書房
Richard Pares, *King George III and the Politicians: The Ford Lectures Delivered in The University of Oxford 1951-2*
川路聖護『川路聖護文書』(「寧府紀事」・「下田日記」など) 東京大學出版會(日本史籍協會叢書)
川路寬堂編述『川路聖護之生涯』世界文庫版
「卽事考」『鼠璞十種』上卷所收、中央公論社
松平定信『宇下人言・修行錄』岩波書店(岩波文庫)
栗本鋤雲「岩瀨肥後守の事歷」『栗本鋤雲遺稿』所收、鎌倉書房
「道聽塗說」『鼠璞十種』中卷所收、中央公論社
「しずのおだまき」『續日本隨筆大成』十二所收、吉川弘文館
向山源太夫編「江戶實情誠齋雜記」『江戶叢書』所收、日本圖書

センター
『同方會誌』立體社(復刻版)
元田侑三「久須美蘭林父子及その一門」『歴史地理』四十九所収
佐久間長敬『江戸町奉行事蹟問答』人物往來社
佐久間長敬「嘉永日記抄」『江戸』六卷所収、教文舎
「植崎九八郎上書」『日本經濟大典』第二十卷所収、明治文獻
新井白石『折たく柴の記』岩波書店(岩波文庫)
大田南畝「會計私記」『大田南畝全集』十七卷所収、岩波書店
大田南畝「半日閑話」『日本隨筆大成』第一期八卷所収、吉川弘文館
濱田義一郎『江戸文藝攷』岩波書店
村上直・荒川秀俊校訂『算法地方大成』近藤出版社
Laurence Oliphant, *Narrative of the Earl of Elgin's Mission to China and Japan in the Years 1857, '58, '59*, Blackwood and Sons, 1859
福地源一郎(櫻癡)『懷往事談』・『幕末政治家』人物往來社
勝海舟『勝海舟全集』(「氷川清話」「海舟座談」「來簡と資料」など)講談社
「燈前一睡夢」『鼠璞十種』下卷所収、中央公論社
『昨夢紀事』東京大學出版會(日本史籍協會叢書)
F・V・ディキンズ『パークス傳』平凡社(東洋文庫)
澁澤榮一編『昔夢會筆記』平凡社(東洋文庫)
『橋本景嶽全集』畝傍書房
I・ゴンチャロフ『日本渡航記』岩波書店(岩波文庫)
荻生徂徠『政談』、林子平『富國建議』、廣瀬淡窓『迂言』、海保青陵『稽古談・前識談』、藤田東湖『見聞偶筆』、「黒田長政遺言」などは、原則として『日本思想大系』(岩波書店)に依據

研究書・論文など

辻達也『江戸幕府政治史の研究』續群書類從完成會
松平太郎『校訂江戸時代制度の研究』柏書房

深井雅海『德川將軍政治權力の研究』吉川弘文館
近松鴻二「目付の基礎的研究」『幕府制度史の研究』所收、吉川弘文館
K・ヤマムラ『日本經濟史の新しい方法』ミネルヴァ書房
竹内誠「寛政改革と勘定所御用達再論」『德川林政史研究所(研究紀要)』昭和四十六年度號所收
伊藤大一『現代日本官僚制の分析』東京大學出版會
永井良和『フランス官僚エリートの源流』芦書房
藤田覺『松平定信』中央公論社(中公新書)
石井孝『幕末悲運の人びと』有隣堂(有隣新書)
水谷三公『江戸は夢か』筑摩書房(ちくまライブラリー)

基本資料

『寛政重修諸家譜』『斷家譜』續群書類從完成會
『德川實紀・續德川實紀』吉川弘文館
『柳營補任』『大日本近世史料』所收、東京大學出版會
「明良帶錄」『改訂史籍集覽』十一卷所收、臨川書房
「吏徵」『建官考』『續群書類從』七卷所收、續群書類從完成會
鈴木壽校訂『御家人分限帳』近藤出版社
小川恭一編『江戸幕府旗本人名事典』原書房
小川恭一編著『寛政以降旗本家百科事典』東洋書林
熊井保編『江戸幕臣人名事典』新人物往來社
村上直・荒川秀俊編『江戸幕府代官史料—縣令集覽』吉川弘文館
村上直・馬場憲一『江戸幕府勘定所史料—會計便覽』吉川弘文館
「憲法類集」『內閣文庫所藏史籍叢刊』二十八所收、汲古書院
石井良助他『御觸書集成』岩波書店
深井雅海・藤實久美子編『江戸幕府役職武鑑編年集成』東洋書林
大藏省編纂『日本財政經濟史料』財政經濟學會
『東京市史稿』東京市役所

후기와 참고문헌

에도시대 막부 관직 구조

일러두기

전국시대 이후 직제가 점차 확충되었으며 3대 쇼군 도쿠가와 이에미쓰 시대에 주요 직제가 정비되었다. 중요 직위에는 후다이다이묘와 하타모토가 취임했다. 주요 실무직은 고케닌 이하가 담당했다. 행정과 사법이 구분되지 않았으며 최고위급 재판은 효조쇼評定所에서 로주와 삼부교가 합의하여 진행했다. 로주의 지휘가 기본이며 평시편성과 전시편성이 일치했다.

아래의 신분은 명백하게 구분되었다. 다이묘는 번주급이다. 하타모토와 고케닌의 구분은 본문의 설명[p.91] 참고.

- 후다이다이묘譜代大名 : 에도막부 성립 이전부터 도쿠가와에 충성한 다이묘.
- 하타모토旗本 : 쇼군 배알이 가능한 1만석 이상 무사. 고급 관료 후보군.
- 고케닌御家人 : 쇼군 배알이 불가능한 하급 무사.

중요 요직인 삼부교三奉行 는 박스로 묶었다. 고부신부교·후신부교·사쿠지부교를 묶어 하삼부교라 부르기도 했는데, 건설·토목 관련 역직이라는 공통점이 있을 뿐 삼부교처럼 중요한 의사결정 기관들은 아니다.

고케닌은 비록 쇼군을 배알할 수 없었지만, 요리키나 다이칸 등의 역직을 담당하므로, 농업과 상업에 종사하는 햐쿠쇼나 조닌의 입장에서 보면 권력자이다. 따라서 그 위 신분인 하타모토면 말 그대로 출세했다고 볼 수 있는 지위이다. 그렇다 하더라도 몰락한 하타모토나 고케닌 또한 수없이 많았으므로 간단히 위아래로 나눌 수 없다.

막부 말기에는 정세 변화에 따라 다양한 역직이 일시적으로 등장했다.

역직명의 구성은 기본적으로 역할 + 위치이다. 역직명과 조직장 명칭은 교체되어 사용될 수 있었다. 간조쇼를 지칭하면서 간조부교로 언급한다거나 하는 식이다.

접두사

오ぉ 혹은 오御: 경칭
고御: 경칭
오大: 큰
고小: 작은

접미사 : 조직 형태

반番: 조직
쇼所: 관청
구미組: 해당 조직의 하위 조

접미사 : 조직 내 위치

가시라, 토頭: 책임자
도도리頭取: 책임자
지배支配: 관할
부교奉行: 부서장, 총책임자
다이代: 대리,[18] 사실상 책임자
격格: 동급
나미, 병竝: 대우, 동급
가타方: 담당자
가카리, 괘掛り: 담당자
야쿠役: 담당자
가치徒: 부하
요닌用人: 비서, 심복

---

18) 예를들어 오사카조다이의 경우 쇼군이 오사카성주도 겸임하므로 그 역할을 대리하여 관리한다는 의미.

후기와 참고문헌

후다이다이묘급 주요 관직

별표(*)는 에도성 밖의 관직이다. 샵(#)표는 막부 말기에 신설된 관직이다.

- 다이로大老 : 막부 최고위직이나 상설이 아님. 마쓰다이라 슌가쿠는 정사총재직政事總裁職#이라는 이름으로 취임.
- 로주老中 : 사실상 막부 최고위직. 4-5명 임명.
- 쇼군후견직將軍後見職# : 히토쓰바시 요시노부
- 소바요닌御側用人 : 쇼군의 비서이자 로주와의 연락책.
- 소바고요토리쓰기御側御用取次 : 쇼군의 비서이자 인사 관리. 오니와반 관리.
    - 오니와반御庭番 : 쇼군 직속 정보조직. 로주, 와카도시요리 지배의 메쓰케와는 별도로 운영.
- 와카도시요리若年寄 : 로주 보좌역. 2-6명 임명.
- 지샤부교寺社奉行 : 사찰과 신사 관리역. 4-5명 임명.
- 교토쇼시다이京都所司代* : 교토성 호위와 조정, 간사이 서쪽 지역의 다이묘 감시역. 교토, 나라 마치부교 관리역.
- 오사카조다이大坂城代* : 오사카성 책임자 겸 호위역.
- 교토수호직京都守護職# : 신센구미를 수하에 둔 교토 치안유지역. 아이즈번주 마쓰다이라 가타모리가 담당.

로주 지배 하타모토급 주요 관직

로주 지배 관직이 주요 행정을 처리했다. 부교奉行는 부서의 총괄 책임자. 밑줄은 하타모토보다는 주로 고케닌 이하 신분이 담당한 실무 역할이다.

별표(*)는 에도성 밖의 관직이다.

- 오메쓰케大目付 : 다이묘 감찰역.
    - 슈몬아라타메야쿠宗門改役 : 기리시탄 적발, 민중조사역.
- 오반가시라大番頭 : 에도성 경비.
- 마치부교町奉行 : 관할내 행정, 사법, 경찰역. 책임자급. 2명.
    - <u>요리키</u>與力 : 에도에 50명 정도 있었던 행정, 사법 지휘자역.
    - <u>도신</u>同心 : 에도에 200명 정도 있었던, 요리키의 지휘를 받는 실무자.
- 간조부교勘定奉行 : 막부와 직할령의 재정 관리역.
- 사쿠지부교作事奉行 : 막부 관계의 건물 조영과 수선 등을 총괄.
- 후신부교普請奉行 : 성벽과 상수 등 토목 관계의 일을 담당.
- 고부신부교小普請奉行 : 성벽과 상수 등 토목 관계의 일을 담당.
- 루스이留守居 : 오오쿠 관리. 쇼군 출행시 에도성 경비역.
- 조다이城代* : 성의 경비역. 오사카, 슨푸, 후시미, 교토에 설치했으며 오사카조다이는 후다이다이묘급이고 나머지는 하타모토급. 조반定番.
- 고부신 구미지배小普請組支配 : 역할이 없는 하타모토인 고부신小普請을 관리. 인재풀 관리역. 각 구미 당 2명의 지배 구미가시라支配組頭가 있으며 이들이 실무 진행. 고부신부교와 전혀 다른

- 간조긴미勘定吟味 : 간조쇼의 감사를 담당. 간조부교의 하급이 아니며 로주 직속. 하위에 긴미야쿠데쓰키吟味役手付.
- 온고쿠부교遠國奉行* : 중요 지방의 부교. 나가사키 부교나 교토 마치부교 등.
- 외국부교外國奉行# : 유럽 국가들과의 대외교섭을 위해 마련된 관직. (1858 이후)
- 국사어용괘國事御用掛# : 정세가 불안해지자 1862년 설치. 로주나 중신급 인물이 담당했으며, 막부와 조정과의 연락을 담당.

* * *

간조부교 하위 조직. 간조부교 > 간조쿠미가시라 > 간조 > 지배간조 순으로 하위직이다.

- 간조부교(구칭 간조가시라勘定頭) : 갓테카타勝手方 간조부교와 구지카타公事方 간조부교로 구분.
- 간조쿠미가시라勘定組頭 : 간조부교의 직속으로 간조쇼 소속의 역직들을 지휘·감독.
- 간조勘定 : 간조쇼 실무자. 오메미에 '이상'이며 지배간조를 관리.
- 지배간조支配勘定 : 간조쇼 실무자. 오메미에 '이하'이다.
- 군다이郡代* : 막부직할령의 책임자. 10만석 이상.
- 다이칸代官* : 직할령의 실무 관리자. 10만석 이하.
- 도메야쿠간조留役勘定 : 효조쇼 실무자
- 구라부교藏奉行, 가네부교金奉行, 우루시부교漆奉行[기름·옻칠담당] ...

간조쇼勘定所의 역인 라인에는 사법·경찰 업무를 주로 맡는 구지카타公事方 계통과 회계·재정 업무를 주로 맡는 갓테가카리勝手掛り 계통이 있었다.

군사·외교·토목 등을 제외한 행정 대부분이 간조쇼 업무에 속했다. 효조쇼 업무도 실무는 간조부교의 관할이었다. 감찰 역인 간조긴미는 간조부교의 관할이 아님에 주의.

군다이와 다이칸은 직할령에서 민중을 사실상 관리했다. 다이칸의 하위에는 데쓰키·데다이등의 실무자가 있었다.

와카도시요리 지배 하타모토급 주요 관직

- 신모쓰반進物番 : 쇼군 헌상물 관리역. 료반에서 전출되는 형태이며 명예로운 직.
- 쇼인반書院番 : 쇼군 호위역.
- 고쇼반小姓番 : 쇼군 호위역.
    - 고쇼小姓 : 시중 무사.
- 가치가시라徒頭 : 쇼군 호위역. 료반보다는 하위.
- 사키테구미가시라先手組頭 : 에도성 치안유지.
- 고주닌가시라小十人頭 : 에도성 치안유지.
- 고난도小納戶 : 쇼군 주변의 잡무 담당.
- 나카오쿠반中奧番 : 쇼군 주변의 잡무 담당. [p.141]
- 메쓰케目付 : 하타모토, 고케닌 감찰역.
- 쓰카이반使番 : 전시에는 전령, 평시에는 감찰역.
- 쇼모쓰부교 書物奉行 : 서적 관리역. 3-5명 임명.
- 덴몬가타天文方 : 천문, 역법 관리역.
- 해군부교海軍奉行# : 해군총재직海軍總裁職 아래의 실질적 해군 실무 책임자. 오구리 다다마사, 가쓰 가이슈 등이 해군부교병海軍奉行竝 역임. 휘하에 군함부교軍艦奉行를 두었다.
- 육군총재陸軍總裁# : 막부 육군 책임자. 가쓰 가이슈가 육군총재의 자격으로 에도 개성을 진행했다.

메쓰케는 감찰업무를 주로 수행하지만 자문 역할도 겸하는 역할이었다. 오메쓰케大目付와 메쓰케目付는 소속이 다르고 가치메쓰케徒目付는 메쓰케의 하위직, 고비토메쓰케小人目付는 가치메쓰케의 하위직이다. 가치메쓰케는 하타모토급 이하의 관직 중에서는 높은 편이었으며 고비토메쓰케는 더욱 하위이므로 체면을 신경쓰지 않고 감찰 역할을 수행할 수 있었다.

쇼인반과 고쇼반은 메쓰케로 발탁될 수 있는 승진코스였으며 료반[p.88]이라고 불렸다.

신반新番·고주닌구미小十人組·고쇼반小姓番·쇼인반書院番·오반大番의 다섯 조직은 고반카타五番方라 불리는 핵심 상비군 조직이었다.

고난도와 나카오쿠반은 잡무를 담당하지만 쇼군과 대화가 가능하기 때문에 높은 지위의 자제가 담당했다.

기타

자주 언급되는 여러 하위 관직들이다.

- 지토地頭 : 시대에 따라 역할이 다르지만 주로 장원이나 영지의 실무 관리자.
- 데다이手代 : 군다이, 다이칸, 지샤부교 등에 직속되어 사무를 담당한 관리. 데쓰키手付.
- 아시가루足輕 : 도신, 가치 등의 지휘를 받는 최말단 무사. 비교적 병사에 가깝지만 병사를 중간에 관리하는 역할을 맡기도 했음.

찾아보기

○○쇼/少輔　284

【ㄱ】
가격/家格　70, 88, 91, 92, 96, 116, 125, 204, 222, 272, 282
가격령/家格令　91, 286, 288
가네부교/金奉行　168, 188, 229, 300
가독/家督　98, 117, 123, 124, 228, 283
가록/家祿　41, 46, 65, 78-81, 90, 96, 116, 125-127, 138, 141, 145, 172, 177, 195, 200, 214, 215, 234-236, 284, 287, 288
가문/家門　45, 67, 70, 96
가스미가세키/霞ヶ關　19, 64
가쓰 가이슈/勝海舟　52, 59, 143, 262, 263, 302
가쓰라 고고로/桂小五郞　154
가와지 간도/川路寬堂　243, 262
가와지 도시아키라/川路聖謨　69, 86, 170, 241, 260, 289

가치가시라/徒頭　89, 103, 104, 107, 126, 141, 142, 302
가치메쓰케/徒目付　22, 55, 75, 81, 184, 218, 221, 285, 288, 302
가카리/掛り　85, 86, 260, 286, 297
간세이 개혁/寬政改革　31, 61, 82, 86, 101, 105, 117, 160, 168, 171, 185, 195, 224
간세이 유신/寬政維新　17, 164, 203, 212, 249
간자와 도코/神澤杜口　36
간조/勘定　32, 60, 121, 158, 170, 174
간조긴미/勘定吟味　59, 60, 72, 182, 186, 197, 289, 300, 301
간조긴미야쿠/吟味役　149, 178, 180, 181, 186-188, 195, 197-199, 218, 228, 229, 237, 239
간조부교/勘定奉行　24, 25, 29-32, 60, 74, 77, 85, 89,

111, 112, 120, 137, 148-152, 158, 161, 162, 165, 167, 168, 170, 172, 175-186, 188, 193, 194, 199, 200, 203-208, 215, 218, 220, 222, 226, 229, 230, 238, 241, 244, 245, 255-261, 264, 285, 286, 290, 297, 300, 301

간조쇼/勘定所 23-25, 44, 46, 85, 161, 162, 164, 165, 167-176, 178, 180-196, 198, 199, 201-203, 207-210, 212, 214-224, 226-231, 234, 237-243, 245, 246, 255, 256, 258-260, 262, 263, 269, 271, 285, 286, 289, 297, 300, 301

간조쿠미가시라/勘定組頭 149, 172, 173, 183, 184, 193, 198, 212, 213, 225, 229, 239, 243, 244, 286, 300

간조토메야쿠/勘定留役 72

갑자야화/甲子夜話 62, 65, 158

갓테가카리/勝手掛 68-70, 84-86, 100, 120, 167, 175-180, 193, 204, 234, 257, 258, 301

갓테가타/勝手方 286

강기숙정/綱紀肅正 18, 20, 71, 133, 159, 167, 174, 179, 189

개국/開國 254, 260-262, 264, 266-269

겐교/檢校 39, 49

경추방/輕追放 173

고난도/小納戶 122, 124-127, 129-133, 136-140, 142, 177, 182, 203, 234, 302, 303

고난도반이리/小納戶番入り 219

고난도토도리/小納戶頭取 130, 131, 137, 138

고단시/講談師 209

고로주/五老中 67

고부신/小普請 40-42, 46-48, 52, 79, 93, 103, 104, 123-125, 145, 151, 171-173, 177, 190, 214, 221, 224, 229, 234, 283, 287-290, 299

고부신가타/御普請方 46, 216, 285

고부신구미/小普請組 282, 283

고부신금/小普請金 283, 287

고부신부교/小普請奉行 74, 77, 89, 104, 111, 126, 136-138, 159, 177, 180, 203, 296, 299

고부신야쿠/御普請役 286

고비토메쓰케/小人目付 22, 75, 96, 257, 285, 302, 303

찾아보기

고산케/御三家 35, 70, 128, 135, 175, 255, 283
고산쿄/御三卿 70, 95, 128, 184, 243
고쇼/小姓 88, 122
고쇼반/小姓番 74, 107, 126, 145, 147, 151, 302, 303
고슈/甲州 34, 51
고젠부교/御膳奉行 182, 184, 235
고주닌/小十人 119, 141, 147, 184, 215, 235, 236, 302, 303
고케닌/御家人 20, 29, 32, 37, 39, 40, 45, 48-50, 60, 72, 74, 88, 90-92, 116, 117, 121, 153, 170, 171, 200, 214, 236, 237, 281, 282, 284, 286-290, 296, 297, 299, 302
고쿠요가카리/國用掛り 68
공의/公儀 53, 90, 198
과거/科擧 117, 122, 217, 278
관년/官年 52, 124, 179
관수보/寬修譜 30-35, 45, 52, 64, 88, 90, 120, 125, 150, 179, 218, 229-232, 240, 244
관위/官位 20, 39, 112, 143, 235, 248, 281-283
교고쿠 다카히사/京極高久 26
교카/狂歌 19, 20, 67, 196, 225

교토 고쇼/京都御所 64, 176, 180, 209
교토수호직/京都守護職 298
구나시리/國後 256
구라마에/藏前 29
구라마이/藏米 282
구라부교/藏奉行 29, 30, 168, 183, 229, 300
구라야도/藏宿 29, 30
구리모토 조운/栗本鋤雲 98, 261, 273
구막부/舊幕府 59
구막신/舊幕臣 59, 262, 271
구보/公方 67, 248, 251
구보타 사토노카미/久保田佐渡守 174
구사자문록/舊事諮問錄 22, 95, 132
구와바라 이요노카미/桑原伊豫守 172
구제 단고노카미/久世丹後守 172, 174, 176, 201, 256
구지/公事 151, 180
구지비토/公事人 176
구지카타/公事方 175, 176, 178, 180, 245, 258, 286, 300, 301
구치마이/口米 226
국사어용괘/國事御用掛 300
국체/國體 160
군다이/郡代 229, 300, 301,

303
군함부교/軍艦奉行　　　302
권문가/權門家　　　　　71
기리시탄/キリシタン　299
기모이리/肝煎　126, 127
기무라 가이슈/木村芥舟　78, 82, 85, 87, 96, 111, 131, 261, 264
긴리/禁裏　　　　　　196
긴리즈키/禁裏付　64, 89, 145
긴미야쿠/吟味役　170, 174, 181-190, 192-194, 198, 200, 202, 300

【ㄴ】
나가타 요자에몬/永田與左衛門　243
나가타키 도시로/長瀧藤四郎　237
나카오쿠/中奧　121, 122, 129, 136, 141, 211
나카오쿠반/中奧番　122, 124, 125, 132, 141, 142, 302, 303
나카지마 구라노스케/中島內藏助　46
난계/亂階　　　　　　　18
남색/男色　　　　　　　65
네기시 히젠노카미/根岸肥前守　174, 176, 239, 257
노구치 다쓰노스케/野口辰之助　199
노팬티 샤브샤브/ノーパンしゃぶしゃぶ　65
녹고/祿高　　　　　88, 89
니시노마루/西の丸　30, 67, 76, 80, 89, 96, 101, 103, 104, 109, 119, 126, 131, 132, 141, 142, 145, 148, 151, 177, 184, 221
니치렌/日蓮　　　　　　38

【ㄷ】
다나카 가쿠에이/田中角榮　71
다누마 오키쓰구/田沼意次　18, 20, 127
다시다카/足高　64, 79, 86, 214, 215
다이로/大老　66, 93, 267, 298
다이몬/大紋　　　　　88, 94
다이묘/大名　39, 45, 54, 66, 67, 70, 73, 81, 82, 94, 103, 111, 118, 124, 127, 132, 136, 145, 161, 164, 190, 244, 263, 278, 281, 283, 290, 296, 298, 299
다이칸/代官　28, 29, 31, 34, 44, 50, 51, 55, 168-170, 178, 182, 183, 199, 202, 218, 221, 223, 226, 228, 229,

235, 239, 245, 296, 301, 303
다이코쿠야/大黑屋　251
다카노 조에이/高野長英　86, 142
당도좌/當道座　39
당주/當主　35, 39, 52, 55, 93, 123, 126, 128, 129, 229
대객 등성 전/對客登城前　71, 72
데다이/手代　29, 31, 50, 169, 170
데쓰키/手付　50, 169, 186, 187, 202, 301, 303
덴몬가타/天文方　302
뎃포가타/鐵砲方　74
도도리/頭取　99, 129, 130, 137, 138, 297
도리쓰기/取次　132
도리이 요조/鳥居耀藏 86, 143, 151
도메야쿠/留役　168, 173, 191, 237, 239, 243-245
도메야쿠간조/留役勘定　168, 300
도신/同心　37, 115, 152-158, 161, 163, 169, 239, 242
도자마/外樣　67, 243, 281
도쿠가와 나리아키/德川齊昭　117, 246
도쿠가와 실기/德川實紀　45, 218, 231, 232
도쿠가와 요시노부/德川慶喜　117, 267
도쿠가와 요시무네/德川吉宗　35
도쿠가와 이에미쓰　296
도쿠가와 이에야스/家康　34, 67, 70, 90, 145, 198, 278, 281
도쿠가와 하루사다/德川治濟　35

【ㄹ】
로닌/浪人　288
로주/老中　279
료반/兩番　232, 234, 235, 244
루스이/留守居　77, 89, 104, 112, 127, 151, 299

【ㅁ】
마가리부치 가쓰지로/曲淵勝次郎　106, 108, 131
마루노우치/丸の內　18, 19, 64
마쓰다이라 마사노리/松平正升　25
마쓰다이라 사다노부/松平定信　17, 20, 255, 279, 284, 288
마쓰다이라 슌가쿠/松平春嶽　263, 298
마쓰다이라 이즈노카미/松平伊豆守　253

마쓰라 세이잔/松浦靜山　62, 65, 119, 253
마쓰모토 이즈노카미/松本伊豆守　172, 180, 242
마쓰자키 고도/松崎慊堂　31
마에지마 도라노스케/前嶋寅之助　36, 37, 39, 40
마치야시키/町屋敷　80, 81
마카나이가시라/賄頭　184
막신/幕臣　35, 43, 48, 51, 56, 62, 65, 78, 91, 93, 153, 170, 183, 195, 217, 224, 240, 249, 281
만사/蠻社　86
메시모리온나/飯盛女　18
메쓰케/目付　19, 22, 36, 59, 60, 62, 63, 66, 75-90, 94-114, 116, 119-121, 130-132, 134, 136-153, 158, 159, 161, 163, 165, 167, 169-171, 175-178, 180-182, 190, 203, 256-261, 263, 269, 272, 273, 285, 289, 298, 302, 303
명량대록/明良帶錄　123, 125, 127, 136, 140, 228
모리야마 겐고로/森山源五郎　36
모치다카즈토메/持高勤　79, 81
모치카쿠/持格　229, 238
몽취독언/夢醉獨言　52
무감/武鑑　69, 168, 175, 176, 257, 290
무라야마 시나노/村山信濃　205
무라야쿠/村役　227
무역/無役　282, 283, 287
무위/武威　132
문무장려/文武獎勵　23, 205
미우라 진고로/三浦甚五郎　80
미즈노 다다쿠니/水野忠邦　101, 102, 143
미즈노 데와노카미/水野出羽守　190, 234
미즈노 와카사노카미/水野若狹守　207
미즈노 지쿠고노카미/水野筑後守　260-262

【ㅂ】
반가시라/番頭　149
반가타/番方　59
반노 기로쿠로/坂野喜六郎　192, 240
반닌/番人　113
반시/番士　59, 245
반야쿠/番役　231
반이리/番入り　53, 234, 289
배신/陪臣　39

찾아보기

보즈/坊主　29, 74, 79, 81, 82, 116
보케/ぼけ　28
부라카시/ぶらかし　254, 260
부정시법/不定時法　19

【ㅅ】

사바시 나가토/佐橋長門　24, 25
사이쿠가시라/細工頭　184
사카베 주로에몬/坂部十郎右衛門　62, 63
사쿠마 진파치/佐久間甚八　72, 137, 193, 195, 228, 242
산노마/三の間　131
삼부교/三奉行　77, 167, 296
석고/石高　281
세록/世祿　116, 117
센류/川柳　112
소노베 산지로/薗部三次郎　52
소독음미/素讀吟味　289
소료반이리/惣領番入　53
소바요닌/側用人　123, 298
소요리아이/惣寄合　220, 222
쇼인반/書院番　37, 62, 74, 88, 177, 302, 303
스가누마 신자부로/菅沼新三郎　63, 141, 142
스기우라 시치로에몬/七郎右衛門　50, 51
스기우라 유즈루/杉浦讓　49
시라베야쿠나미슈쓰야쿠/調役竝出役　50
시라스/白州　115, 116
신모쓰반/進物番　62, 65, 88, 302
신정/新政　215
쓰게 나가토노카미/柘植長門守　37, 175
쓰나요시/綱吉　45, 90
쓰루야 난보쿠/鶴屋南北　38
쓰치야마 소지로/土山宗次郎　172, 237
쓰카이반/使番　140, 145, 146, 177, 302

【ㅇ】

아라이 하쿠세키/新井白石　182
아베 마사히로/安部正弘　99, 260
아시가루/足輕　37
아카이 부젠노카미/赤井豊前守　172
액년/厄年　44
야규 슈젠노카미/柳生主膳正　174, 177, 257
야마가타 히코자에몬/山縣左衛門　123, 228
야베

스루가노카미/失部駿河守 245
야쿠카타/役方 284
양이/攘夷 254, 266
양자/養子 30, 39, 40, 43, 45-49, 51, 54, 70, 118-120, 173, 223
에도바라이/江戶拂 173
여관/女官 196
역고/役高 77, 78, 111, 181, 235, 284, 288
역득/役得 79, 156, 164, 177, 196, 212
역인/役人 11
연공미/年貢米 29, 44, 202, 208, 209, 226, 227
오가사와라 산쿠로/小笠原三九郎 213
오규 소라이/荻生徂徠 116, 121, 136, 144, 148, 195
오노 나오카타/小野直方 32, 123, 217
오노 사다유/小野左太夫 185, 218, 245
오니와반/お庭番 22, 27, 28, 161, 162, 184, 298
오마카나이가타/御賄方 29
오메미에/御目見 77, 91, 93, 149, 196, 236, 245, 281, 282, 286, 287, 300
오메쓰케/大目付 55, 63, 64, 111, 112, 126, 145, 149, 167, 175, 299, 302
오모테/表 50, 77, 121, 122, 127, 130, 133-136, 211, 218
오모테유히쓰/表右筆 40
오바야시 요베에/大林輿兵衞 46, 184, 189
오반/大番 37, 89, 163, 183, 184, 232, 235, 303
오사카 마치부교/大坂町奉行 22, 144, 145, 147, 151
오소바/御側 65, 69, 76, 127, 132, 133, 135
오소바요닌/御側用人 61, 67
오카모토 가테이/岡本花亭 245
오쿠보 다다히로/大久保忠寬 143
오타 난포/大田南畝 20, 166, 196, 224, 225, 231
오토리미/お鳥見 29
온고쿠/遠國 77, 111, 112, 152, 159, 168, 300
와카도시요리/若年寄 66, 73-75, 85, 88, 95, 98, 99, 104, 123, 127, 136, 139, 177, 242, 298
와카바야시 이치자에몬/若林市左衞門 198
와타나베 가잔/渡邊華山 86, 142, 264
외국부교/外國奉行 132, 167, 260, 300

찾아보기

요리아이/寄合　93, 172, 288
요리키/與力　33, 35-39, 47, 115, 121, 152-158, 161, 163, 164, 169, 170, 239, 242, 296, 299
요시노조시/よしの冊子　21, 274, 275, 279, 280
우하인언/宇下人言　76, 212
유시마/湯島　263
유영보임/柳營補任　141, 198, 218
유자/儒者　31, 74, 117
유히쓰/右筆 66, 121, 184, 232, 234, 235, 244
은전/恩典　232
이국선/異國船　250
이노우에
　즈쇼노카미/井上圖書頭 62, 64, 79, 86, 97, 102, 109
이도/吏道　271
이레코/入れ子　36, 39, 43-49, 51, 52, 57, 62, 79, 120, 173, 189, 279
이레후다/入札　95, 97, 98, 102
이레히토/入人吟味　123
이시카와
　도사노카미/石河土佐守 161, 205
이에/家　30, 43, 279, 281
이에나리/家齊 22, 35, 77, 122, 128, 129, 133

이에노부/家宣　45
이에모토/家基　177
이에시게/家重　126, 217
이에요시/家慶　127, 133
이에하루/家治　77, 128
이와세 다다나리/岩瀬忠震 84, 96, 118, 260
인정/仁政　53, 212
인치/人治　247
인하 근무/引き下げ勤め　215, 288

【ㅈ】

정담/政談　121, 136, 149
제대부/諸大夫　283
조닌/町人　19, 22, 37, 41, 48, 81, 146, 155, 160, 161, 163, 164, 209, 254, 278, 290, 296
조다이/城代　254, 299
조민/町民　254
조약칙허/條約勅許　267
조추/女中　134
중수제가보/寬政重修諸家譜 25, 30
즉사고/卽事考　74
지배 구미가시라/支配組頭 42, 299
지배 도신/支配同心　49
지배간조/支配勘定　149, 173, 174, 196, 199, 202, 218-225, 229-231, 233,

236-238, 300
직신/直臣 281, 284
직참/直參 39
진보 기나이/神保喜內 105

【ㅊ】
참정/參政 73
창평판학문소/昌平坂學問所 195
창평횡/昌平黌 78, 195, 225
초천/超遷 104, 111, 120, 144, 146, 195, 201

【ㅍ】
포의/布衣 77, 78, 88, 91-94, 123, 140, 147, 200, 234, 235
풍평/風評 57, 105, 244, 251, 258
필산음미/筆算吟味 217-220, 225, 227, 228, 240-242, 289

【ㅎ】
하시모토 사나이/橋本左內 261, 263, 267
하야시 시헤이/林子平 117
하쿠라 곤쿠로/羽倉權九郞 29
하타모토/旗本 25, 28, 30, 33-40, 42-45, 47-49, 53, 59, 60, 62, 63, 65, 73, 74, 77, 79, 81, 82, 84, 88, 90-94, 96, 104, 112, 113, 116-118, 121, 123-127, 146, 148, 161, 165, 170, 171, 176, 177, 180, 181, 196, 204, 205, 208, 214, 215, 234-238, 242, 259, 263, 281, 282, 284-288, 290, 296, 297, 299, 302
학문음미/學問吟味 78, 117, 225, 288, 289
해국병담/海國兵談 253
해군부교/海軍奉行 302
해군총재직/海軍總裁職 302
해방가카리/海防掛り 84, 263
햐쿠쇼/百姓 31, 37, 44, 155, 182, 278, 290, 296
헤야즈미/部屋住 32, 123, 220, 223, 229, 231-233
호리 다테와키/堀帶刀 80, 94, 141
호리노우치/堀之內 38
혼다 다다카즈/本多忠籌 125, 135, 194, 214, 215, 248, 255, 258
혼다 단조/本多彈正 61, 68, 69
혼마루/本丸 76, 80, 101, 104, 126, 131, 141, 177, 211
홋타 마사요시/堀田正睦 263, 266
효조쇼/評定所 82, 83, 167, 168, 174, 175, 229, 238, 244, 296, 300, 301

찾아보기

후다이/譜代　66, 73, 204, 243, 254, 281, 296, 299
후데오로시/筆下　137
후신야쿠/普請役　195, 196, 198, 200, 256, 257
후요노마/芙蓉の間　111, 112, 131, 179, 205
후지오카야/藤岡屋　133
후지타 도코/藤田東湖　246
후지타 사토루/藤田覺　255
후지타 유코쿠/藤田幽谷　246
후치/扶持　29, 172, 220
후쿠시마 마타시로/福島又四郎　46, 188
훈도시/越中褌　20, 134
흑선/黑船　251, 252, 254
히라가 시키부/平賀式部　102, 109, 142, 256
히라도/平戶　62
히라이와 로쿠로에몬/平岩六郎右衞門　213
히로시키반/廣敷番　134, 184
히토쓰바시/一橋　35, 95, 128, 129, 135, 138, 184, 255, 298